# 民國歷史與文化研究

十八編

第 **5** 冊

## 民國學術評議制度的創立與學術發展（上）

張 劍 著

花木蘭文化事業有限公司

國家圖書館出版品預行編目資料

民國學術評議制度的創立與學術發展（上）／張劍 著 -- 初
版 -- 新北市：花木蘭文化事業有限公司，2024〔民113〕
序 8+ 目 4+244 面；19×26 公分
（民國歷史與文化研究　十八編；第 5 冊）
ISBN 978-626-344-634-2（精裝）
1.CST：學術研究 2.CST：學術交流 3.CST：民國史
628.08　　　　　　　　　　　　　　　　112022505

ISBN-978-626-344-634-2

9 786263 446342

民國歷史與文化研究
十八編　第 五 冊　　　　　ISBN：978-626-344-634-2

民國學術評議制度的創立與學術發展(上)

作　者　張　劍
總 編 輯　杜潔祥
副總編輯　楊嘉樂
編輯主任　許郁翎
編　輯　潘玟靜、蔡正宣　美術編輯　陳逸婷
出　版　花木蘭文化事業有限公司
發 行 人　高小娟
聯絡地址　235　新北市中和區中安街七二號十三樓
　　　　　電話：02-2923-1455 ／傳真：02-2923-1452
網　址　http://www.huamulan.tw 信箱 service@huamulans.com
印　刷　普羅文化出版廣告事業
初　版　2024 年 3 月
定　價　十八編 22 冊（精裝）新台幣 55,000 元

版權所有・請勿翻印

# 民國學術評議制度的創立與學術發展(上)

張劍 著

## 作者簡介

張劍，1969 年 5 月生，四川宣漢人。史學博士，上海社會科學院歷史研究所研究員。致力於中國近代科學技術與社會變遷研究，著有《科學社團在近代中國的命運：以中國科學社為中心》《中國近代科學與科學體制化》《賽先生在中國：中國科學社研究》《科學家的養成：中國近代科學家與科學家群體》《一個共產黨人的數學人生：谷超豪傳》（合著）等書，發表論文百餘篇，主持「中國科學社檔案資料整理與研究」叢書，擔任《中國科技史雜誌》、「老科學家學術成長資料採集工程」叢書編委等。

## 提　要

　　學術評議是學術發展的邏輯結果，是學術發展到一定階段後為確立知識優先權而自發產生的一套學術機制。從國外移植並本土化的民國學術評議制度作為學術體制的重要組成部分，是中國近代學術發展到一定程度的產物，雖有超前制度設計的衝動與躁動，但最終回歸學術發展的正常軌道，並形成了以政府為主導、民間為輔助的本質性特徵體系。具體的評議過程中，無論是政府機構還是民間組織，都逐步形成了一套比較完善而公正的評議程序，以杜絕現實政治、意識形態及其他非學術因素的侵擾，顯現了學術獨立於政治、學術超越政治的相對自由的學術理想狀態；參與其間的學人們也往往超越個人利益與局部利益，以學術良知彌補了規則的漏洞，不僅遴選出能真正代表民國學術發展的奠基性作品與標誌性人物，描繪出民國學術發展較為繁盛的圖景，更建立起一套良性的學術運行機制，從而極大地影響民國學術發展。僅僅二十來年逐步建立起來的學術評議機制與整個學術體制一樣，完全不能抵擋政治強力與暴力，學人們孜孜以求的學術獨立夢想破滅，訴說了學術與家國的悲劇性命運。

國家社會科學基金一般項目
（批准號：15BZS084）

2020 年 10 月結項（證書號：20204128）

鑒定等級：優秀

# 序

周　武

記得是今年 2 月 14 日，疫情封控「放開」後第一天上班，張劍兄告知他的新書《民國學術評議制度的創立與學術發展》已完稿，希望我能為這本新書寫篇序，當晚即收到他寄來的書稿。熟悉張劍兄的朋友都知道他是個出了名的快手，遠的且不說，單是這幾年，他就已先後出版了《賽先生在中國——中國科學社研究》《從格致到科學——中國近代科學和科學體制化》《科學家的養成——中國近代科學家與科學家群體》等多部著作，其中《賽先生在中國——中國科學社研究》更逼近百萬言。另外，他還參與「中國科學社檔案整理與研究」及「老科學家學術成長資料採集工程叢書」等大型檔案史料、口述資料叢刊的編纂，相繼與友人合著出版《一個共產黨人的數學人生——谷超豪傳》《一個人與一個系科——於同隱傳》等老科學家傳記。可是，我還是沒想到他在這麼短的時間裏，而且是在疫情肆虐、上海封城的背景下，竟又端出這麼一部近 70 萬字的鴻篇巨製。這種狀態，簡直就是學術「井噴」。

當然，張劍兄最讓人佩服的還不是他的既多且快，而是他探索出一套具有鮮明個人風格且更具解釋力的科學技術史研究方法。與慣見的專注於科學技術「內史」的研究範式不同，張劍兄在多年研究之後發現單純的「內史」研究並不足以闡釋科學技術發展的中西殊途，以及中國近現代科學技術艱難發展的內在奧秘。只有「內史」與「外史」相結合，才能對中國近現代科學技術史做出更透徹的理解。因此，在他的研究中，始終自覺地將「內史」與「外史」有機結合起來，並借助這種結合全景式地展示出中國近現代科學技術發展歷程的複雜面相，這是一種富有學理深度和學理廣度的展示，這種展示一方面賦

予中國科學技術史研究更深廣的內在景深；另一方面也挑戰了既有的科學技術基本缺席的中國近現代史敘事。就前者而言，他認為科學技術的發展自有其內在的規律，對「內史」，即對科學技術從 0 到 1 的每一步進展做出盡可能精細的研究本來就是科學技術史研究的題中應有之義，但科學技術的發展與否，從來都不是科學技術本身能夠自主決定的，它與國家有關，與社會有關，與傳統有關，更與是否「形成一種有利於優異之發展的氣氛」直接相關。因此，科學技術史研究不能只專注於「內史」，需要更開闊的視野。就後者而言，近代中國的歷史是從「師夷之長技」起步的，科學技術從一開始就與國家的富強牽結在一起，被賦予「無上尊嚴的地位」。與之相對應，長技之名由格致一變而為「西藝」，再變而為「科學」，到五四時期更被尊為與「德先生」並列的「賽先生」。儘管與科學的聲勢相比，中國近代科學技術從引進、模仿到創造，其中的每一步都異乎尋常的艱難，並不盡如人意，但畢竟邁開了步伐，在極其不利於科學技術發展的苛刻環境中從無到有地建立起中國自己的科學技術學科體系和科學體制，某些學科如地質學、生物學、物理學等的發展已經接近世界科學前沿，某些學科的某些科學家如數學的陳省身、華羅庚與許寶騄等更取得了引起世界讚譽的重大成就，成為推動中國現代轉型的根本性力量。弔詭的是本應大書特書的科學技術，在喧囂的中國近現代史敘事中卻幾乎找不到蹤影。就此而言，張劍兄從科學技術角度切入的近代史書寫努力，無疑就具有特別的意義。

　　張劍兄本科畢業於北京科技大學（原北京鋼鐵學院），學的是工科（地質礦產勘查），並曾在冶金部西南地質勘查局從事過地質勘探工作，受到過嚴格的科學啟蒙和訓練；後跨專業考入復旦大學歷史系，師從沈渭濱先生讀中國近現代史專業研究生，1996 年畢業後入上海社會科學院歷史研究所工作；1999 年 9 月又在職考取華東師大歷史系博士生，師從王家範先生攻讀博士學位，2002 年 7 月畢業，獲歷史學博士學位。我常戲稱他是從「地下」爬出「地表」，由此形成的雙視野，既構成他治學的底色，也構成他的優勢。由於理工科背景，他具備科學技術的專業知識和素養；由於史學訓練，他瞭解凡事皆有因果，科學技術自然也不能例外。因此，他非常自然地把科學技術的變遷與社會變遷緊密地結合起來，走出了一條與純粹的科學技術史不同的研究路徑。他的博士學位論文《民國科學社團與社會變遷——中國科學社科學社會學個案研究》即展現出他治學的底色和優勢。在這篇學位論文中，他不僅細緻地考察了中國近代

最大的科學社團——中國科學社產生、發展和式微的歷史，而且深入地分析中國科學社何以以這種方式存在，以及它的這種存在方式給中國科學技術發展和社會變遷帶來何種影響。因其別開生面，這篇論文被評為上海市優秀博士學位論文。後稍作打磨，即以「科學社團在近代中國的命運——以中國科學社為中心」為書名於 2005 年由山東教育出版社出版，廣受好評，斬獲包括獲「2006年度科學文化與科學普及優秀圖書佳作獎」、上海市第八屆哲學社會科學優秀著作獎、第四屆吳大猷科學普及創作類佳作獎在內的多個獎項。後來他又結合新發掘的檔案資料對這部獲獎著作做了大幅增訂，於 2019 年 12 月推出《賽先生在中國——中國科學社研究》，對中國科學社做了更為翔實的研究，成為相關研究的扛鼎之作。

中國科學社是張劍兄中國近代科學技術史研究的起點，也是他一直沒有離開過的論域，由科學社研究出發，他的研究觸角開始從兩個方向延伸：一是縱向的延伸，並在向前和向後的延伸中把整部中國科學技術史貫通起來，同時把中國科學技術的演進放在同時代世界科學技術日新月異的整體背景下加以動態考察，先後撰寫出版了《世界科學中心的轉移與同時代的中國》《科學家的養成》等論著，借助這些論著，張劍兄勾勒出賽先生在中國的獨特軌跡；二是橫向的拓展，即由中國科學社研究向外拓展至其他民間科學社團（如中國數學會）乃至國家科學機構（如中央研究院及其下設研究所），以及匯聚在這些民間科學社團、國家科研機構中的科學家個體和科學家群體的研究，他於 2008年出版的《中國近代科學與科學體制化》一書及去年推出的該書的修訂版《從格致到科學：中國近代科學和科學體制化》，以及《一個共產黨人的數學人生——谷超豪傳》《一個人與一個系科——於同隱傳》等著作，完整地展示出中國近代科學與科學體制化的全貌，以及科學家在大時代中的多舛命運，進而具體而微地揭示出近代中國學術與政治複雜多變的關係。

稍微熟悉點中國近代史的人都知道，近代中國四海不靖、戰亂頻仍，整個中國甚至擺不下一張安靜的書桌，是個典型的亂世，但就是在這樣一個連安身立命都有所不能的亂世，卻是中國文化史上繼先秦之後又一個「群星閃耀的時刻」，大師輩出，有如恩格斯在《自然辯證法》導言所說，「這是一個需要巨人而且產生了巨人——在思維能力、熱情和性格方面，在多才多藝和學識淵博方面的巨人的時代」。「科學技術方面當時不少的學科如數學、物理、生理科學和化學的某些領域已經有世界水平的人才與學術成果，與國計民生密切相關的

學科如地質與農學成就也非常突出，與世界水平相差是如此之近，獨立於世界學術之林真是指日可待。即使人文社會科學方面的成就也不是今日學術界隨便就可以『青出於藍而勝於藍』的，真正的學術研究總是在前人肩膀上緩緩進步的，如果將今日人文社會科學成就與當日相比，某些研究方向與領域專題研究可能更加精深一些或瑣碎一些，但從問題意識的總體把握、學科框架的總體設置與布局，理論體系的建立與宏觀思考，遠遠不能與那一代人特別是一些大師級人物相提並論，我們在重新挖掘民國學術人物與成就時，不用說建構了自己理論體系的馮友蘭、熊十力，陳寅恪、錢穆、呂思勉等人的歷史研究，趙元任、李方桂等的語言學研究，今天有政治學或思想史著作能與蕭公權的《中國政治思想史》相提並論？今日學界名流貶低民國學術時，捫心自問一下他的總體學術構架與他老師輩在一個層次上嗎？更不用說與民國不少領域大師相比！」民國學術之所以出現反差如此強烈的巨大成就，這自然與學人自身的學術素養有關，更重要的是與他們所處周遭環境與學術氛圍有關，更具體地說，是與民國時期逐漸形成的一種類似墨頓所說的「有利於優異之發展的氛圍」有關。而「有利於優異之發展的氛圍」的形成顯然又與民國時期逐漸探索發展出的一套學術評議制度和科學獎勵制度直接相關。從某種意義上說，張劍兄這部著作就是他對這個問題做出的耐人尋味的解答。

　　這是一個並不容易回答的問題，早在張劍兄之前，就已有學者做過一些概貌式的研究，特別是關於中研院院士選舉和教育部學術審議會的學術獎勵的研究已相當深入，但正如張劍兄在本書前言中所指出的，「這些研究相比民國學術評議制度本應具有的內容與涉及的論題還遠遠不夠，諸如民國初年政府的相關努力、各種民間學術社團、多種多樣的民間基金會的學術評議特別是以中華教育文化基金董事會為中心的課題申請與評議等問題基本沒有涉及，對民國學術評議制度創立、發展演化的社會歷史背景特別是與學術發展的關係，學術評議具體運行、評議結果與程序的關係及評議結果所反映的社會關係網絡，政府與民間社團在學術評議與獎勵方面的差別、政治對學術評議的影響，學術評議制度與學術獨立，傳統的『私議』與制度化的『公評』之間的張力及其互動關係等方面也基本沒有探討，因此也就缺乏對民國學術評議制度的總體架構與結構功能的總體把握。」也就是說，已有的民國學術評議制度研究與科學獎勵制度研究還遠不足以完整展示民國學術評議制度的全貌和學術發展的基本圖景。

針對這個研究現狀，張劍兄很早就開始留意民國時期學術評議制度史料的蒐集與整理，並從一個個個案如中央研究院評議會、教育部學術審議會等入手，研究民國學術評議制度和科學獎勵制度這個題目。2005 年底，他就已在《史林》發表《中國學術評議空間的開創──以中央研究院評議會為中心》，那時我還在參與主持《史林》編務，至今仍記得，當初讀到此文時頓覺眼前一亮，深感這個議題的重要，當即決定以最快速度並作為該期《史林》的重點論文（在目錄中以黑體標出）刊出，果不出所料，因切中時弊，此文發表後引起廣泛關注。以此為起點，爾後他又陸續寫出包括《良知彌補規則，學術超越政治──國民政府教育部學術審議會學術評獎活動述評》在內的多篇重磅論文。2015 年他以「民國學術評議制度的創建與學術發展」為題成功申報了國家社科基金項目，並於 2020 年完成，以等第優秀結項。

這部著作即是張劍兄在結項書稿的基礎上進一步增刪修訂而成，全書以學術評議與學術發展為主線，一方面對民國時期政府與民間學術評議制度和科學獎勵制度的創立與發展過程做了迄今為止最為詳盡的鉤沉，從制度設計到具體操作流程再到評議結果，不放過學術評議繁瑣實施過程的任何一個細節；另一方面對各種學術評議和獎勵產生的獲獎作品與獲獎人逐一進行檢視，並具體分析他們獲獎的原由及其對學術進步的影響，書末還特別整理了《中研院提名未被正式提名院士候選人 97 人簡介》《院士選舉籌委會資格審查排除 108 位院士候選人簡介》《中研院評議會年會淘汰 252 位院士候選人簡介》等三個附錄，以「簡介」的形式對未能當選的三種類型院士候選人予以關注。通過上面兩個方面的結合，以前一方面引出後一個方面，又以後一方面檢驗前一方面，張劍兄為我們立體地展現了民國學術評議與學術發展健康互動的生動畫卷。在這幅畫卷中，許多細節畫面令人過目難忘，不勝今昔之感，茲舉兩例：

例一：教育部主導的學術審議會學術評議激勵，始終秉持「超乎行政的客觀學術標準」，對大量的三民主義、黨義、國父思想、總理總裁哲學體系等與現實政治密切相關的意識形態研究成果，予以堅決摒棄。如第六屆提交學術審議會選決的十件哲學作品「全軍覆滅」，其中有六件相關意識形態，分別為姜琦《三民主義哲學》、梁世豪《三民主義概論》、楊澤中《國父與中國思想》、崔載陽《三民主義哲學》、何章城《三民主義的儒家政治哲學》、周世輔《總理總裁的哲學體系》，而社會科學類由程天放等推薦，陳立夫、梁寒操審查分別給予二等、三等獎，周曙山著《五十年來中國國民黨史表解》《中國國民黨史

概論》也照樣被剔除出去。與之相對的是，只要言之成理，是真正的學術研究，即使與政府意識形態不相符合，仍然可以獲得獎勵。如國立商學院教授李顯承《馬克思及其地租論》對馬克思的地租理論（包括級差地租和絕對地租）進行了研究，指出其成就與缺陷，折服於馬克思思想之深刻，並分析了其深刻產生的來由。因其是真正的學術研究而非意識形態的「應景之作」或「馬屁之作」而獲得社會科學類第三屆三等獎。另外，一些政治人物在施政過程中累積的對相關現實問題的思考成果，如果沒有理論思考與昇華，與真正的學術研究還是有相當的距離，學術審議會亦毫不遲疑地予以否決，如陳果夫《中國教育改進之途徑》，雖然審查專家一個給予二等獎，一個給予一等獎，但小組審查委員大拂審查專家之意，並沒有給予任何獎項，大會選決也沒人敢提出異議。

　　例二：中央研究院評議會關於郭沫若是否列入院士候選人名單的討論，據《夏鼐日記》記載：「關於郭沫若之提名事，胡適之氏詢問主席以離開主席立場，對此有何意見。朱家驊氏謂其參加內亂，與漢奸罪等，似不宜列入；薩總幹事謂恐刺激政府，對於將來經費有影響；吳正之先生謂恐其將來以院士地位，在外面亂發言論。巫寶三起立反對，不應以政黨關係影響及其學術之貢獻；陶孟和先生謂若以政府意志為標準，不如請政府指派；胡適之先生亦謂應以學術立場為主。兩方各表示意見，最後無記名投票，余以列席者不能參加投票，無表決權，乃起立謂會中有人以異黨與漢奸等齊而論，但中央研究院為 Academia Sinica，除學術貢獻外，惟一條件為中國人，若漢奸則根本不能算中國人，若反對政府則與漢奸有異，不能相提並論。在未有國民政府以前即有中國（國民政府傾覆以後，亦仍有中國），此句想到而不須說出口，中途截止。故對漢奸不妨從嚴，對政黨不同者不妨從寬。表決結果，以 14 票對 7 票通過仍列入名單中。」夏鼐的這段日記頗耐人尋味，當時在場的絕大多數評議員當然不會認同郭沫若的政黨立場，但仍謹守學術立場，高票通過郭沫若院士候選人提名，並在後來的院士選舉中當選首屆院士。

　　類似的例子在今天看來有點匪夷所思，在當年卻視為當然，足見彼時敬畏學術的風氣，無論是教育部主導的學術審議會還是中央研究院設置的評議會，在學術審議或學術評議過程中始終堅守以學術質量為唯一標準的評選原則，杜絕意識形態對學術的侵擾，做到了相對的公平與公正，所以，由這種學術評議制度和科學獎勵制度產生的獲獎人和獲獎作品，雖仍不免有遺珠之憾，如首屆院士評選呂思勉、錢穆等未能當選，甚至連提名機會都沒有，但總體而言具

有強大的公信力，經得起歷史的檢驗，至今仍備受推崇，足以代表民國學術的整體水平。民國學術評議和科學獎勵何以能做到這一點，張劍兄在本書「結束語」中做出了總括性的解釋，他說：

　　總體看來，民國時期學術評議與獎勵，與國際上通行相比，並沒有建立起比較完善的機制，民間學術社團或者說學術界自身在這方面的建設還遠遠不夠（學術評議本來是學術界內部事務），這僅僅是民國學術體制化道路走上政府化不歸路在一個方面的表現而已。這不僅對民國學術的發展產生了重要影響，對未來中國學術的進程也是不可估量的「遺毒」。當然，當時社會還存在相當的學術自由空間，學術界通過各種程序設計與制度建設來彌補自身力量的不足，盡力抵擋政治的侵襲，因此，學術評議與政治也有疏離的時候，學術評議獎勵過程、結果與政治關係本身並不密切。中研院評議員們選舉院士時完全以學術為標準，政治趨向並不作為考慮的因子，無論是規章制度還是具體的運作過程也較為公正合理；評議員選舉院長可以完全不考慮最高政治權力者蔣介石的意願，表徵了學術獨立於政治的一面。教育部學術審議會選聘部聘教授時，雖然有三民主義這樣的學科設置，而且無論是大學還是中學，三民主義都是必修的政治課程，但學術審議會委員可以在選舉過程讓這一課程不成為學科，三民主義教授自然不能成為部聘教授。這樣看來，民國學術評議獎勵體制雖然主要表現為政府化的形式，但具體運作及其結果在相當程度上卻是學術性的，內容與形式並沒有真正統一。

　　可見，從國外移植並本土化的民國學術評議制度受到中國社會的多種影響，形成了自身的特徵，即以政府為主導、民間為輔助，這是民國學術體制政府化表現之一，民國學術體制異化的一個側面。但政治並非總是阻礙學術的發展，關鍵是政府通過什麼樣的途徑去影響學術發展，在資助學術發展、動員學術界的同時，給予學術相當的自由發展空間，政治對學術的發展影響自然是正面的健康因素。民國學術評議制度中，無論是政府還是民間組織，都逐步形成了一套比較完善而公正的評議程序，並且在具體的施行與運行過程中嚴格遵守這些程序，儘量以各種各樣的方式與程序杜絕現實政治與意識形態及其他非學術因素對評議流程的侵擾，無論是評議過程還是

評議結果，大體上體現了以學術質量為惟一標準的評選原則，取得了較為公正的評議結果，產生了積極的影響，經受了歷史的檢驗，至今仍得到學術界的推崇，顯現了學術獨立於政治、學術超越政治的學術自由情狀。同時，評審專家們往往超越個人利益與局部利益，以學術良知彌補了規則的漏洞，真正做到了相對的公平與公正。

張劍兄這個結論我是同意的，那個時候政治之手也伸得很長，但也還給學術留有一點自由的空間；那個時候的學術評議委員也不免有學派、門戶之見，但他們也堅守基本的學術良知和學術底線，知道有些東西是不可逾越的，對學術抱有敬畏之心。因此，這個題目如果要繼續做下去，還得對那個時代有權力決定學術命運的政治人物和評議委員群體做更深入的研究，看看那個時代的風氣，以及風氣中的學人群體的底氣、良知來自哪裏，又是如何丟失的。

2023 年 6 月 5 日凌晨

# 目

# 次

# 前　言

　　1933 年，陳垣致函容肇祖說：「粵中後起之秀，以東莞為盛」。容肇祖覆函「恭維」陳垣之餘，大大地「私議」一番：「新會之學，白沙之於理學，任公之於新學，先生之於樸學，皆足領袖群倫，為時宗仰者。然白沙之學近拘，任公之學近淺，未若先生樸學沈實精密之不可移易也。」〔註1〕這是學人之間私下對同行或同行學問的議論，即所謂「私議」。像這樣的「私議」，自有學問誕生以來就一直存在。按照曹丕的說法，「文人相輕，自古而然」。「文人相輕」就是私議的一種表達方式，傅毅與班固同為史官，水平在「伯仲之間」。但班固總是看不起傅毅，給他弟弟班超的信中說傅毅「下筆不能自休」。曹丕批評這是班固不能「自視其短」，是典型的「文人相輕」。曹丕自己「審己之度人」，對同時代的文人也評頭論足，足見其「私議」：

　　　　王粲長於辭賦，徐幹時有齊氣，然粲之匹也。如粲之《初征》
　　《登樓》《槐賦》《征思》，幹之《玄猿》《漏巵》《圓扇》《橘賦》，雖
　　張、蔡不過也。然於他文未能稱是。琳、瑀之章表書記，今之雋也。
　　應瑒和而不壯，劉楨壯而不密。孔融體氣高妙，有過人者，然不能
　　持論，理不勝辭，以至乎雜以嘲戲。及其所善，揚、班儔也。〔註2〕

　　像這類論評自然是代代層出不窮，在文學領域有專門的所謂「文論」「詩話」「詞話」等文學批評學問，史學領域也有劉知幾《史通》、章學誠《文史通義》這樣有專門史學評論內容的著作，不一而足。清代學者戴震曾對人說：

---

〔註1〕陳智超編注：《陳垣來往書信集》（增訂本），三聯書店，2010 年，第 300 頁。
〔註2〕曹丕：《典論‧論文》，孫耀煜主編《歷代文論選釋》，江蘇教育出版社，1989
　　　年，第 44～46 頁。

「當代學者，吾以曉徵為第二人。」言下之意，錢大昕第二，他戴東原天下第一。江藩很不以為然：「蓋東原毅然以第一人自居。然東原之學，以肆經為宗，不讀漢以後書。若先生（錢大昕）學究天人，博綜群籍，自開國以來，蔚然一代儒宗也。」〔註3〕戴震、江藩的私議可謂「針鋒相對」。章太炎在《與人論文書》中也是恣意汪洋：

> 並世所見，王闓運能盡雅，其次吳汝綸以下，有桐城馬其昶為能盡俗。下流所仰，乃在嚴復、林紓之徒。復辭雖飭，氣體比於制舉，若將所謂曳行作姿者也。紓視復又彌下，辭無涓選，精彩雜污，而更浸潤唐人小說之風。夫欲物其體勢，視若蔽塵，笑若齲齒，行若曲肩，自以為妍，而只益其醜也。與蒲松齡相次，自飾其辭，而祇敬之曰：此真司馬遷、班固之言！若然者，既不能雅，又不能俗，則復不得比於吳、蜀六士矣。〔註4〕

他以「雅」、「俗」為標準來評點時人，王闓運能「盡雅」，吳汝綸、馬其昶能「盡俗」，嚴復、林紓「既不能雅，又不能俗」，所以「不入流」。

中國古已有之的這種對他人學術進行論評的「私議」，無論是見諸筆記、信札、序跋、注疏，還是煌煌大文，無論是私下傳抄還是公開印刷，都與近代制度化的「公評」有極大的差異。制度化「公評」的出現與學術發展轉型聯繫在一起，是近代學術發展的內在需求與外在因素共同作用的結果，其核心是知識產權的確認與資源配置。「公評」最早起源於對專利申請的審查。1416年，威尼斯共和國率先建立了專利制度，邀請同行專家對申請人的新發明、新工藝進行審查。這個審查的過程就是制度化「公評」的雛形。後來，隨著近代學術特別是科學技術的發展，需要對圍繞學術發展的各種資源進行配置，同行專家評議這種「公評」逐漸應用到各門學科，包括學術論文的發表、著作的出版、科研項目的確立、獎勵的評定如諾貝爾獎與各種名譽性職位的評判如院士選舉等。

正如科學社會學奠基人羅伯特・默頓（Robert K. Merton，1910～2003）所說，「像其他制度一樣，科學制度也發展了一種經過精心設計的系統，給那些以各種方式實現了其規範要求的人頒發獎勵」，並且「隨著科學的增長和專業化，名譽獎勵體系變得花樣繁多，日益複雜，而且顯然，其變化的速度越來

---

〔註3〕江藩：《漢學師承記・宋學淵源記》卷三，上海書店，1983年，第51頁。
〔註4〕章太炎：《與人論文書》，馬勇編《章太炎書信集》，河北人民出版社，2003年，第287頁。

越快」。〔註5〕學術評議制度作為學術體制中一個非常重要的組成部分，無論是過去、現在還是將來，對學術發展都起著十分重要的作用，而且已經形成了一個複雜的社會系統。在這系統中最為有名的獎勵自然是以人名命名，第一等級是諸如哥白尼宇宙體系、牛頓力學、愛因斯坦相對論這些學術發展的時代性標誌；第二等級是某門學科之「父」或奠基人；下一等級是分支學科的奠基人；再下一等級是將發現者的名字綴在某種發現物的後面；還有以名字命名一些計量單位和一些定律等等，不一而足。這些，都是學術規範內部對學術獨創性的崇高獎勵與承認，是對知識產權的尊崇，是任何其他世俗的獎勵都不能替代的。但學術發展史上大多數獨創性並不能歸入上述極為崇高的獎勵中，這就需要學術共同體或專門的社會組織對學術進行評議和獎勵，制度化的「公評」隨之而生。

　　學術評議制度的研究，起始於對科學獎勵制度的探討，已日益成為國內外學術界關注的對象，國際學術界無論是在理論建構還是研究方法、研究手段上都已達成相當程度的共識，比較重要的成果有羅伯特·默頓包括《科學發現的優先權》《科學界評價的制度化模式》在內的系列論文（收入《科學社會學：理論與經驗研究》一書），其學生科爾兄弟（Jonathan R. Cole、Stephen R. Cole）《科學界的社會分層》〔註6〕、加斯頓（Jerry Gaston）《科學的社會運行：英美的科學獎勵系統》〔註7〕、朱克曼（Harriet Zuckerman）《科學界的精英：美國的諾貝爾獎金獲得者》〔註8〕等著作。這些利用科學社會學的理論和方法取得的成果為本研究提供了理論基礎與研究範式。國內目前還沒有出現上述一類以實證為基礎的研究成果，基本上停留於描述性的定性分析或說明，大多為概論性的著述，如著作《科技獎勵論》〔註9〕，論文《中國科技成果評審制度研究》〔註10〕等。

〔註5〕〔美〕羅伯特·默頓著，魯旭東等譯：《科學社會學：理論與經驗研究》，商務印書館，2003年，第400～402頁。

〔註6〕〔美〕喬納森·科爾、斯蒂芬·科爾著，趙佳苓等譯：《科學界的社會分層》，華夏出版社，1989年。

〔註7〕〔美〕加斯頓著，顧昕等譯：《科學的社會運行：英美科學界的獎勵系統》，光明日報出版社，1988年。

〔註8〕〔美〕朱克曼著，周葉謙、馮世則譯：《科學界的精英：美國的諾貝爾獎金獲得者》，商務印書館，1979年。

〔註9〕王炎坤等編：《科技獎勵論》，華中理工大學出版，1999年。

〔註10〕顧海兵、王寶豔：《中國科技成果評審制度研究》，《復旦教育論壇》，2004年第4期。

　　民國學術評議制度與中國近代學術一樣，也經歷了引進、模仿、創造並本土化歷程，與學術發展有著相互促進的密切關係，與國際學術評議制度相比，有其共性與獨特性。20 世紀八九十年代，已有學者開始對民國學術評議獎勵進行研究，王根元介紹了中國地質學會的學術評議與獎勵，樊洪業專門研討了中央研究院（下簡稱中研院）評議會與首屆院士選舉〔註11〕，但至今基本上處於描述性階段或主要集中於中研院評議會與院士選舉、國民政府教育部學術審議委員會（下簡稱「教育部學術審議會」）的學術獎勵這樣的專題性研究。前者如曲安京《中國近現代科技獎勵制度》〔註12〕用 4 萬餘字講述了「近代科技獎勵」；劉明《學術評價制度批判》〔註13〕從現實關照出發，用一章述說了清末到民國學術評價制度，主體為論文《論民國時期的學術研究審查與激勵辦法》〔註14〕；左玉河和筆者在耿雲志主編的「近代中國文化轉型研究」叢書中對此也各有論說。〔註15〕

　　相對比較薄弱的總體性研究，對中研院評議會與院士選舉、教育部學術審議會的學術獎勵研究就深入而具體得多。中研院評議會與院士制度研究有陳時偉博士論文《民國政府與學術：中央研究院史》，專門研究了中央研究院的學術評議功能〔註16〕，曹聰專著《中國的科學精英》主要研究中研院首屆院士及中國科學院院士群體〔註17〕，李來容博士論文《院士制度與民國學術：1948 年院士制度的確立與運作》，利用第二歷史檔案館所藏相關資料仔細而精當地分析了 1948 年中研院院士的選舉過程〔註18〕，郭金海著作《院士制度在

〔註11〕王根元：《中國地質學會歷史上的獎章與獎金》，《中國科技史料》1984 年第 3 期；樊洪業《前中央研究院的創立及其首屆院士選舉》，《近代史研究》1990 年第 3 期。

〔註12〕曲安京主編：《中國近現代科技獎勵制度》，山東教育出版社，2005 年。

〔註13〕劉明：《學術評價制度批判》，長江文藝出版社，2006 年。

〔註14〕劉明：《論民國時期的學術研究審查與激勵辦法》，《社會科學論壇》2005 年第 11 期。

〔註15〕左玉河《中國近代學術體制之創建》一書有《新式獎勵與評估體制》《學術資助體制的發軔》等章節涉獵民國學術評議與獎勵體制；筆者《中國近代科學與科學體制化》有專章《科學評議與獎勵系統的形成》研究這一問題（四川人民出版社，2008 年）。

〔註16〕Chen, Shiwei. *Government and Academy in Republican China: History of Academia Sinica, 1927~1949*. Thesis (Ph. D.), Harvard University, 1998.

〔註17〕Cong Cao, *China's Scientific Elite,* London: Routledge Curzon, 2004.

〔註18〕李來容：《院士制度與民國學術：1948 年院士制度的確立與運作》，南開大學 2010 年博士論文。

中國的創立與重建》翔實而具體入微地研究了中研院評議會的成立到首屆院士選舉〔註19〕；相關論文有筆者《中國學術評議空間的開創：以中央研究院評議會為中心》、周雷鳴《一九四八年中央研究院院士選舉》、左玉河《中央研究院評議會及其學術指導功能》、陳時偉《中央研究院 1948 年院士選舉述論》等。〔註20〕

　　對教育部學術審議會的學術獎勵與評議研究，近幾年逐漸成為學術界關注熱點，成果不斷湧現，先後主要有張瑾、左玉河、王曉明和馬克鋒、賴岳山、沈衛威、曾祥金、鄭善慶和筆者發表論文，對其進行了多方位的分析討論。〔註21〕另外，郭金海對中研院主持的楊銓、丁文江、李承俊等獎金也有專門研究。〔註22〕

　　這些研究或介紹民國學術評議的概貌，或關注一兩個政府組織的學術評議情況，開啟了民國學術評議制度研究的大幕，為本研究奠定了相當的基礎，特別是相關中研院院士選舉和教育部學術審議會的學術獎勵的研究成果有相

〔註19〕 郭金海：《院士制度在中國的創立與重建》，上海交通大學出版社，2014 年。

〔註20〕 按照發表時序：筆者《中國學術評議空間的開創：以中央研究院評議會為中心》，《史林》2005 年第 6 期；周雷鳴《一九四八年中央研究院院士選舉》，《南京社會科學》2006 年第 2 期；左玉河《中央研究院評議會及其學術指導功能》，《史學月刊》2008 年第 5 期；陳時偉《中央研究院 1948 年院士選舉述論》，《一九四〇年代的中國》，社會科學文獻出版社，2009 年。

〔註21〕 依照發表時序，張瑾《抗戰時期教育部學術審議會述論》，《近代史研究》1998 年；左玉河《從中央學會到學術審議委員會：中國現代學術評估體制的建立》，《社會科學研究》2008 年第 5 期；筆者《良知彌補規則，學術超越政治：國民政府教育部學術審議會學術評獎活動述評》，《近代史研究》2014 年第 2 期；王曉明、馬克鋒《抗戰時期國家最高學術獎的設立及其影響》，《中國國家博物館館刊》2016 年第 1 期；筆者《民國學術發展的一個評估：教育部學術審議會學術評獎獲獎成果學科類別分析》，《科學文化評論》2017 年第 5 期；賴岳山《1940 年代國民政府教育部「著作發明及美術獎勵」史事探微》，《民國檔案》2017 年第 4 期；賴岳山《互為體用的「隱微政治」與「客觀學術」：論「民族主義」情緒如何引導了「民國教育部『著作發明及美術獎勵』（1941～1949）」中「著作類」的評審》，《學術月刊》2017 年第 11 期；沈衛威《現代學術評審制度的建立：國民政府教育部學術審議委員會與學術評獎》，《長江學術》2018 年第 3 期；曾祥金《民國教育部學術評獎活動及其文學史料價值》，李怡、毛迅主編《現代中國文化與文學》，巴蜀書社，2018 年；鄭善慶《20 世紀 40 年代史學著述的評判標準問題：以審查意見為中心的探討》，《南開大學》2019 年第 1 期；沈衛威《民國部聘教授及其待遇》，《中山大學學報》（社會科學版）2019 年第 4 期。

〔註22〕 郭金海：《民國時期中央研究院學術獎金的評獎活動》，《民國檔案》2016 年第 4 期。

當的參考價值。但這些研究相比民國學術評議制度本應具有的內容與涉及的論題還遠遠不夠，諸如民國初年政府的相關努力，各種民間學術社團、多種多樣的民間基金會的學術評議特別是以中華教育文化基金董事會（下簡稱中基會）為中心的課題申請與評議等問題基本沒有涉及，對民國學術評議制度創立、發展演化的社會歷史背景特別是與學術發展的關係，學術評議具體運行、評議結果與程序的關係及評議結果所反映的社會關係網絡，政府與民間社團在學術評議與獎勵方面的差別、政治對學術評議的影響，學術評議制度與學術獨立，傳統的「私議」與制度化的「公評」之間的張力及其互動關係等方面也基本沒有探討，因此也就缺乏對民國學術評議制度的總體架構與結構功能的總體把握。

在已有成果基礎上，本研究以學術評議與學術發展為線索聚焦上述各方面，由此構建民國學術評議制度的總體構架，分析其結構與功能，討論民國學術評議制度與民國學術發展的互動，進而尋繹學術評議與學術獨立的關係，主要包括以下幾個方面的內容：

第一，政府學術評議制度的創立與發展，包括民初因「超前」而「停留於紙面言說」的函夏考文苑和學士院、中央學會、獎學基金、學術評定和學術審定委員會（下簡稱學術評定會和學術審定會）等欲求和設置，步履艱難的中研院評議會（包括長時間的籌備、成立後的無所作為，首屆院士選舉的「功成名就」）、卓有成效的國民政府教育部學術審議會獎勵，同時分析討論中研院評議會與教育部學術審議會在學術評議職能上的矛盾與衝突。

第二，民間學術評議制度的創立與發展，包括民間社團和民間基金會兩個方面。民間社團的學術評議與獎勵方面，全面梳理以中國地質學會開啟的民間學術社團的學術評議制度，特別關注以中國地質學會為代表的專業性社團獎章與獎金、以中國科學社為代表的綜合性科學社團的各類獎勵。因篇幅和資料等原因，以中基會〔註23〕為核心的各種民間基金會學術評議與獎勵諸如大公報科學獎金等，各大學和研究機構的學術獎勵諸如中研院丁文江、楊銓獎金，北平研究院地質礦產研究獎金等暫不納入本研究。同時，學術評議相當重要的組成部分學術論文發表與著作出版的評議，因牽涉問題比較複雜，而且資料

---

〔註23〕中基會檔案第二歷史檔案館未開放，雖《傅斯年遺札》等相關個人資料有不少中基會學術評議史料，但還不足以窺測中基會學術評議的概貌，更不用說其細節，只能等待時機與後續努力。

比較零碎，亦暫不作專門分析。

　　第三，上述研究主要分析學術評議的具體實施過程及其結果，考察為規避實施過程的不端行為而對程序的修改與調適、評議結果所反映的社會關係網絡，並討論程序公正與結果公正之間的關係；分析學術評議過程中審查專家們的學術良知如何指導他們的評議（體念他們突然發現人才後的激奮與不經意間月旦人物的興味），政治因素在多大程度上影響了學術評議，專家、機構和社團又是如何規避政治因素對學術評議的影響，以保證學術評議的最終相對公正與公平；分析個性化的「私議」與制度化的「公評」之間的張力，探討「私議」通過何種途徑與手段影響「公評」、在什麼條件下可以轉化為「公評」、「公評」如何規避「私議」的不合理性、吸收「私議」的合理性成分等。

　　第四，無論何種形式的學術評議與學術獎勵，促進學術發展的原初目標，最終都落腳於學術成果及其著作人。本研究聚焦於各種學術評議與獎勵的獲獎作品與獲獎人，分析他們獲得獎勵的原因及其對學術進步的影響，由此觀照民國學術發展及其情狀，打撈大批因各種原因而被歷史塵土所掩蓋的獲獎作品與人物，特別關注他們在政權鼎革後的生命際遇，試圖構建民國學術發展的基本圖景，並在此基礎上最終討論學術評議與學術發展、學術獨立之間的關係，為未來中國學術發展提供一些可資思考的維度與側面，也為今天缺乏公信力的學術評議及制度提供一些可資借鑒的歷史經驗，為構建健康的學術發展體制貢獻綿薄之力。

# 第一章 民初學術評議：超前制度設計的失敗

　　1913 年 11 月 22 日，被軟禁的章太炎上書袁世凱（限期三日內答覆），聲明既不願做他的門客：「炳麟以深山大澤之夫，天性不能為人門客，遊於孫公者，舊交也；遊於公者，初交也。既而食客千人，珠履相耀，炳麟之愚，豈能與雞鳴狗盜從事耶？」也不願就職史館：「史館之職，蓋以直筆繩人，既為群倫所不便。方今上無奸雄，下無大佞，都邑之內，攘攘者穿窬摸金皆是也。縱作史官，亦倡優之數耳！……今大總統聖神文武，咸五登三，簪筆而頌功德者，蓋以千億，亦安賴於一人乎？」唯願在「考文苑」一事盡心盡力：「苟圖其大，得屈此身以就晦冥之地，則私心所祈向者，獨考文苑一事，經緯國常，著書傳世，其職在民而不在官，猶古九兩師儒之業。邇者方言國音、字典文例、文學史、哲學史等，皆未編成，而教育部群吏，又盲瞽未有知識，國華日消，民不知本，實願有以拯濟之。同苑須四十人（仿法國成法）。書籍碑版印刷之費，數復不少，非歲得二十四萬元不就。若大總統不忘宗國，不欲國性與政治俱衰，炳麟雖狂簡，敢不從命？……設有不幸，投諸濁流，所甘心也。」〔註 1〕

---

〔註 1〕《章太炎漂泊無聊之身世》，《申報》1913 年 12 月 2 日第 6 版。值得注意的是，馬勇編《章太炎書信集》（第 454～455 頁）在辦理考文苑所需款項數目上，24 萬元改為「數十萬元」。從後來媒體報導，章太炎與袁世凱曾糾纏於具體數額，可見 24 萬元應該是章太炎致函袁世凱的最終稿，原來的「數十萬元」是底稿。因此，「24 萬元」是底稿之說，不足為憑。按常理，具體款項上「數十萬元」實在是太「大而化之」，如何取信於大總統？目前對函夏考文苑的研

　　章太炎信中所說「考文苑」，就是他與馬相伯、梁啟超 1912 年 10 月發起的「函夏考文苑」，這是近代中國第一個具有可操作性的國家最高學術機構設計，也是向西方學習的學術評議第一次嘗試。它的最終流產，與同期康有為提出的「學士院」設想，為選舉參議院議員而設立的中央學會無疾而終，僅僅停留於紙面言談中的獎學基金、教育部學術評定與學術審定會等，除當時錯綜複雜的社會政治與經濟環境等因素而外，更為本質性的原因是相對於當時中國學術發展情狀與水準，都屬於國家層面毫無根基的超前制度設計，失敗自然不可避免。

## 一、文人學士們的理想：函夏考文苑與學士院

　　民國初建，百業待興，學術發展似乎也迎來新機，一批學會與學術機構先後成立，馬相伯、章太炎、梁啟超發起的「函夏考文苑」可以作為當時學界建立學術評議機制的第一個樣本，也可以看作當時文人學士們發展學術的理想之一。

　　「函夏」出自楊雄《河東賦》：「以函夏之大漢兮，彼曾何足與比功。」意為「全華夏」、「全中國」；「考文」出自《禮記·中庸》：「非天子，不議禮，不制度，不考文。」意為考訂文字，引申為高深學問。按照馬相伯的設想，「函夏考文苑」是中國最高學術機構，仿照法蘭西研究院而設：「創辦不如仿辦，仿辦一不見疑，二不貽誤，以有經驗良方可循故也。」〔註2〕主要從兩個層面進行，一是選舉「苑士」專門從事學術研究（學術研究包括兩個方面，「一作

究成果已有不少，但未發之覆處甚多，特別是其在中國近代學術評議制度建設上的思想史意義。當然，也有一些史實有待於進一步考訂。相關研究主要有樊洪業《馬相伯與函夏考文苑》（《中國科技史料》1989 年第 4 期）、張榮華《「函夏考文苑」考略》（《復旦學報（哲學社會科學版）》1992 年第 5 期）、陸永玲《站在兩個世界之間：馬相伯的教育思想和實踐》（朱維錚主編《馬相伯集》，復旦大學出版社，1996 年）、李天綱《函夏考文苑：民初的學術理想》（張仲禮主編《中國近代城市企業·社會·空間》，上海社會科學院出版社，1998 年）、左玉河《從考文苑到研究所：民初專業研究機構之創設》（《社會科學研究》2007 年第 1 期）、肖瀾《「函夏考文苑」之議相關政治因素》（《歷史教學問題》2009 年第 5 期）等。

〔註 2〕馬相伯：《為函夏考文苑事至袁總統條呈》，朱維錚主編《馬相伯集》，第 129 頁。值得注意的是，目前學術界大多認為函夏考文苑仿照的是法蘭西科學院，對於這一問題，樊洪業先生已有精確的辯證（參見氏著《馬相伯與函夏考文苑》）。

新舊學，示後生以從學之坦途；二釐正新詞，俾私淑者因辭而達義」），二是設立基金獎勵著作與獎誘凡民，都屬於學術評議與獎勵範疇。

如果設想實現，在相當意義上可以說函夏考文苑開啟了中國近代學術評議制度化建設的先河。首先是選舉「苑士」。「苑士」是考文苑主體，按計劃選舉 40 名，由發起人推舉三分之一，其他人由被推舉的三分之一「通信公舉」，「抱定『寧缺毋濫』四字，庶幾考文苑方有價值」，「所舉須有精當佳作已行於世者，乃可。無其人，不如虛其位。祿極微，志不在此也。」〔註3〕「輪補者須有清真雅正之著作（指書籍不指文集。文就各題論，不專尚詞采也），經考文苑全體鑒定，懸之國門可無愧者，然後可補。不然，寧缺毋濫。勢位與情託，皆在所不行。真除者宜謁總統，以重其選，必有一篇即真文字，以示其志趣」。〔註4〕可見，第一，「苑士」的選舉立有尺度，首次被舉者須有「精當佳作」行世；「輪補者」須有「清真雅正之著作」經全體「苑士」鑒定後公諸天下「無愧者」，否則「寧缺毋濫」。「著作」是當選「苑士」的唯一標準與「敲門磚」，「權勢」與「情託」都行不通。第二，「苑士」是名譽性的終生職位，「皆終其身，故號稱不朽」。因此，當選者雖然在考文苑專門從事研究工作，但俸祿「極微」，以表示當選「苑士」是對他們以往學術成就的承認與推崇，而不是對薪俸的追求。可見，「苑士」的選舉與後來中研院院士選舉性質似乎一樣，所不同者，只是「苑士」要在考文苑專門從事研究並獲得極微的「俸祿」而已。另外，總統需接待當選「苑士」「以重其選」，而「苑士」需要當場演講（即真文字）以顯示其志趣，這似乎有諾貝爾獎頒獎儀式的味道。無論如何，在馬相伯等人看來，當選「苑士」是極為崇高的榮譽，需要隆重的儀式與之相適配，國家當以「國士」對待。可以說，在對「苑士」的尊崇上，完全可以與法蘭西院士相提並論。

作為發起人，馬相伯可能推舉了包括自己在內的 19 位「苑士」：

> 馬良、章太炎、嚴復、梁啟超、沈家本（法）、楊守敬（金石地理）、王闓運（文辭）、黃侃（小學文辭）、錢夏（小學）、劉師培（群經）、陳漢章（群經史）、陳慶年（禮）、華蘅芳（算）、屠寄（史）、孫毓筠（佛）、王露（音樂）、陳三立（文辭）、李瑞清（美術）、沈

〔註 3〕馬相伯：《函夏考文苑議》，朱維錚主編《馬相伯集》第 128～129 頁。
〔註 4〕馬相伯：《仿設法國阿加代米之意見》，朱維錚主編《馬相伯集》第 134～135 頁。

曾植（目錄）。〔註5〕

章太炎、梁啟超與馬相伯三人商量後，於1912年12月確立一個12人的「苑士」名單，當時有報導如此稱：

> 章太炎、梁任公、馬相伯發起函夏考文苑，苑制悉仿阿伽代米，設額四十名。茲由三君推舉劉師培（群經）、沈家本（法）、陳慶年（禮）、楊守敬（金石）、陳三立（文辭）、黃侃（文辭小學）、陳漢章（群經）、沈曾植（目錄）、李瑞清（目錄）、屠寄（史）、錢夏（小學）、王露（音樂）十二人為苑員。由十二人各舉所知以充餘額，務得續學之士，寧缺毋濫，皆以科學專家而又博古長於著述者為最難得。算學一門專擬推無錫華蘅芳氏，惜華已歿，今尚無足當此席者。〔註6〕

比較兩個名單，除發起三人外，後一個名單還剔除了嚴復、王闓運、孫毓筠與已經去世的華蘅芳。發起人推舉 12 人，也符合他們推舉三分之一的規定。在馬相伯的名單中曾指出，「說近妖妄者不列」，因此夏曾佑、廖平、康有為都未被提名，而王闓運以「文辭」而不是「經學」候選。最終名單王闓運以「文辭」候選的資格也沒有了，嚴復、孫毓筠為何被「排除」，原因不得而知。〔註7〕可見，發起人的名單選擇除前述標準外，更有他們的自我喜好與評判。這無論是從制度建設還是學術評判上來說，都不足為訓。「苑士」遴選畢竟是公共性學術評議，而不是個人喜好的表達。

從他們推舉的名單看，「苑士」僅僅是一個傳統學問家的名譽圈子，學科門類包括經學、法學、禮學、金石學、詩詞、語言學、版本目錄學、史學、美術、音樂學等，新聞報導中雖有「科學專家」的說法，但實際上卻沒有法蘭西研究院所崇尚的近代科學諸如數學、物理、化學以及工程技術等。他們雖然非

---

〔註5〕《考文苑名單》，朱維錚主編《馬相伯集》第136～137頁。誰擬定這個名單，學界存在爭論，一般以為這是馬相伯與章太炎等發起人共同擬定。但從下述1912年12月15日《新聞報》的報導看，這個名單更大可能性是馬相伯個人所擬，作為發起三人討論基礎，因此有將已經去世的華蘅芳列入這樣的失誤，而且19人的數目也遠超發起人推舉三分之一的規定。值得提及的是，1947年中研院籌備首屆院士選舉，有好事者以《民國初年中央研究院名單》為名，將馬相伯擬定的這份名單刊載於《中央日報》（1947年4月17日第5版），並說「此單內十九人，不過三十年，今日已無一人存矣」。
〔註6〕《推定考文苑員之姓氏》，《新聞報》1912年12月15日第3版。
〔註7〕李瑞清的學科門類從「美術」轉變為「目錄」，可能是記者的失誤。

常推崇算學名家華蘅芳，但華仍然是一個傳統的算學家，而不是近代意義上的數學家。當然，如果再讓這 12 位苑士推舉其他三分之二的人選，最大可能性還是集中在他們自己的學科門類。因此，當時已經取得重大科技成就的鐵路工程師詹天佑、在防治東北鼠疫取得國際聲譽的伍連德等都未入他們的法眼。當然，詹天佑、伍連德等不能入圍，可能與他們沒有「著作行世」相關。問題是，他們所推舉的 12 位「苑士」，章太炎的弟子黃侃、錢玄同當時同樣也沒有「精當佳作」。

具體分析發起人所推舉的 12 位「苑士」籍貫與年齡（表 1-1），浙江 4 人、江蘇 3 人、湖北與江西各 2 人、山東 1 人，地域分布嚴重不平衡。加上發起三人，也僅增加廣東梁啟超而已，浙江與江蘇在 15 人中佔據 9 人之多（馬相伯江蘇人，章太炎浙江人），完全失衡。年齡上更是「崎嶇不平」，最大的楊守敬、沈家本與最年輕的錢玄同、黃侃相差近 50 歲。錢玄同 25 歲、黃侃 26 歲、劉師培 28 歲、陳慶年 30 歲，實在太年輕了！年輕 4 人組中，除劉師培當時已聲名鵲起外，其他三人成就如何，似乎還難以估量。可見，發起三人在「苑士」的推舉上似乎有些「兒戲」，考慮到黃侃、錢玄同是章太炎的門生，更有私相授受的嫌疑。當然，也不可否認，沈家本、楊守敬、沈曾植、屠寄、陳三立、陳漢章等當時已是無可爭議的學術名家，在中國傳統學術發展史上也有其地位，黃侃、錢玄同後來在學術上也貢獻卓著，但無論如何，從「苑士」遴選起始，考文苑的創立似乎就走上了非正常的路途。

表 1-1　發起人推舉的 12 位「苑士」籍貫與年齡一覽表

| 姓　名 | 籍　貫 | 生卒年 | 姓　名 | 籍　貫 | 生卒年 |
|---|---|---|---|---|---|
| 劉師培 | 江蘇儀徵 | 1884～1919 | 沈家本 | 浙江南潯 | 1840～1913 |
| 陳慶年 | 江蘇丹徒 | 1862～1929 | 楊守敬 | 湖北宜都 | 1839～1915 |
| 陳三立 | 江西義寧 | 1853～1937 | 黃侃 | 湖北蘄春 | 1886～1935 |
| 陳漢章 | 浙江象山 | 1864～1938 | 沈曾植 | 浙江嘉興 | 1850～1922 |
| 李瑞清 | 江西臨川 | 1867～1920 | 屠寄 | 江蘇武進 | 1856～1921 |
| 錢夏 | 浙江吳興 | 1887～1939 | 王露 | 山東諸城 | 1879～1921 |

當然，設想中的函夏考文苑更為重要的學術評議工作是設立基金進行學術獎勵。與作為名譽性的「苑士」薪俸「極微」相較，獎勵學術的「獎勵金則甚巨，非富有基本金不可」。獎勵包括獎勵著作、獎誘凡民兩個方面。著作分

兩類，一是有補風化。所謂風化：「以道德言：一私德，應從不自欺，不憚改下手。事事須本良知，有宗旨，心口交誠，不妄動，不虛生，光陰是寶，財色非寶。二公德，應從報恩始。孝之為義，報恩也，忠於社會，亦報恩也。不損人，不害人，權利不侵，義務必盡。凡中外史乘所載，關於前項事實，有步武可繩者，及比喻之足為當前指導者，或編或撰皆可。」二是啟發民智。獎勵範圍：「一凡關於借物以自養者，二凡關於通國之自治者，三凡關於人之常識者，……而關於性法、教法、國法不與焉者，非不與也，但不待詳耳。」著作獎勵既可獎勵已經撰成的，「準功以犒之」，也可以設定一些需要研究的題目，公諸天下，「懸金以待之」。﹝註8﹞這一規定似乎與今日政府學術評議相匹配：科學技術方面，國家層面獎勵已有成果者有國家科學技術獎，獎勵研究的有國家自然科學基金等項目；社會科學方面雖沒有國家層面的已有成果獎勵，但各省、直轄市等都設有社會科學成果獎，更有國家社會科學基金資助的各種各類各級項目。可見馬相伯等當年在學術評議與獎勵方面條文設計的超前性與可操作性。

獎誘凡民：「凡民者，側陋之齊民也，居通國十之九。士夫位望不同，即有奇行，不足以動之。故欲成美社會，非奉凡民為矜式，則奏效遲且難。一凡民有道義者，二道義之艱貞者。一，道義云者，必權利於讓之無過者，加讓也；必義務於應盡之外者，加盡也。二，艱貞云者，必困衡空乏之備嘗也，必歷久彌堅而不渝也。」獎勵「一以財物，二以文字。一加其身，二及其嗣」。﹝註9﹞「獎誘凡民」，就是獎勵與「誘惑」雙管齊下。士大夫精英們距離普通的「側陋齊民」太遠，必須獎勵那些側身其間「有道義者」、「道義艱貞者」，通過這些世俗榜樣的力量以「成美社會」。

可見，函夏考文苑的學術評議與獎勵，無論是其門類還是層次，多有關所謂「風化」者，即從道德倫理及社會風俗上著手，純粹學術獎勵似乎並不是其考慮的主要對象。也就是說，馬相伯等有鑒於當時社會「言龐行僻，公私道德吐棄無遺，家國治權消亡殆盡，至欲均貧富、公妻孥」﹝註10﹞的現實，要從提倡拯救社會道德（包括私德與公德兩個層面）角度獎勵道德說教著作，而不是真正的學術研究成果，這與他們所仿傚的以學術研究為天職的法蘭西研究院

﹝註8﹞馬相伯：《函夏考文苑議》，朱維錚主編《馬相伯集》第128頁。
﹝註9﹞馬相伯：《函夏考文苑議》，朱維錚主編《馬相伯集》第128頁。
﹝註10﹞馬相伯：《函夏考文苑議》，朱維錚主編《馬相伯集》第125頁。

宗旨背道而馳，也與考文苑以學術為標準選舉「苑士」脫節，成為毫無關係的「兩張皮」，在一定程度上顯現了近代中國在學習西方過程中的所謂「橘逾淮為枳」現象，引進的學術評議這個新瓶裝上了「敦化道德」與社會風氣的「舊酒」。當然，這也是近代中國新陳代謝過程中「新舊雜陳」、半新半舊、不新不舊的現實表現之一。

在馬相伯等人的強力要求與不斷努力下，函夏考文苑的成立似乎得到了袁世凱等人的支持，向政府要求大量經費作為基金、要場地作為辦公處所。但宣稱「不干政治，上不屬政府，下不屬地方」〔註11〕，要作為獨立於政治之外的一種學術組織，其創建與發展自然會受到各種各樣因素的干擾甚至限制。直到近一年之後的次年10月，有報導稱：

> 考文苑乃馬相伯所發起，仿照巴黎學會制度辦法。前馬君已著有發起該苑宣言書，為各國學者所注視。近有某國人謁馬，訪問該苑內容。馬君以近狀告，並以努力進行自勗。現已籌有大宗的款，即日開辦，其位置在中央學會之上，會員名額擬以四十名為度。說者謂將來此舉一成，必為中國學界前途放一異彩，凡抱淵博學問具有專門高深學識者，當必廣為物色矣。〔註12〕

無論是馬相伯還是拜謁者，似乎對考文苑抱有極大的信心，「將來此舉一成，必為中國學界前途放一異彩」。但實際情況卻遠非如此，無論是辦公地點還是款項的劃撥，都在各種「扯皮」中，根本不得要領。〔註13〕因此才有本章起首所引章太炎致袁世凱的「哀的美敦書」。

當然，對於章太炎限三日內答覆的最後通牒，大總統也不是毫無反應，他派人與章在具體款項數目上糾纏，說考文苑「苑士」無論如何也選不出20人來。似乎去年所擬定的人物並不在計劃內。於是，章太炎退步，「十餘人亦足主辦」，「費亦可少損」，至少得8萬。〔註14〕問題是，區區8萬，大總統也不願給。只讓人給章太炎個人送去薪金500元，自然被嚴詞拒絕，最終演成章太炎大鬧總統府。〔註15〕無論如何，經章太炎這一波動作，考文苑的設立似乎走

〔註11〕馬相伯：《為函夏考文苑事至袁總統條呈》，朱維錚主編《馬相伯集》，第129頁。

〔註12〕《考文苑組織之先聲》，《申報》1913年10月25日第3版。

〔註13〕參閱樊洪業《馬相伯與函夏考文苑》。

〔註14〕《專電》，《申報》1913年12月4日第2版。

〔註15〕駐京通信員遠生：《記太炎》，《申報》1914年1月14日第3版。

上了正軌。1914 年 3 月，「發起於馬相伯，議決於政治會議，責成於教育部」的考文苑，在「南苑堪地興築屋宇，以繼漢之蘭臺東觀，唐之昭文集英，宋之崇文秘閣，獎文學閡著述」，並頒布「組織法」，以馬相伯長苑，被認為是「盛事」一樁。〔註16〕無論馬相伯如何宣稱考文苑理念來自西方，仿照法蘭西研究院而設，但在媒體人看來，不過是傳統「蘭臺東觀」等的再現而已。媒體以為根據「組織法」，函夏考文苑事務分為研究、審定、表彰三種：研究新舊各學；審定各種著作，審定後獎以名譽及實物；表彰名節。〔註17〕其實，教育部頒布的《組織法》分苑制、職務與經費三部分：

（甲）苑制　苑中設長苑一人，綜攬苑務；秘書二人，掌紀錄、文牘及總務之事；辦事員若干人，裏助秘書分理會計、庶務等事；修撰員十人，皆須常川到苑，研精學術並掌考訂、評議、撰述等事。惟中國人文書盛，於額定職員外別設修撰十名，不必時常到苑，以為搜羅人才之計（苑外修撰不支薪俸，只給車馬費）。

（乙）職務　（一）研精學術。苑內人士各就平日專長之學問，在苑研精探討，其於百家六藝遇有心得，隨時論著成篇，公同參訂，如認為有裨後學者即出版流布。泰西學術無論為精神物質，諸科學亦均在研究之列云。（二）評獎新著。是項為提倡學風，釐正群言之要端。除俗書小說無宏旨者外，其可認為著作之林，皆得送苑審核。如有裨益風化者，即寵以評題，藉廣傳播。擇其尤者，酌給獎金，以示鼓勵。（三）旌勸節行。國內人民有奇節卓行，足為社會矜式者，得由地方官或紳民呈請，文苑錫以旌揚。如遇此項事實而無人代請表彰為文苑見聞所及者，亦得移牒地方長官調查報告，由苑著為文辭傳記或碑碣之類，以資興勸。

（丙）經費　各項俸給及車馬費每年支六萬元，獎金年支三千元，出版費三千元，共年支七萬一千二百元云。〔註18〕

與馬相伯的設計相比，教育部頒布的「組織法」自然更具有操作性，行政部門的設計與後來中研院的行政管理基本相同，而且具體的常年費似乎與章太炎 8 萬元的欲求相差不大。更為重要的問題是，第一，此時的考文苑隸屬於

〔註16〕《考文苑之組織法》，《新聞報》1914 年 3 月 26 日第 3 版。
〔註17〕《專電》，《申報》1914 年 3 月 22 日第 2 版。
〔註18〕《考文苑之組織法》，《新聞報》1914 年 3 月 26 日第 3 版。

教育部，與當初馬相伯所標榜的「上不屬政府，下不屬地方上」實在是南轅北轍，與章太炎的理想差距也甚大。這樣，馬相伯、章太炎理想中考文苑的獨立地位自然「隨風而逝」。第二，「苑士」變成了修撰員，人數也從 40 名縮減為正式 10 名、編外 10 名。「考文苑」中從事學術研究者的尊崇地位也就隨之而去了。第三，考文苑職能重點似乎在研究獎勵上，研究範圍似乎也納入了「泰西」的科學。

更大的問題是頒布了「組織法」，馬相伯似乎也走馬上任了，但其「後效」卻完全沒有。到 5 月，《申報》以《考文苑著手起草》報導稱，「考文苑之擬設，政府早有此意……喧傳多日，至今尚未見諸施行」，大總統「以中國國學根底實為各國所不及，辛亥政變以來，全國人士對於此事多淡漠視之，長此荒廢，未免國粹盡歸湮沒，殊為可惜」，於是與國務卿黎元洪商量，「仍擬從速設法組織，俾早成立」，「刻聞該院編制法已飭由法制局著手起草矣」。〔註19〕似乎完全與馬相伯等無關，全是大總統與國務卿的倡導，前此教育部「組織法」也完全不存在，而且以恢復「國學」為目標，無論是旨趣還是性質，已經完全變異。

無論如何，大總統袁世凱與國務卿黎元洪設立考文苑的想法似乎也是「一時興起」，很快也就煙消雲散。〔註20〕自 1914 年 5 月以後，由馬相伯等 1912 年 10 月開始籌劃的函夏考文苑，也就走完了它口談筆劃的歷史進程，完全消失。因此，函夏考文苑也僅僅成為「民初的學術理想」。正如方豪所言，函夏考文苑在民國初年「出世」，「實在可以說『不是時候』」。他指出之所以沒有結果的原因是袁世凱「不學無術」，其幕府「無非官僚」，「加以政局不定，無暇及此」，馬相伯「呼籲近一年，聲嘶力竭，終成泡影」。並歎惜：「否則，此一國家學術最高機構當能早十六七年出現，國家學術進步亦可提前十六七年，不能不說是一件憾事！」〔註21〕當然，正如前面和下文所言，實際情況遠比方先生的分析複雜，無論怎樣國家最高學術機構也不可能「提早十六七年」成立。

無獨有偶，當時預備在國家層面建立學術評議制度者並非僅有馬相伯一

---

〔註19〕《組織聲中之新館院》，《申報》1914 年 5 月 28 日第 6 版。

〔註20〕當日袁世凱籌設考文苑時，預備創設的機構繁多，以消納人才，如政事堂各局所、平政院、參政院、國史館、各種議會等等，因此有人譏諷「名目之繁，不易計數」，「嗚呼！民國之人才何其多耶，然消納而以此種不急之會館，是直所謂豢養高等游民而已，豈所以待人才也耶！」《雜評二》，《申報》1914 年 5 月 28 日第 7 版。

〔註21〕方豪：《馬相伯先生籌設函夏考文苑始末》，載《方豪六十自定稿》，（下冊），（臺北）學生書局，1969 年，第 1993 頁。

派文人。1913 年 3 月，已日益走向保守的前激進思想家、被馬相伯等人排斥在考文苑「苑士」之外的康有為，從國家制度設計層面上，以皇朝時代的翰林院為出發點，在其所擬定的「中華民國憲法草案」中提出國家設立「學士院」，「以待碩學而屬通才」：

> 凡選學士，以諸學士聯保，驗所著書及製作圖器創獲實跡者，得充補之。其望尤高者為大學士，亦不設額，由諸學士公舉之。其常任院事者為直學士，若分科曰文學、掌故、今史。有涉教育部者，會議而行。大學校長及總教授由此院舉之，得教育部之同意，請於總統任之。其史館隸之，由其編纂。其國中人士著書，皆交學士院定之（或仍舊名曰翰林院）。

康有為的「學士院」雖然「或仍舊名曰翰林院」，但他畢竟曾遊歷各國，見過世面，目睹各國學術發展情狀，其實質已與翰林院有所不同，是一個完全的學術機構，且其來有自：

> 中國數千年，以文學為國，至今則文學掃地盡矣。士不悅學，何以能國？今宜有以獎導之。法國、日本皆有學士院，即吾國古之蘭臺、史館、翰林院，以文學為職，宜採之。與大學校長皆獨立，不宜隸於教育部。蓋以總長隨總理為起落，未必久任，則變多而成事難。且學士與大學校長、總教授，皆一國之碩學魁儒，若屈隸教育部，則總長多年少望輕，魁儒不願屈於其下，多不就職，今大學之弊可見。英之惡士弗、檢布烈住大學，多以故相領校長，至尊重矣，故大學亦重。今可採之。〔註22〕

康有為將法國、日本的「學士院」認同於中國的「蘭臺、史館、翰林院」，可見他雖居國外十數年，還是不能正確地認知法國、日本學士院的本質屬性，它們完全不是「以文學為職」的學術機構，而是「以學術為職」的國家最高學術研究或評議機構，其最為重要的職能一是通過評議選舉其組成成員即院士，二是通過一定的程序對國家學術發展有所建議。更為重要的是，無論是日本的學士院還是法國的學士院，其院士學科囊括了近代學術的各個門類，特別以近代科學技術為重要組成。無論是馬相伯的函夏考文苑還是康有為的學士院，其關注的重點仍然是傳統的辭章與史學等門類，汲汲於一時還是傳統「國學」，

---

〔註22〕康有為：《擬中華民國憲法草案》，姜義華、張榮華編校《康有為全集》第 10 卷，中國人民大學出版社，2007 年，第 79～80 頁。

新的科學技術不在他們的思考範圍內。可見，自洋務運動西方近代科學技術成規模輸入以來，已歷半個多世紀，對中國社會也產生了不小的影響，但仍然難入康有為、梁啟超、馬相伯、章太炎這些所謂近代中國思想鉅子與開新一代的法眼。

當然，正如馬相伯等看到了法蘭西研究院的學術評議性質，康有為也認識到他心目中的「學士院」具有國家最高學術評議機構的功能，入院的「學士」由已有學士聯保，其入選的標準不是考試成績，而是「所著書及製作圖器創獲實跡者」，只是名額不限。同時，學士院也要對國家的其他學術事務進行評議，大學校長與大學的「總教授」由學士院選舉，國人所著書籍也由學士院評定。更值得重視的是，康有為將他心目中的學士院等同於蘭臺、史館與翰林院，僅僅是看重它們的學術性與尊崇的地位，而不是傳統與政治緊密相連的官僚機構性質。與馬相伯等一樣，康有為也強烈要求「學士院」的學士們與政治絕緣，強調其獨立性。學士院的學士、大學校長與總教授，必須獨立於教育部以獨立於政治。因為教育部總長會跟隨政府總理的進退而進退，造成其「未必久任，則變多而成事難」。而且，作為官僚的總長們「多年少望輕」，而學士、大學校長與總教授都是「一國之碩學魁儒」，他們自然不能屈居於教育總長的權力之下以造成大學弊端叢生。因此，他建議學習英國牛津、劍橋大學校長多由退休首相擔任的成例，以提升大學的地位，從而實現學術獨立於政治的目標。

民國初年，文人學士們似乎更能親身體驗到共和初建給他們帶來拋卻枷鎖的身體自由、思想自由和學術自由，因此他們在對政治說三道四之後，更要求政治遠離學術，以為學術高於政治。章太炎在營救劉師培時曾發表宣言稱：

> 今者文化陵遲，宿學凋喪，一二通博之材如劉光漢輩，雖負小
> 疵，不應深論。若拘執黨見，思復前仇，殺一人無益中國，而文學
> 自此掃地，使禹域淪為夷裔者，誰之責耶？

章太炎此文發表於1911年12月1日出版的《民國報》第2號，時序上雖在民國成立前，但由此已能清楚地探測他們要求將學術與政治分離的呼聲與氛圍。

文人學士們學術超越政治的欲求，不僅在現實政治面前寸步難行，更令他們意想不到的是，現實政治反而會利用學術來達到純粹政治不能達到的目的，這似乎就是歷史的弔詭：學術要求「遠離」政治，政治卻要「擁抱」學術，兩者總是在相互糾纏之中。

## 二、政治的試驗場：中央學會

　　1912 年 8 月 10 日，袁世凱頒布《中華民國國會組織法》，其中第二條第五款規定，中央學會為選舉機關，選出參議員 8 人。中央學會突然出現在「國會組織法」中，而且有 8 名參議員的名額。橫空出世的中央學會「另以法律規定之」，原來這是一個還沒有成立的組織，但已被分配了 8 個參議員的席位，每個行省僅可選 10 名參議員，其地位可以想見。同一天頒布的《參議院議員選舉法》第五章《中央學會》規定，「選舉人以中央學會會員充之，但被選舉人不以該會會員為限」，選舉監督由教育總長「充之」，「選舉時間及場所」由選舉監督「定之」。同樣，「中央學會之組織別以法律定之」。〔註 23〕

　　對於這樣突然出現在國會組織法的「新事物」，充任選舉監督的教育總長范源廉似乎也有些措手不及。9 月初有報導稱：

> 查選舉法有從中央學會中選出議員之規定，惟我國尚無此項學會，教育部對於此事極費研究。聞范總長之意，即以中央教育會為中央學會，並擬通令各處多設各種學會，大別為四種，中央已設之法學會、尚志學會等等皆視為學會之一，將來中央學會會員即由各學會選出，其資格除大學校長及高等專門學校當然可以作為會員，此外則以各科學中聲名卓著者充之，大約其資格不過兩三項而已。擬於九十月間即將中央學會組成，以便再由學會中選出法定議員額數。〔註 24〕

　　可見，教育部對中央學會成立的宗旨、組成成員等也是一頭霧水，頗費一通研究之後，范源廉將中央教育會當作中央學會，會員將由各種其他學會選舉而出，因此要求各地多多設立各種學會。已成立的法學會、尚志學會等可以選舉中央學會會員。會員資格門檻似乎很高，除大學校長而外，只有各學科聲名卓著者可以候選，選舉在范源廉看來也是輕而易舉，一兩個月就可以宣告中央學會的正式成立。這自然是范源廉的一廂情願，也是對中央學會錯誤認知，但有人卻想依樣畫瓢。湖南都督譚延闓以為中央學會選舉參議員，「搜羅天下英才，俾資討論起見，法良意美」。因此致函參議院，省議會可否援成例，由省

---

〔註 23〕《中華民國組織法》《參議院議員選舉法案》（續），《申報》1912 年 8 月 13 日第 1 版。目前學界相關中央學會研究甚少，僅有嚴昌洪、楊華山《民初「中央學會」的籌設與夭摺》（《近代史研究》1995 年第 6 期），樊洪業《「中央學會」之迷蹤》（《中國科技史雜誌》2013 年第 2 期）。

〔註 24〕《中央學會選舉議員之籌備》，《申報》1912 年 9 月 9 日第 3 版。

教育會選舉省議員，「研究全省利弊」。〔註25〕

　　對於中央學會到底如何組織與成立，國會選舉法起草委員會在討論時，也是意見紛紜。如以為中央學會「應有獨立之性質」，如果隸屬於教育總長，「則似為教育部之附屬品，非所以示尊重學術之意」。討論結果認定「為全國最高之學術團體，所發揮之學說須求進步，有獨立自由之概」，如果受教育總長監督，「恐轉有侵入學說界內，似須受其干涉之嫌疑」，故「不如仍云隸於教育總長以示統系之相屬，且僅及於事務之關係」。〔註26〕在國會選舉起草委員會諸公看來，中央學會在學術上屬於國家最高團體，自然應獨立於教育部，以顯現其尊崇地位，但實際上只能受教育總長監督，實在是尷尬矛盾之極，不得不申明教育總長之監督僅僅是「事務之關係」，不是「隸屬」的上下關係。面對種種困局，媒體評論說：

　　　　中央學會之目的本非專為參議院議員之選舉，然其組織法之發生則實根據於參議院議員選舉法為其相關聯之一種法律，今該選舉法久已頒布，而此中央學會之組織法方始由參議院擬定草案預備提出，誠可謂難產。照該法案須經互選而始得組成學會，然後再由學會中選出參議院議員，不無曠日延久之弊。〔註27〕

　　中央學會有其自身的價值與意義，並不是專為參議員的選舉而設立。問題是，中央學會沒有先參議員選舉而獨立創設，現卻因參議員選舉需要在參議院議員選舉法之下頒布組織法，並由參議院擬定草案提出，不是由學術界自行制定，把一個完全學術性的組織變成了一個完全以政治選舉為任務的工具，「誠可謂難產」。這樣，先要等待參議院擬定組織法草案，再根據組織法選舉會員組成學會，最後由學會選舉出參議員，征途遼遠，「不無曠日延久之弊」。無論如何，通過長時間的討論與延宕之後，在范源廉預計學會成立時間整整一個月之後，11月29日，《中央學會法》頒布。規定學會以「研究學術，增進文化」為目的，隸於教育總長；會員無定額，以中外大學及高等專門學校三年以上畢業或專門著述經中央學會評定者互選，得票滿50票當選，具體選舉辦法教育部另定；外國人對「民國學術之發達，有特別功績者」，可推選為名譽會員；會員任期三年，連選連任；依學術門類分為若干部，「會員各依其專攻學科分

〔註25〕《京師記事·教育會會員請占選舉額》，《申報》1912年9月22日第3版。
〔註26〕《中央學會組織法案之內容》，《申報》1912年11月16日第2～3版。
〔註27〕《中央學會組織法案之內容》，《申報》1912年11月16日第2～3版。

屬之」；設會長、副會長各一人，由會員互選；各部設部長一人，互選之；學會「隨時開會討論關於學術及文化各事項」；得總長認可，可與國外學術團體「聯合研究」。〔註28〕

可見，由選舉參議院議員而起的中央學會，最終被設定為「全國最高之學術團體」，無論就其性質或宗旨來看，都是一個由政府出面組織的國家級別的學會形式的學術組織，自然與教育總長范源廉的想法大相徑庭。中央學會成立的最初動議與其模仿的對象為何，現已不得而知，但從其章程規定看，組成成員需要一個「互選」的學術評議過程，即成為會員需要根據學歷或學術成就進行選舉，與考文苑「苑士」需要推選一樣，只不過「苑士」僅40人，而會員「無定額」。也就是說，中央學會的組成，首先要在全國通過資格認定後選舉出會員，由會員們組成學會，再由他們選舉參議員，會員是學會主體，國家學術事務是其中心任務，選舉議員僅僅是其並不重要的一項臨時事務而已。可就是選舉參議員這一項臨時性政治任務，使中央學會不能順利成立，可謂真正是因芝麻丟了西瓜。當然，如果沒有選舉參議員這顆芝麻，似乎也就沒有成立中央學會這個西瓜。無論怎樣看，都是本末倒置的尷尬事，問題自然隨之而來。

候選會員的資格認定是選舉會員的第一步，也是最為關鍵的一步。可是，因為選舉會員與選舉參議員聯結一起，本來很平常的學術選舉就與具有權力象徵意義的政治選舉糾結一起，造成各種不可意料的情狀發生，中央學會也最終因候選會員資格認定問題而走向破產。首先，北京有大學預科畢業生二百餘人組織學會，范源廉不管章程規定「須高等專門學校三年以上畢業」的會員資格，「允其通融辦理」，「都中學界之輿論，咸議其為不合於章程」。〔註29〕那些以保存國粹自居的「舊學派人」，紛紛致函教育部，責備中央學會「但取由學校畢業者，竟將向來研究中國古學者一概抹煞」，要求以著述資格入圍；工商各界人士也紛紛詰問教育部，「爭欲參入中央學會」。教育部「為此事幾於應接不暇」。〔註30〕

一面為資格認定鬧得不可開交，一面選舉細則難產遲遲不得公布。按照袁世凱頒布的參議員選舉日期，中央學會應於1913年2月10日選舉。一個多月後的3月17日，《中央學會互選細則》才頒布，規定「畢業者」互選日期布告

〔註28〕 中國第二歷史檔案館編：《中華民國史檔案資料彙編》第三輯《教育》，江蘇古籍出版社，1991年，第722～723頁。

〔註29〕 《大學預科生組織中央學會》，《申報》1912年12月17日第3版。

〔註30〕 《中央學會之選舉思潮》，《申報》1912年12月17日第3版。

後 20 日內呈驗畢業證書，北京直接送教育部審查，各省送教育司審查，合格列入名冊；著述者由中央學會會長於互選日期布告 10 內匯送教育部，合格者列入名冊，但「第一屆互選時不適用之」。也就是說，第一屆會員只取新教育畢業者，畢業證是敲門磚，研究成果不作為標準。〔註31〕同時，為了明確界定「畢業者」資格，教育部還布告稱，「中央學會關係學術至巨，會員資格不可不嚴」，高等專門學校「指中學以上之專門學校而言」，並具體列舉了 14 所學校的本科、正科畢業生及「各省前優級師範本科畢業生」有互選資格。〔註32〕

「細則」公布後，因資格認定而鬧成的風潮更是一波接一波，演成 3 月 19 日兼署教育總長的農林總長陳振先被控告上法庭，最終被毆打，實在不能忍受，只得以身體原因辭職，於 4 月 30 日獲准，上任僅僅一月之餘。爭執的焦點是無資格的畢業生、在校生自認為等同於大學或高等專門學校三年畢業者，並要求降低資格認定。〔註33〕對於這一點，眾議院會議曾多次討論，10 月 24 日的會議中形成兩派，反對降低標準者聲稱，中央學會為研究學術的組織，若依從寬主義，「則以研究學術之場變為選舉競爭之場，不合立法本意」；贊成派聲稱，各國博士團皆取嚴格主義，非大學畢業生有著作者不得入，降低標準並非見好於一般學生，「實以前參議院解釋錯誤，規定學會法太濫」，現既不能取消前定之法律，只有從寬而已。〔註34〕這些人之所以如此熱衷資格的認定，主要是牽涉議員選舉，也就牽涉到權力，「聞此次選舉有人挾巨貲運動，每票可售銀五六十元，故若輩必出死力以爭也」。〔註35〕以學術為名的政治選舉已演變至此。

紛紛擾擾中，終於有清醒者出現。11 月，有在校大學學生聯合呈請取消中央學會選舉，「謂在為學生時以議員為念，失其求學之心，在國家得此議員，亦為濫竽充數」。〔註36〕更有北京大學法理農工四科學長教員余棨昌等聯名要

〔註31〕中國第二歷史檔案館編：《中華民國史檔案資料彙編》第三輯《文化》，江蘇古籍出版社，1991 年，第 556～557 頁。

〔註32〕《政府公報》第 315 號，1913 年 3 月 23 日。

〔註33〕降低資格後，大學預科及各省高等學堂、北京法律學堂法律別科、江南兩等商業學堂及附設銀行專修科、籌邊學校殖邊畢業班、高等巡警學堂等等都要求獲取入門資格。其中，北京法律學堂、江南兩等商業學堂等是風潮中的「健者」。

〔註34〕《眾議院常會紀要》，《申報》1913 年 10 月 29 日第 3 版。

〔註35〕《京華學界叢譚》，《申報》1913 年 4 月 4 日第 6 版。

〔註36〕《專電》，《申報》1913 年 11 月 13 日第 2 版。

求廢止由中央學會選舉議員，並將中央學會取消：

> 國會置上議院乃承封建貴族之遺制，故上院議員多以世爵任之，無代表學問之階級者。民主國仍取兩院制而不能有貴族也，故法之上院取人口主義，美之上院取地方主義，吾國參議員似採美國地方代表制。獨於中央學會一項又屬入代表學問主義，此則為一國之所無，惟英國下院有由大學選出九人之制，意大利貴族院議員任命資格中有曾為學士會會員七年一項，日本貴族院有所謂學問議員者，而帝國學士院會員亦有勅任之資格，此乃三國之特製，歷史使然，非代表學問主義，更非他國所能效法者。吾國今日無貴族階級，即不必有此項國會組織法，無學問中心即不應有此種中央學會法。不必有而有之，則為蒙虎；不應有而有之，則為畫虎；蒙虎之議員其弊也假威而濟惡，畫虎之學會其弊也亦必喪道而敝文。……自前清末季以來，上之求之也不出乎祿利，下之應之也亦不出乎祿利，上下相市，去所謂真正之學問乃益遠，其流極致成為變相之科舉，而競巧射□〔註37〕之弊或且過之。際此橫流，求有以矯正之不給，而中央學會法乃推波而助其瀾，公布後發生之事實，固彰彰在人耳目者。夫學問所以明是，不徒致用□漢□後致用之學勝而士習遂靡，學會之設，固將以蘄其明是而非，苟竊其名已也，且學會因人而立者也，襲學士會組織之名而遺其組織之人，謂是所以勸學崇士，不知其結果適足使學界淆亂而有餘，豈效法他國因以立法者所及料哉。〔註38〕

認為英國、意大利、日本有大學者擔任議員的制度，僅僅是特例，是「歷史使然」，不是代表「學問主義」，不是民主國家議院組成的通例，因此以中央學會選舉議員這種所謂的「代表學問主義」制度不必有也不應有。以此不必有不應有的制度選舉的議員「假威而濟惡」，由此而成立的學會「喪道而敝文」。學術以明是非為目標，設立學會應該「蘄其明是而非」，可中央學會「適足使學界淆亂而有餘」，進一步惡化學術環境。對於余棨昌等的建議，國務院批轉教育部說：

> 所陳中央學會選舉議員之弊不為無見，政治與學術揚分兩途，始足以正學風而端士習，若使學者競思投入政治之漩渦，則用心既

〔註37〕「□」為不能識別字。
〔註38〕《中央學會廢止之建議》，《申報》1913 年 11 月 25 日第 6 版。

紛，所學安有進步？雖在他國亦有用學者為議員者，然必積學之士始得與其選，未嘗專設一學會以為選舉議員之機關也。中國他日通儒輩出，擇其品學兼優者使為議員，本所學以資治理，亦未嘗不可。惟當此學風頹敗時代，萬不宜以學會為選舉議員之機關，致奔競之風及於學界也。該學長等所請提議修正國會組織法，廢止由中央學會選出議員一節，自是切中時弊之論，至請並廢止中央學會法尚非可行。查日本之學士院，法蘭西、意大利之學士會，其有裨於一國之學術皆甚大，中國凡百學術均未發達，中央學會正亟宜設立，以資提倡，但使廢去選出議員一項，並將會員資格嚴加限制，則有利無弊矣。〔註39〕

國務院深刻認識到將議員選舉的奔競之風引入學界的巨大危害，以為「政治與學術揚分兩途」，才足以「正學風而端士習」。當此「學風頹敗時代」，同意廢除中央學會選舉議員，但借鑒於他國以績學之士擔任議員的經驗，不同意廢止「中央學會法」，更不同意廢除中央學會，因日本、法國、意大利等國的學士院、學士會「有裨於一國之學術皆甚大」，因此中國學術要發達，「中央學會正亟宜設立，以資提倡」。因「事關立法，非本院遽能判定」，交教育部擬定中央學會法修正條款，提交國會議決。

1914 年 1 月 10 日，教育部呈報袁世凱說，余棨昌等呈請廢止中央學會法的理由有三：

> 各國上院議員或承封建貴族之遺制，或取人口主義，或取地方主義，無代表學問之階級者。英之法務貴族，意大利、日本之學士會員，其用意蓋別有在，非使之代表學問也。吾國參議員之選出，似採美國地方代表主義。獨於中央學會一項，屬入代表學問主義，為各國之所無。其不合者一。文明諸國所謂學士會者，類皆學界泰斗，論學問程度不論學校資格，其制限甚嚴，非如中央學會以持有三年文憑者為選舉資格，以五十人選舉票為當選資格者所可比擬也。其不合者二。各國學會因人而立，今襲其名而遺其人，謂是所以勸學崇士，其結果適足使學界淆亂而有餘。其不合者三。

教育部以為中央學會是全國學者薈萃機關，「其目的在研究學術增進文化，並非專為選舉參議員而設。英國之王家學會、法國之阿喀兌美、德國之皇立學士

---

〔註39〕《中央學會議員廢止之決定》，《申報》1913 年 12 月 1 日第 6 版。

院、日本之帝國學士院，率皆籌備數年或數十年始見成立。我國學會雖難比例東西各國，亦當略具規模，斷非可以草率從事」。〔註40〕在教育部看來，中央學會似乎又有等同於馬相伯「考文苑」、康有為「學士院」的功能，因此中央學會法是否廢止，請袁世凱指示。同一天，早已對國會忍無可忍的袁世凱宣布解散國會，中央學會也就自然失去了選舉議員的功能與功用，其組織法也就不廢而廢了。

半年後，據稱政府設立中央學會，以湯化龍為會長，由各部、各省等派駐代表，與前此選舉會員完全是另一番景象，不再經過學術評議選舉而直接派駐。〔註41〕1918 年國會選舉中，中央學會似乎終於有了選舉議員的資格與舉動，但完全成為賄選的標誌。〔註42〕因此，具有學術評議功能的中央學會 1914 年初就已走進了歷史，其所宣揚「研究學術，增進文化」的宗旨也就煙消雲散。其最終的流產，除各種政治紛爭而外，最為重要的原因自然正如前面所言，當時中國學術不發達，學界沒有學術權威，沒有泰斗，不能建規立章，從學術發展與學術評議的角度管理學術界，也就不能順利選出德高望重的會員，從而順利組織學會與選舉議員。

按照伍連德的說法，中央學會的籌建是為了便於與「美國和西方國家的文學藝術學會接觸」，他因撲滅東北鼠疫的巨大成就，名列最初的推選名單中，分在科學家組中。〔註43〕可見，與考文苑雖號稱模仿法蘭西研究院卻對西方科學棄之如敝屣不同，中央學會還是對伍連德這樣的人材予以匯聚。雖然不知道最初的推選名單有哪些人，但從伍連德入圍也可以推知詹天佑也應該名列其間吧！

無論如何，因選舉參議員而陡然出現的中央學會，還沒有真正涉足議員選舉就已宣告失敗，其高懸的學術評議功能與研究發展學術的旨趣也就自然消解。揆諸民初歷史，不得不承認那是一個激情迸發的時代，活躍在政治舞臺的袞袞諸公，總是千方百計要為毫無學術基礎的學術界建立一套學術評議的機制，獎學基金的籌設、教育部學術評定與學術審定會的籌建是他們最後的努力。

---

〔註40〕《教育部關於中央學會法應停止施行呈》，中國第二歷史檔案館編《中華民國史檔案資料彙編》第三輯《教育》，第 725 頁。

〔註41〕《譯電》，《申報》1914 年 7 月 30 日第 2 版。

〔註42〕《最近之中央選舉界》，《申報》1918 年 6 月 19 日第 6 版。

〔註43〕伍連德著，程光勝、馬學博譯：《鼠疫鬥士——伍連德自述》（下），湖南教育出版社，2012 年，第 402 頁。

## 三、停留於紙面言說：獎學基金、學術評定與學術審定會

就在袁世凱立意設立他自己心目中的考文苑時，也準備設立儲材館，擬消納「各機關收羅不盡之新舊人材」，主要是「兩院議員」。因為有反對之聲稱：「人材之標準難定，經設立即不免兼收並容，與向日之顧問諮議等久必變為位置閒人之地，此等人與社會原不通氣，對政府又不負責任，國家空費鉅款不得實效。」旋改為學術評定會，擬定章程，「指定有中外某某學校畢業之資格得為學術評定會員，無論在京與否每年二期對於某種問題提出兩篇以上之論文或答案，政府每年給與每人五百元之津貼，如此則研究學問之人不至受境遇之驅迫而荒其業」。「獎勵其向學」，即「維持其人格，且與設儲材館收拾人心培養人材亦甚吻合」。會員每年 500 元津貼，無論如何嚴格標準，至少有四五百人，「此項經費亦須設法籌措，聞政府之意擬撥若干款子充作基金，每年僅支利息不動底款，以便維持久遠」。〔註44〕不久，章程擬定，教育部大體贊同，財政部因「每年多支用數十萬款子，不免稍有異議」，可是這是大總統交代的，「事關係於收拾人心及培養人才者甚大」，「將來不至根本否決」。〔註45〕

1914 年 7 月 8 日，大總統袁世凱與國務卿徐世昌發布《重教獎學令》，頒布《獎學基金條例》和《學術評定委員會組織令》，揭示他們創設基金獎勵學術的緣由與目標：

> 古者建國，教學為先，我中華民族自有史以降，千百秋間能保吾先世聖哲師匠之遺，大者風化，小者藝事，咸維持不墜以至今日，猶得以文明國稱者，敬教勸學，舉國皆崇。雖中更世變，未有歷百年而不修者也。漢有博士弟子員之制，郡國置五經百石卒史。唐宋文治，國學、太學而外，課士養士各有典例，旬省、月試、時考、歲貢以校其學藝，田租、屋課、官緡、學錢以贍其身家，待士特隆，故士之振興亦盛。明清科舉流弊，士習於偷，一時病之。然黌宮、書院尚存古風，苟有淬屬之儒亦獲應求之助。變法以後，改立學校，蓋以擴教育之效於四民，非遂廢薪櫨之典而不用秀才異等。惟國之□固當寶之，國體雖改，此義豈可或渝。乃自辛亥革命，兵禍相連，民不安井，士多軍業。狂者妄為進取，狷者安於不為，學問之事殆於廢墜。循是以往，吾國民將益趨於愚闇，削弱之途，馴至無以自

〔註44〕《儲材館變為學術評定會之來因去果》，《申報》1914 年 5 月 31 日第 6 版。
〔註45〕《政局中應時點綴之會議種種》，《申報》1914 年 6 月 10 日第 3 版。

存，遑問其能與東西各國日新月異之民族競也。現在《獎學基金條例》暨《學術評定委員會組織令》業經公布，就亂後財力勉節國用儲為學資，使寒素稍紓生計之累，得以數年餘暇增益學業。但使學子多一人之研精，則學問多一分之闡發，國家社會將於是乎賴之開政化之大原，鑿生靈之耳目。〔註46〕

二次革命後要收拾人心的袁世凱，在財政緊缺的情況下決定以大額經費獎勵學術。與此前《申報》預測的精神基本一致，《獎學基金條例》主要規定國家設置獎學基金1200萬元，每年以利息作為獎學經費，基金從1917年開始每年劃撥30萬，40年完成，此前每年由國家作為財政支出「如數補充」；經費主要用於獎勵學費、特別加獎或特派留學與薪金等；全國設學額1200人，每年取300名，缺額隨時補缺，每年每人領取400元獎勵，每年分兩次頒發；凡高等專門以上學校畢業者，向學術評定會提出其專業論文或著述，同時送驗畢業證書，經學術評定會評定後，可得學資四年；所呈論文或著述經學術評定會認為「學問優異者」，可以獲得「特別加獎或特派外國留學」。此外，還規定基金存儲於中國銀行、基金監由教育總長兼任、每年向大總統呈報、學額補充程序等。〔註47〕根據條例，最初每年300人，年費12萬元；四年後足額1200人，年費48萬元，以1200萬元的基金利息充用，年息須4%。每年以國家經費48萬元養學人1200人，確實是一個非常大膽的國家學術獎勵設想，而以40年為期似乎也表達了大總統「長治久安」的野心與良好期許。

為配合「獎學基金」頒布了《學術評定委員會組織令》，規定委員會「掌校閱各學科論文著述，獎勵學問事務」，委員長一人「總理會務」，由大總統從現任或曾任教育總長、現任或曾任教育次長、現任或曾任京師大學校長中選派（旋派湯化龍兼委員長）；設常務委員5～10人，由大總統選派「富有學識者」，「分校評定各學科論文著述」；委員會因校閱論文和著述需要，可隨時聘請「碩學通儒」為襄校員。對論文著述評定結果隨時「以其應補學資名額及加獎或特派外國留學費之數知會獎學基金監」，如果認為審定對象「學問優異可資考證者得彙刊發行之」。揆諸「組織令」，學術評定會應該說具有相當的權威性，委員長和常務委員由大總統直接選派，對他們的薪俸也有專門規定，每月200～400元，在職者不得兼領。他們的評定結果是獎學基金監發放「經費」

---

〔註46〕《命令》，《申報》1914年7月11日第2版。
〔註47〕《獎學基金與學術評定會》，《申報》1914年7月13日第6版。

的依據，獎勵有「學資」、加獎、派往海外留學及出版作品等類別。〔註48〕

根據同年 8 月頒布的《學術評定委員會分科評定規程》，分文科、法科、理科、工科、農科、商科、醫科 7 科，論文和著述「應以對於各該科有系統之研究且確有心得者為限」，日記、講義、翻譯等不得入圍，並規定評定成績合格者每年 5 月、11 月分科發布，登載《政府公報》。〔註49〕同時還頒布《學術評定委員會受驗畢業證書細則》，規定由委員會檢驗本國或外國高等專門以上學校畢業證書。根據《學術評定委員會特獎規程》，支出按照《獎學基金條例》第 9 條規定，特獎分為「特別加獎」和「特派外國留學」兩種，特別加獎獎金為「學資之半數為限」，「特派外國留學」在學資 400 元以外每年加相當之津貼，年限不超過 4 年。

學術評定會人員組成雖然地位尊隆，但作為教育部下屬機構，主要擔當學術評議、獎勵及畢業證書檢驗的職責。從規定來看，其獎勵對象主要是大學畢業學有成就者（有專業論文或著述），獎勵他們在學術上繼續研求，以四年為期，有工作後即停止資助，「受有俸薪每月百元以上時停止學資」。而且對獲得資助者要求極高，「於受領學資期內須提出論文或報告學程及其心得諸記錄於學術評定委員會，每年至少兩次，曠者除其學資」。〔註50〕對於學術評定會的設立，《東方雜誌》曾評論說：

> 吾國學術之不振，至今日而極矣。此雖士人思潮浮淺，眼光局於苟近有以致之，而社會上無誘掖獎勸之具亦其一大原因也。蓋學問之業，其自身價值固在發見真理，而非以為聲華利實之羔雁，然與社會之相待者究亦不少。先進之提倡，所以立感化取則之資者也；朋友之應求，所以收觀摩切磋之效者也；輿論之歡賞，所以助學人之興味者也；圖書館博物館之設立，所以供研究之材料者也。而近世生活程度日高，衣食住之事既難人人兼足，則不能不斥其治學之日力以治生，甚且僅僅有開始治學之預備即為境遇所迫，挾以問世而汩沒其終身焉。然則安得有造微探賾之人，極深研幾之士乎？反觀歐美各國，莫不有設立各種學會制度，對於專家碩學莫不高其位置，厚其廩餼，以立一時之人望。今開辦學術評定會，且卑之無甚

〔註48〕《獎學基金與學術評定會》，《申報》1914 年 7 月 13 日第 6 版。
〔註49〕蔡鴻源主編：《民國法規集成》第 27 冊，黃山書社，1999 年，第 251～252 頁。
〔註50〕《獎學基金與學術評定會》，《申報》1914 年 7 月 13 日第 6 版。

高論，但使設一定額，擇國中優秀之士量予年金，俾其生計問題不
至大為學業之累，其於開研究學問之風氣，所裨已非淺鮮矣。

學術評定會之設立，有當切戒者四事：（一）不可憑新舊異同為
去取，以妨研究之自由。（二）不可執救時應用之謬見，以沒學問之
真價。（三）不可誘士人從政，以絕其更圖精進之機會。（四）不可
以以官僚充選，至成為支取乾薪之變相。〔註51〕

以為學術評定會的設立，有誘掖獎勸學術的功能，可以通過解決學人的基本生
計問題達到形塑研究學問的社會風氣，特別強調學術研究是發現真理，而不是
實際應用，並從學術研究的自由、提倡學術研究的角度出發，對於學術評定會
提出了四點忠告，特別提出不可誘惑士人從政，更不可以官僚充斥。

8月初，報載湯化龍已擇定教育部教育會議會場為學術評定會事務所，選
定朱鴻基、吳文潔、盧均等為文牘、會計、庶務等辦事員，擬聘章太炎（章以
旋南在即，力辭不就）、馬相伯、嚴復、楊守敬、夏曾佑、路孝植、靳志、林
大閭等為委員。〔註52〕很快，大總統任命外國人韋羅瓏、有賀長雄，中國人馬
相伯、陳榥、陳文哲、伍連德、陳振先、周與為學術評定會委員。〔註53〕相比
此前的考文苑與中央學會，似乎開始真正運行了。可事與願違，9月，委員、
書記薪俸及雜費3000元財政部也不劃撥。〔註54〕翌年元旦《申報》稱，學術
評定會作為教育總長湯化龍的得意之作，成立以來僅得「開辦經費三千元，其
常年經費至今尚未支領分文」，因此教育部與財政部「稍起衝突」。最終「暫定
為每月由財政部撥給該會經費一千元，即自該會成立之日起算，按月照撥」
〔註55〕。可到了3月，學術評定會有被裁撤之說，原因是：

（一）以此會成立以來成績殊無足觀，獻書者類多摭拾外人，
著述毫無新出機杼之言論；（二）以具有學識之東西洋畢業生多已投
身政界，此等人士因限於既有薪俸不再給獎之規定，又以勞於公務
無暇撰述，故無有出其所學以餉評定；（三）此次留學生既經考試，
其有才能足錄者無不分別任用，亦可無須此會以為容納；（四）該會

〔註51〕 堅：《學術評定會》，《東方雜誌》第11卷第1號（1914年7月1日），第5
頁。
〔註52〕《學術評定委員會之人物》，《申報》1914年8月4日第3版。
〔註53〕《命令》，《申報》1914年8月8日第2版。
〔註54〕 遠生：《各部近聞》，《申報》1914年9月8日第6版。
〔註55〕《改訂聲中之各項機關》，《申報》1915年1月1日第6版。

經費異常困難，凡在該會辦公者均有不可終日之勢。〔註56〕

此後，學術評定會日漸不見蹤影，也就在無形中消散，由此獎學基金也就無從發放，中國第一個國家層面的學術獎勵制度煙消雲散。無論如何，上述四點理由，可謂切中了袁大總統「獎學基金制度」的要害：當日毫無學術基礎，無論是國內大學畢業生還是國外留學歸國者，如何拿得出具有創新性學術成就，提交評定的論文或著述自然「殊無足觀」，不是「摭拾外人」就是「毫無新出機杼」；更重要的是，當日學術研究風氣遠未形成，無論是國內大學畢業生還是海外留學生，無不是社會的佼佼者，有多少薪俸可觀的職位等待著他們，他們哪裏會以「400元學資」安心於學術研究？也就是說，無論就當時學術研究氛圍還是學術研究水準來說，這一制度設計都是超前而不切實際的。

學術評定會杳無聲息不幾年，1918年3月，北京政府教育部又頒布《學術審定會條例》，不期然間學術評定會已改名為「學術審定會」，其職責為「處理……學術上著述及發明之審定事務」。根據該條例，會長、會員由教育部延請或派充，地位已經大大下降，完全成為教育部的下屬或附屬機關。審定範圍為哲學及文學、科學、藝術三個方面的「著述或發明」。著述方面，翻譯、「編輯各家之著作」、「由三人以上纂輯成書」、初中等教科書講義教師用書、通俗教育用書及演講集、記錄表冊及報告說明書等不得入圍；發明方面，「無正確之學術的根據及說明者」、「在學術之原理或應用上無獨特之價值者」、「發明之程序不明或發明事項未完成者」、「偶然發見之事項」、「為他人已經發明者」不能參評。〔註57〕與學術評定會相比，學術審定會至少在規定與規程上已經有長足的進步。首先，在評議範圍上，除著述（包括論文）外，增加了發明創造這一近代科學技術最為重要的方面；第二，在規定上更加嚴密，對不能入圍者有更詳細的規定；第三，評議獎勵對象大為擴展，面向整個學術界。從所頒布的規定與規程看，學術審定會與抗戰期間才成立並真正運作的國民政府教育部學術審議會在功能與目標上已經非常接近了（參閱第五章）。因資料等原因，學術審定會的具體操作實施情況不得而知。當然，由於當時整個中國情狀與學術發展的狀況，學術審定會可能與學術評定會一樣，僅僅停留於紙面條例與規定。

從1914年的學術評定會到1918年的學術審定會，表明北京政府在學術

---

〔註56〕《幣制委員會與學術評定會》，《申報》1915年3月10日第6版。
〔註57〕蔡鴻源主編：《民國法規集成》第28冊，第218～220頁。

評議與獎勵的制度建設方面有相當的努力。這種努力緣起何處？與當時學術界的關係如何？答案不得而知。但可以肯定的是，由於各種各樣的原因，政府學術評議與獎勵制度化努力可能僅僅停留於紙面，對當時學術的發展自然也沒有起到其應有的作用。由於北京政府並沒有精力與財力致力於政府學術體制的建設，政府對學術發展毫無作為，即使在學術發展最為基礎的科研機構的成立上作為也甚微，要求其在學術評議與獎勵方面有所行動並取得成就，自然是奢望。退一步說，即使北京政府在學術評議與獎勵方面真正有所作為，但在學術發展的基礎即學術成果取得上沒有成效，也不能由此肯定其作用，因為這樣有「舍本逐末」「拔苗助長」的嫌疑，即還沒有科研成果出現，卻已經對科研成果進行評議與獎勵；或者說僅僅有一些極端膚淺的成果諸如教師用書、翻譯或其他通俗作品，但仍迫不及待地對其進行獎勵，以表徵其統治下學術發展之「蔚為大觀」。

即使如此，北京政府教育部對他們的「良法美意」仍不能忘懷，1919 年 3 月教育部公布的《全國教育計劃書》中，「專門教育」部分提出「獎勵學術上確有價值之著作及發明」建議，並闡述說：「發揮一國之文化及增進一國之物質文明者，著作家及發明者實與有力，亟宜籌定專款以資獎勵」。〔註58〕對於民初的函夏考文苑與學術評定會、學術審定會的理想，後來者還是念念不忘。1920 年，葉恭綽向大總統提出設立通儒院：

> 查各國類有最高學府，慎選全國通儒，研求最高深之學術，發表於世，以當繼往開來之任。其資格皆極嚴重，位望皆極清高，學術皆極淵邃，以導揚文化，啟迪新知，關係殊非淺尠。前此國人曾有考文苑之建議，教育部有學術評定會之設立，意均略同，但竊意宜定其名為通儒院。其辦法則略仿法之阿伽代米，厥額不得過一百名，廩給宜輕，資格宜嚴，名位宜尊。慎擇通才主持其事，以為舊文化之結束，新文化之始基，庶足一新耳目。〔註59〕

與學術評定會、學術審定會兩個組織的規定與規程僅僅具有思想價值一樣，1923 年，國會議員黃攻素提出設立國立科學院的議案也同樣具有非常重要的思想史意義：

〔註58〕朱有瓛主編：《中國近代學制史料》第 3 輯（上），華東師範大學出版社，1990 年，第 66 頁。
〔註59〕葉恭綽：《闡揚文化條陳》，《遐庵匯稿》，「民國叢書」第 2 編第 94 冊，上海書店，1990 年，第 87 頁。

一國學術之昌明與否，全賴乎政府之提倡。吾國文學發達最盛，其優美之點，頗為西人所稱頌，實由於數千年來在上者之鼓勵，使國內之士孜孜以此為務。然其流弊，乃至偏重文學，而對於自然科學目為形下而都棄之。……自清季創行新學，始有人從事於理科，但二十年來，進步甚緩，成績甚鮮。科學專家，稀若晨星。反觀歐美，則科學之進步，幾有一日千里之勢。吾國若不急起直追，則將來在知識界之國際地位，恐無並駕齊驅之希望。是政府不可不急謀獎勵之道，以躋吾國於科學界之平等地位也。〔註60〕

黃攻素從政府獎勵科學研究這一角度提出這一議案，國立科學院直屬大總統，主要事務有：「（一）研究科學上一切疑難問題；（二）審查科學上之著作或發明；（三）招集全國科學專家會議，至相當之時期，並可招集國際科學會議；（四）發給科學研究家或發明家之獎金及獎章；（五）刊行科學雜誌及報告。」除專門從事科學研究外，也從事學術評議與獎勵，與後來中研院的職掌基本一致，更重要的是，他直接提出給予科學家或發明家獎金及獎章。只是由於政府精力不在學術上，這議案也僅僅成為紙面空文而已，但無論是從科學研究機構還是從學術評議獎勵功能發展來看，這一議案都是值得重視的一份「思想資料」。

可見，北京政府時期，文人學士與政府機構都想在學術評議與獎勵方面進行制度化建設，提出了一個又一個方案與設想，但無論是文人學士們欲借助政府力量達其學術評議理想、政府欲借助學術力量完成其政治目標，還是政府想通過制度設計來開啟學術評議，最終都歸於沈寂，具體成效難見。除諸如政府忙於政爭無暇學術建設等因素外，其本質性原因是當時毫無根基的近代學術發展現狀，無論是傳統學問的近代化還是西方近代科學的本土化或處於起步階段或還未真正起步。因此，這些方案與具體操作都是超前的制度設計，自然其失敗的命運從開始就已確定。與此相對應的是，中國最早本土化的學科地質學卻以中國地質學會這樣的民間社會力量於1925年開始相繼設立了一些關乎學術評議與獎勵的獎金、獎章等，建立起多層次學術評議機制，開啟了中國學術評議的本土化歷程，彰顯了學術發展與學術評議之間的先後與互動關係。

---

〔註60〕《議員建議創設國立科學院》，《科學》第8卷第2期（1923），第199～200頁。用「國立科學院」似乎與1949年以後「中國科學院」更相近。

# 第二章　中國地質學會開其端

　　1940 年 3 月 14 日，中國地質學會第十六屆年會在重慶沙坪壩重慶大學舉行，第二天舉行頒獎典禮，將第一屆丁文江獎金授予田奇瑀。理事長李四光代表學會宣讀獲獎辭，首先高度評價了田在湖南地層工作的普適性意義：

　　　　田先生：你在湖南所作的地質工作，可以說是一位開創者。湖南的地層從奧陶紀以至第三紀，各時代地層的層次和各層的變相，我們今天能認識一個大概，大半都是你自己或由你自己領導的同事努力的結果。關於泥盆紀的地層，你的貢獻尤多：湖南泥盆紀地層，本來甚為發育，可是層相的變更，卻甚厲害。你根據化石的分布，逐層檢查比較，乃能鑑別各層的層位，做出一個泥盆紀地層的標準系統。這種系統，雖然是根據湖南地方的地形所劃分出來的，但是在中國西南部，泥盆紀海相地層分布甚廣，秦嶺西部乃至中國極西北部，也有泥盆紀海相地層。你將來一定能推廣你的工作，不獨將湖南的標準泥盆紀地層和西南西北各地比較，並且一直可以達到中亞一帶。東亞大陸一部泥盆紀的歷史，你已經開始闡明了！

然後對他關於地質構造的研究也表示欽佩：

　　　　關於重要造山運動的時期，你的觀察和論列，也都是根據在野外自行搜索的材料。一個不整合的斷定，你決不苟且，也決不放鬆，這是值得欽佩的！從你早期工作的結果，我們才知道喀里多運動在湖南如何的重要，現在我們知道這次運動在整個中國南部又是如何重要！你年來又在湖南發現三疊紀末期運動的偉大，恰好與其他各地發現的事實相應。我知道你對於湖南紅砂岩的年代問題，和這種

　　紅砂岩與最近造山運動的關係，時時刻刻都在搜索證據，然而你不輕易發表意見。在這容易說話、容易作文章的世界，你如此慎重，更值得我們欽佩！今天，將第一次丁文江紀念獎金贈送與你，我懷抱著無限的熱忱和無限的希望，實足以紀念丁先生！我們大家也與有榮焉。〔註1〕

　　在湖南的田奇瑀因交通原因未能親赴會場領獎，由楊鍾健代領。中國地質學會丁文江紀念獎是中國地質學會設立的眾多獎勵之一。自 1925 年設立葛氏獎章以來，中國地質學會又先後設立了紀念趙亞曾先生研究補助金（1930 年，下簡稱「趙亞曾獎金」）、丁文江先生紀念獎金（1936 年，下簡稱「丁文江獎金」）、地質學生獎學金（1940 年，下簡稱「學生獎金」）和許德佑先生、陳康先生、馬以思女士紀念獎金（1944 年，下分別簡稱「許德佑獎金」、「陳康獎金」、「馬以思獎金」）。這些獎章與獎金按照獎勵對象與目標可以分為四個層次：一是葛氏獎章，屬於最高榮譽性的終身成就獎，專門獎勵成就卓越者，對他們在地質學上的突出貢獻給予崇高的禮遇；第二，丁文江獎金，專門獎勵研究成果突出者，設立初旨有大額度的獎金鼓勵獲獎者繼續努力，因此雖與葛氏獎章有同等意義，但非終身成就獎性質；第三，為紀念在地質工作中遇難的趙亞曾、許德佑、陳康、馬以思等人，設立紀念獎金。這些獎金又分為兩個亞層，一是趙亞曾獎金和許德佑獎金專門獎勵取得重要成果、年輕有為的青年科學家，二是陳康獎金、馬以思獎金獎勵剛剛在地質科學研究中起步的年輕人，目的都是一樣，鼓勵他們在未來的地質事業上繼續前行；第四，專門設立了大學地質系高年級學生獎學金，鼓勵他們投身於中國地質事業。各獎章與獎金都設立有專門的獎金委員會管理與頒發獎章與獎金。1944 年底，地質學會決議設立專門獎金委員會，管理除葛氏獎章以外的「一切獎金事宜」，並制定了委員會規則，選舉李春昱（幹事）、俞建章、翁文灝、謝家榮、黃汲清、尹贊勳、楊鍾健、趙金科、侯德封等為委員，丁文江獎金、趙亞曾獎金與學生獎學金的規則都因此進行了修訂。〔註2〕中國

〔註1〕尹贊勳：《丁文江先生紀念獎金第一屆授獎報告》，《地質論評》第 5 卷第 1～2 期（1940 年 4 月），第 147～148 頁。

〔註2〕《本會理事會記錄》，《地質論評》第 10 卷 1～2 期（1945），第 75～76 頁；《本會理事會記錄》（補登），《地質論評》第 10 卷第 3～4 期（1945），第 203頁；《本會理事會記錄（三）》，《地質論評》第 11 卷第 3～4 期（1946 年），第306 頁。

地質學會通過設立這些獎章與獎金、獎學金，構成了一個相對完善而有層次的學術評議與獎勵系統，對中國地質學的發展產生了極大的影響，是地質學會學術交流外最重要和最有影響的工作，同時開啟了中國學術評議與獎勵的大幕，並成為中國學術評議與獎勵的模本與榜樣。

## 一、最高榮譽獎：葛氏獎章

　　通過章鴻釗、丁文江、翁文灝等開創人的艱苦奮鬥與努力，得外籍專家葛利普、安特生等的鼎力相助，地質學成為中國最早本土化的學科，不僅有地質調查所〔註3〕、中研院地質研究所這樣的專門機構，北京大學地質系、中央大學地質系、中山大學地質系等大學系科，也取得了具有世界性影響的重要科研成就，湧現出丁文江、翁文灝、李四光這樣的領軍型人物，更是培養孫雲鑄、楊鍾健、謝家榮、黃汲清、趙亞曾等一大批人才。〔註4〕廣大地質科研工作者為了「交換意見，並對彼此的工作提出評論，從而清除迄今互不關心的狀態」〔註5〕，在章鴻釗、丁文江等人的組織籌劃下，於 1922 年 2 月 3 日在北京成立了中國地質學會，選舉章鴻釗為會長，翁文灝、李四光為副會長，丁文江、王寵佑、安特生、葛利普等為評議員。

　　正如丁文江所言，學術交流（「交換意見」）與學術評議（「提出評論」）是學術社團最為基本的功能與活動，學術交流包括創辦學術刊物與舉行會議，學術評議在學術論文的發表與學術會議的批評與回應中時時呈現，但因資料等原因這些都無法進行翔實的考查與研究。這裡主要關注地質學會入會會員資格的設定與特殊會員的遴選、獎章獎金的設立等制度化建設。1922 年地質學

〔註 3〕成立於 1913 年的地質調查所因上級管理部門名稱的變易，曾先後稱工商部地質調查所、農商部地質調查所、農礦部地質調查所、實業部地質調查所、經濟部地質調查所等，1941 年為與各省地質調查所相區分，改稱中央地質調查所，這裡直接簡稱「地質調查所」。

〔註 4〕研究者們認為中國地質學在 20 世紀 20 年代末期到 30 年代中期已有全球性的聲譽。王鴻禎等《20 世紀中國地質科學發展的回顧》，中國地質學會地質學史研究會、中國地質大學地質學史研究所編《地質學史論叢》(4)，地質出版社，2002 年，第 3 頁。

〔註 5〕V. K. Ting, Editorial. The Geological Society of China. History of Organization, *Bulletin of The Geological Society of China*（下徑稱其中文名《中國地質學會誌》）Vol.1, No.1~4, p.1。譯文轉引自夏湘蓉、王根元《中國地質學會史》（地質出版社，1982 年）第 6 頁。中國地質學會的成立，還有「便於同外國地質學會進行學術交流和交換刊物」的目的（楊遵儀主編《桃李滿天下——紀念袁復禮教授百年誕辰》，中國地質大學出版社，1993 年，第 288 頁）。

會公布的章程規定,「凡地質學家或其他對地質學有興趣的科學家得為會員」,「凡學習地質學及其關係科學成績優良的大學生得為會友」。可見,地質學會對會員選擇要求很高,必須是地質學家或與地質有關學科的科學家,成績優良的大學生只能成為會友。創始會員 26 人,都是一些具體從事地質或相關地質研究工作者。第二年增加到會員 68 人、會友 9 人,1942 年會員 526 人(不包括已故會員 38 人)、會友 109 人。〔註6〕

　　1924 年年會上,丁文江等人聯名提出修改章程,增加名譽會員和通信會員,「地質學或古生物學者之成績特著並對於中國地質有特別貢獻者」為本會名譽會員,「國外之地質學或古生物學者,對於中國地質有所合作或有所貢獻者」為通信會員。建議通過,並推選出名譽會員奧斯朋,通信會員包括美國、奧地利、英國、法國、德國、日本、瑞典和俄國等國地質學家 15 人。名譽會員以學術上的特別貢獻者為候選標準,並無國籍上的區分;通信會員是國外地質學家,主要以他們與中國進行合作的貢獻為門檻。值得注意的是,地質學會成立伊始就是一個「實實在在地具有世界性的」學會組織,創始會員中即有安特生、葛利普、麥美德等國外學者。次年會員中有外籍會員美國 10 人,瑞典 5 人,俄、法、英各 3 人,日本 2 人,比利時、捷克、奧地利各 1 人共 29 位之多,占總會員數的四成多。〔註7〕1932 年,(包括已故)一般外籍會員 69 人,通信會員 26 人,名譽會員 2 人;1942 年,(不包括已故)一般外籍會員 72 人,通信會員 36 人,名譽會員 1 人。〔註8〕可見,對於通信會員、名譽會員這樣具有崇高名望的稱號,地質學會特別看重,並不輕易授予他人。表面上看,1924 年一次年會就通過通信會員 15 人,名譽會員 1 人,有「泛濫成災」局面出現的可能,但直到近 20 年後的 1942 年,通信會員也僅增加十餘人,名譽會員更一直僅有美國自然歷史博物館奧斯朋〔註9〕和法國自然

〔註6〕《中國地質學會會員錄》,《中國地質學會誌》第 21 卷第 1 期(1942),第 1～24 頁。

〔註7〕Proceedings of the First Annual Meeting of The Geological Society of China,《中國地質學會誌》第 2 卷第 1～2 期(1923),第 1 頁。

〔註8〕《中國地質學會會員錄(1932)》,《中國地質學會誌》第 11 卷第 4 期(1932),第 483～492 頁;《中國地質學會會員錄》,《中國地質學會誌》第 21 卷第 1 期(1942),第 1～24 頁。

〔註9〕Henry Fairfield Osborn(1857～1935),美國康涅狄格州人,古生物學家、教育家、博物館管理者與著作等身的作者。1877 年畢業於普林斯頓學院,曾到英國劍橋大學進修。1880 年任教普林斯頓,1883 年任比較解剖學教授。1891 年

歷史博物館拉誇〔註10〕兩人。

　　相對於會員與名譽會員等的遴選，制度化的獎章與獎金設置是地質學會對中國學術評議與獎勵制度建設更為重要的貢獻。1925 年 1 月召開的第三次年會上，1924 年已當選副會長的王寵佑當選會長，他提出設立葛利普獎章的建議，以表彰其老師葛利普對地質學的卓越貢獻，並捐款 600 元作為基金，按期定制金質「葛氏獎章」頒發。葛利普（Amadeus W. Grabau，1870～1946），20 世紀最著名的地質學家之一，「各個方面贏得的影響、聲名和尊敬說明，只有他可與一些中國古代英雄相提並論」。〔註11〕他的一生以 1920 年來華為界，可以分為兩個階段。來華前，長期擔任哥倫比亞大學等校教授，著作頗多，在地層學和沉積學上取得巨大成就，被認為是現代地層學和沉積學之父。1919 年被迫離開哥倫比亞大學，翌年受丁文江邀請來華擔任地質調查所古生物研究室主任兼北京大學地質系教授，此時他因關節炎已經離不開拐杖，「被束縛在輪椅上」，「卻在中國開始了一個偉大的創造生涯」，不僅開創了中國古生物學研究的新局面，使自己成為在國際學術界佔據主導性地位的古生物學家，更為中國培養了大批各類人才。〔註12〕王寵佑（1879～1958），中國近代著名礦冶

　　　　　任哥倫比亞大學教授，組建動物系。在哥倫比亞大學期間，兼任美國自然歷史博物館脊椎動物部主任，後任館長與董事會副主席、主席。楊鍾健說他自 1877年起開始研究古生物學，「至其逝世之年，幾無一日間斷」，發表的著作及短文等「在八百以上，可謂突破歷來科學界著作的數量之記錄」，因而鼓勵中國科學家學習他「死而後已」的科學獻身精神。作為紐約自然博物館組織的中亞科學考察團發起人，曾多次來華，對中國古脊椎動物化石研究影響甚大。楊鍾健《奧斯朋傳略》，《科學》第 20 卷第 2 期，第 145～146 頁；Florence Milligan, Henry Fairfield Osborn: Man of Parnassus, *Bios*, Vol.7, No.1 (Mar., 1936), pp4~24.

〔註10〕 Alfred A. F. Lacroix（1863～1948），通譯拉克魯瓦。法國索恩—盧瓦爾省人，礦物學家、岩石學家和火山學家。1887 年畢業於巴黎藥學院，1893 年任巴黎自然歷史博物館教授。1904 年當選法蘭西學院院士，1914 年任法國科學院常任秘書，直到去世。曾任國際大地測量學與地球物理學聯合會火山分會主席。1926 年借代表法國參加在東京舉行的第三屆泛太平洋會議來華考察交流（感謝蔣傑兄提供資料）。

〔註11〕 U. B. 馬爾文：《A. W. 葛利普（1870～1946）：全球理論的一個回顧》，中國地質學會地質學史研究會、中國地質大學地質學史研究所合編《地質學史論叢（4）》，第 96 頁。

〔註12〕 抗戰期間葛利普堅守北平，遭到日本帝國主義者的殘酷摧殘，雖迎來了勝利卻因病不治身亡，按照遺囑安葬在北京大學地質館，後遷現北京大學校園。他一生著述近 300 種，在中國撰述達 146 種，創建了大地構造學說「脈動論」等。孫承晟《海進海退和大陸漂移之地球「滄桑」史——葛利普的脈動和極控理論》，《自然科學史研究》2015 年第 4 期。

工程學家、煉銻技術的開拓者,為近代鋼鐵及有色金屬工業的發展作出了重要貢獻。廣東東莞人,出生於香港一個基督教家庭。1895 年與其弟王寵惠一同考入天津北洋西學堂習礦冶。1901 年奉派留美,先在加州大學攻讀採礦工程,後轉學哥倫比亞大學,1904 年獲得採礦和地質學碩士學位。期間曾師從葛利普學習地質,建立起深厚的感情。此後遊歷歐洲深造,1908 年回國,致力於採礦冶金事業,創建中國第一座煉銻廠,先後擔任大冶鐵礦經理、漢口煉銻公司總工程師、漢冶萍鐵廠廠長等。〔註13〕長期在實業建設中摸爬滾打,不僅積累了實踐經驗,也獲得了聲名,1922 年出任華盛頓會議中國代表團顧問。〔註14〕當然,他更重視礦業的基礎學科地質學。1922 年 1 月,他與葛利普在北京重逢,開始積極參與地質學會籌建活動,不僅是創始會員,也是首屆評議會評議員。1924 年 1 月當選副會長,並在年會上宣讀論文《地質構造與礦床的關係》,被認為是中國地質學家最早關於礦床學研究成果。〔註15〕當選為會長後,除捐款設立葛利普獎章外,他還提議為地質學會募集圖書資料資金,並捐款500 元。學會成立了由他與翁文灝、丁文江、李四光、章鴻釗組成的委員會,專門籌集和負責管理此項基金,在地質調查所圖書館建設過程中作用突出。

王寵佑設立葛氏獎章的提議激起反響,得到大家的贊同,擬定「獎章規則」7 條,1926 年 3 月 8 日,地質學會召開評議會,通過了「規則」,全文如下:

　　　　一、中國地質學會制定金質獎章,為紀念葛利普教授起見,定名曰葛氏獎章。

　　　　二、葛氏獎章每二年授給一次,由中國地質學會就對於中國地質學或古生物學之有重要研究或於地質學全體有特大之貢獻者授給之。

〔註13〕中國科學技術協會編:《中國科學技術專家傳略‧工程技術編‧冶金卷1》,中國科學技術出版社,1995 年,第 10 頁。

〔註14〕王寵佑在實踐之餘也有理論思考,著有《銻》《鎢》等馳名世界的專著,作為工程技術專家也曾被遴選為中研院第二屆評議會評議員,並成為中研院首屆院士選舉中的 150 名正式候選人。具體看參閱本書後面相關章節。相較其弟弟著名法學家和外交家王寵惠而言,王寵佑屬於被歷史學家們遺忘的人物,雖然其在中國近代化進程中的作用可能並不比其弟小,這是近代中國科學技術專家們的悲劇性歷史地位。誠如周武兄所說,「對近代中國造成根本性影響的是科學技術,但在以往的知識分子研究中,往往以人文知識分子為主,對這些理工科知識分子的研究是缺席的」。(彭珊珊《賽先生在中國:中國科學社與近代中國的「科學救國」》,《澎湃新聞》2019 年 11 月 21 日。

〔註15〕夏湘蓉、王根元:《中國地質學會史》,第 61 頁。

三、為管理獎章基金及審查受獎著作起見，組織葛氏獎章委員會，以本會本屆以前歷年之會長副會長為第一任委員，以後每有缺出時，由其他委員公推補充之。

四、應行授獎之著作，各委員均得預行提議，通知其他委員審查，以得大多數通過者為當選。

授獎提議應於每屆八月底以前通知，十二月以前決定，由委員會知照地質學會會長，於地質學會年會時授予之，受獎人須親自或委託代表出席。

五、每屆兩年，如委員會認為無授給獎章之必要者，得暫停授給。

六、得獎章之人，無國籍限制，得獎章之著作以中英法德四國文字或至少用此四國文字之一作為詳細提要者為限。

七、本規則由中國地質學會評議會通過實行。〔註16〕

這「規則」有幾點值得注意：第一，獎章是頒發給「對於中國地質學或古生物學之有重要研究或於地質學全體有特大之貢獻者」，著重「重要研究」「特大之貢獻者」，獎勵學科範圍並不侷限於地質學，考慮到葛利普對中國古生物學創立的特出貢獻，特別標示古生物學；第二，成立有專門的獎章委員會管理基金與提名、審議著作並最終確定獲獎人；第三，每兩年頒發一次，寧缺毋濫，沒有合格著作與人選，可暫停；第四，注重國際交流，得獎著作以中英法德文字或至少有這些文字的詳細提要。從章程看來，似乎僅僅是獎勵「重要研究」或「特大貢獻者」，但在具體的頒獎實施過程中逐漸演化為榮譽性的「終身成就獎」。

評議會通過章程時也按章選出獎章委員會委員丁文江、王寵佑、李四光、章鴻釗、翁文灝、葛利普等6人，同時議定將1925年度獎章授予葛利普，以獎勵其近著《中國地層史》（*Stratigraphy of China*）及對中國古生物學發展的重大貢獻。〔註17〕1926年5月3日，地質學會第四次年會舉行。晚8時，首屆葛氏獎章頒獎儀式在北京南河沿歐美同學會舉行，王寵佑未能出席，儀式由李四光主持，翁文灝代替授獎並致辭：

這枚金質獎章是以您的名義命名並第一次授給您，為獎勵您在

〔註16〕 《中國地質學會設立葛氏獎章》，《科學》第11卷第6期（1926），第839～840頁。

〔註17〕 《中國地質學會設立葛氏獎章》，《科學》第11卷第6期（1926），第840頁。

地質科學上作出了極有價值的貢獻，特別是您對於中國地質學和古生物學方面的獨特貢獻。……

按照葛氏獎章的規則規定，獎章授予對中國地質學或古生物學的重要工作或對整個地質學有卓越貢獻者。您毫無疑問滿足這些條件，我只需提及世界上所有地質學家們都不能忽視的您的一個工作即可：地層學原理。這個里程碑式的工作和您的地質教科書是我們時代最有價值的地質書籍，無論是學生還是地質工作從業者都能從中無窮無盡地發現信息和激發靈感。

作為一個中國地質學家，我要特別著重指出您《中國地層史》一書對中國地質學發展的重要貢獻。您整合併聯繫了由不同時期、來自中國不同地區的許多地質學家收集的經過長期積累而且經常不連貫的材料，得出了這一地區地質和古生物演化的連續性階段清晰而又全面的歷史。您的古地理學研究中的幾個預測都已經被最近的發現所證實，這證明了您的理論的穩固和生命力。《中國地層史》書名相比其內容而言太謙虛了，因為它涵蓋了整個亞洲的地質情況。我很確信，您為亞洲地質史研究奠定了堅實的基礎。

儘管這枚獎章表彰的是您個人的貢獻，這卻不是我們感謝您的唯一原因。您正在教育並且已經教育出了許多有能力繼續這項研究的中國地質學家和古生物學家，而且您以身作則，讓他們能以您對科研的熱忱和您的工作作為典範。在您的精神和科研準則的守護下，中國地質學和古生物學將繼續發展下去。

葛利普致答謝辭稱：

我有些不情願地接受翁先生您代表學會會長的仁厚而又慷慨的致辭，並接下這枚代表整個學會成員認可的獎章。我感到不情願，是因為我想在這個場合對自我做出一個公允的評價，我有一些想法急著要表達，與此同時又感到詞窮。當我被邀請來中國組織古生物學和地層學的考察，並訓練北京大學的年輕人來協助我的工作時，我其實是猶豫的。因為工作量巨大，而我對自己的能力還有所懷疑。我進入了一個新的而且是未經探索的領域，害怕問題的無邊無際。如果說我在您讓我負責的工作中取得了些許進展的話，這都要歸因於您的幫助。您讓身邊所有可資派遣的人員都來幫助我，而且在困難的時候提供了

無私的幫助。最重要的是，正是我和北京大學以及調查所中所有同事們誠心的合作孕育出了今天晚上你們為之感謝的成果。

　　知道這個獎是由我曾經的學生，也是現在中國地質學會的現任會長王寵佑提議設立並提供資金的時候，我感到一種特殊的滿足感。王先生是我在美國的第一個中國學生，我一直記得他對地層學和古生物學的強烈興趣。而他只是你們這些來美國學習地球科學理論和實踐方法的許許多多年輕人中的一個。今晚你們以這麼真誠的方式表達了你們對來自地球的另一邊，來到中國幫助你們在亞洲構建學術之塔的我們的感謝，因此請允許我在接受這個榮譽時，表示這不僅僅是我個人的驕傲和幸運，而是作為美國科學界的一名代表。預祝在將來的繼續合作和共同努力中，在解決歷史地質學以及動植物的起源和進化等方面的重大問題上更進一步。〔註18〕

　　地質學會將首屆葛氏獎章授予葛利普這位美國科學家，褒獎他對中國地質學發展的巨大貢獻，不僅眾望所歸，而且第一次就將獎章授予外國科學家，顯示了地質學會的開放性與國際性，充分體現了積極向國際學術界靠攏的決心與期望，無形中提升了地質學會的國際影響。因此，葛利普在答謝辭中特意提及自己的美國國籍，不僅是個人的「驕傲與幸運」，而且是美國科學界的光榮，他的成就是中美科學家合作的結晶，並希望在歷史地質學與動植物的起源和進化這樣重大的基礎性領域繼續合作，以取得更大的科學成就。可以說，葛氏獎章的第一次頒獎，就樹立了相當高的標杆，表面看來是獎勵葛利普的《中國地層史》，實際上是獎勵他對中國地質學發展的總體貢獻。

　　按照規則，1928 年應該頒發 1927 年第二屆獎章，但當年地質學會因故未能召開年會。1929 年 2 月第六次年會召開，葛利普和翁文灝建議將第二屆獎章授予李四光，獎勵他發表在《中國古生物誌》乙種第四卷第一號（1927 年）關於䗴科的研究成果《中國北部之䗴科》。提議獲得丁文江、王寵佑和章鴻釗的贊同，委員會一致通過，但因獎章還在上海製造，未能立即頒獎。直到 1931 年 11 月 3 日在地質調查所舉行特別會議專門頒獎，由翁文灝主持並致辭。翁文灝說李四光對中國地質學和古生物學做出了卓越貢獻，特別是關於䗴科化

〔註18〕Proceedings of the Fourth Annual Meeting of The Geological Society of China，《中國地質學會誌》第 5 卷第 1 期（1926），第 15～17 頁。原文為英文，以下《中國地質學會誌》報導都是英文，感謝仇光宇同學幫忙翻譯。

石的研究，「是迄今為止對這一有機生物群最具體、最有條理的研究，不僅具有重要的古生物學意義，而且通過這項研究，他和他的學生趙亞曾成功地消除了過去關於海相地層具體年代的一些疑問，建立了中國北部石炭系海相地層的層序」。〔註19〕李四光未能出席領獎，由丁文江代領。

1929 年 12 月 2 日，裴文中發現北京人頭蓋骨，這是近代中國極少數能載入人類歷史史冊的學術貢獻。當月 28 日，地質學會在地質調查所召開特別會議，向世界宣布了這一重大發現。周口店北京猿人化石的發現與研究，得益於美國洛克菲勒基金會資助建立的地質調查所新生代研究室，時任北京協和醫學院解剖系主任、加拿大人步達生（Davidson Black，1884～1934）兼任主任具體主持工作，古生物學家楊鍾健任副主任、地質調查所顧問法國人德日進兼任古生物學研究員、裴文中為古生物學助理研究員兼野外工作負責人。步達生長期從事中國古人類研究，1925 年就提出中國最可能發現原始人類化石，1927 年將英國和瑞典學者發現的猿人下臼齒鑒定為「中國猿人北京種」，後正式定名為北京猿人。他專門研究裴文中的發現，相繼發表《周口店成年猿人頭蓋骨初步研究報告》《猿人頭蓋骨臨時報告》《發現第二個猿人頭蓋骨的報告》等，顯示了他在比較解剖學、神經解剖學上的深厚造詣。他與楊鍾健、德日進、裴文中等人的研究，使新生代研究室在地層學、古人類學、古生物學及史前考古等方面有世界性的影響。〔註20〕有鑒於步達生在北京人研究工作中所做出的卓越貢獻，以及在他領導下，與德日進、楊鍾健、裴文中等密切協作，各自做出的顯著貢獻，葛氏獎章委員會決定將第三屆（1929 年度）葛氏獎章授予他，並於 1931 年 11 月 3 日授獎。翁文灝致辭中說步達生對北京人的研究不僅為他自己贏得了世界性的聲譽，而且：

> 正是由於他細緻全面的研究，北京人才能在人類祖先的系譜書上毫無爭議地獲得一席之地。現在對周口店遺址沉積物的發掘和研究工作以及對周邊豐富的動物化石、大量史前器物的發掘正在以前所未有的速度和重視程度開展著。我認為，在這些研究中，正是步達生富有同理心的思想高度和幹練的領導才能使得這項和其他學者如德日進、楊鍾健和裴文中先生等的合作是如此愉快並碩果累

---

〔註19〕Proceedings of the Special Meeting of the Geological Society (On Nov.3rd 1931)，《中國地質學會誌》第 11 卷第 2 期（1932），第 101 頁。

〔註20〕程裕淇、陳夢熊主編：《前地質調查所（1916～1950）的歷史回顧・歷史評述與主要貢獻》，地質出版社，1996 年，第 319 頁。

累。過去也許我提到過，裴文中先生因對北京人的研究成果而受到了認可，他剛剛在去年夏天獲得中國科學社頒發的第一個考古學金質獎章。〔註21〕

步達生領獎時，再一次表示周口店研究工作的成功「很大程度上歸功於中外科學家的合作」。

李四光主要是獎勵他的著作《中國北部之䗴科》，當然也考慮到他對中國地質學和古生物學的卓越貢獻。對步達生而言，可以說是對他終身致力於古人類研究的獎勵，特別是考慮到三年後他就因病去世這一情狀。1931 年度、1933 年度獎章頒發給丁文江、德日進，更顯示出其終身成就獎趨向。

1935 年 2 月 14 日，地質學會在北平召開第 11 屆年會，翁文灝提議修改葛氏獎章規則，第一條改前面部分為「中國地質學會得王寵佑先生之捐款制定金質獎章」，明確獎章由王寵佑捐款制定；第三條獎章委員會組成修改為「以本會最前四年之會長及副會長及當年之理事長為第一任委員」，這樣更明確委員會組成候選人。〔註22〕16 日，舉行葛氏獎章頒獎儀式，將第四屆（1931 年度）與第五屆（1933 年度）獎章分別授予丁文江和德日進。理事長謝家榮主持並致詞，他著重提到丁文江是地質調查所創始人，所著《正太鐵路沿線地質報告》是第一篇用中文寫成的地質報告：

> 丁先生對中國地質學的貢獻人盡皆知，已無需贅述。我此刻想要回顧的是丁先生作為中國地質科學的領導者和先驅者的一些卓越事蹟：他是中國地質調查所的建立者和第一任所長，而第一份由中國人寫成的地質學報告也出自他手，即一份關於正太鐵路沿線地質情況的報告。他在中國西南地區範圍廣闊的地質學研究工作有奠基性的重要性，為未來在那些省份工作的地質學者持續提供參考。他在中國地層學和對二疊紀與石炭紀之間的結構關聯的研究工作因卓越而舉世聞名，通過把地層學研究方法引入對石燕貝屬的研究，展現了對古生物學的濃厚興趣。1934 年，丁先生前往俄羅斯對巴庫油田和頓涅茲煤田進行了細緻的勘察，通過對煤田所處位置䗴屬標本的卓越採集工作，解決了一些構造結構的地質年代。

---

〔註21〕 Proceedings of the Special Meeting of the Geological Society (On Nov.3rd 1931)，《中國地質學會誌》第 11 卷第 2 期（1932），第 102 頁。

〔註22〕 計榮森：《中國地質學會概況——中國地質學會二十週年紀念》，中國地質學會，1942 年，第 7 頁。

作為丁先生的學生，我還必須提及他非凡的教學技巧和他對科研工作熱切的興趣，這都給我們年輕人樹立了榜樣。

德日進是一位知識淵博的地質學家，在地質學的多個領域都作出了重要貢獻。謝家榮說：

德日進先生的地質學研究，大家都很熟悉，我沒必要說什麼了。只要看一眼他發表的論文，我們就會對他的博學產生深刻印象。作為地質學家，德日進先生在古生物學、地文學、構造地質學、岩石學以及史前考古學方面都作出了重要貢獻。他的注意力在過去幾年主要集中在新生代，包括脊椎動物化石研究，這部分研究和周口店的北京人遺址也有關係。他高強度的科研工作和他對其他科研人員影響使得地質調查所的新生代研究室成為了世界最出色的研究機構之一。

德日進因故缺席，未能親自接受獎章。丁文江接受獎章後即席致謝，感謝地質學會授予他這一巨大的榮耀，並說「儘管自己開展了範圍廣闊的野外考察，然而至今只發表了很少的文章，這不應該被當作年輕學者的好榜樣」。他「祝賀年輕的學者們——他們專精於古生物學、岩石學以及其他學科的不同分支——所取得的迅猛進步。在中國剛開始地質學研究工作的時候，找到一個有特定專業方向的人才非常困難，尤其是在古生物學領域。所以說，當看到過去二十年已經為中國地質學的發展打下了堅實基礎，他感到由衷的高興與滿足」。〔註23〕

這就是一個學科領導人的氣度與風範，不沉溺於自己及其自己培養的學生所取得的成就，清醒地認識到自己的缺陷並向後輩坦白，告誡年輕一代不要重複自己的錯誤，科學工作者一定要以自己的科研成就說話。與此同時，又激賞後輩所取得的巨大成就，鼓勵他們繼續努力向前。可以說，民國地質學之所以能取得如許成就，與丁文江、葛利普、翁文灝這樣的卓越領導人息息相關。無論是對丁文江還是對德日進的獎勵，都沒有提及專門的研究成果或至少專精的研究領域，這是葛氏獎章第一次明顯地表現出終身成就獎的特質。

---

〔註23〕Proceedings of the Eleventh Annual Meeting of the Geological Society of China (February 14~6,1935)《中國地質學會誌》第 14 卷第 1 期（1935），第 12~14 頁。

　　1937 年 2 月 19 日，地質學會理事會在地質調查所北平分所舉行，葛氏獎章委員會決定將第六屆（1935 年度）獎章授予翁文灝，第七屆（1937 年度）獎章授予楊鍾健，理事會核對通過。〔註 24〕20～23 日，第 13 次年會在北京舉行，23 日晚宴頒發葛氏獎章，葛利普親自頒獎，分別授給翁文灝和楊鍾健，獎勵翁文灝對於中國地質學的重大貢獻和楊鍾健關於古脊椎動物學的卓越研究成果。翁文灝未與會，由黃汲清代領並致謝辭，楊鍾健與會並致謝辭。〔註 25〕

　　《中國地質學會誌》沒有像此前那樣將葛利普所致頒獎詞記載，因此也就無從知曉翁文灝、楊鍾健獲獎的具體理由，但無論是翁文灝「對於中國地質學的重大貢獻」還是楊鍾健「關於古脊椎動物學的卓越研究成果」都是對他們長期研究的獎勵，不是如獎章規則所限定的對某一成果的褒揚。

　　全面抗戰期間，理事會議決停止葛氏獎章的頒發。1946 年 3 月 20 日，葛利普在北平去世，地質學會會員們「同深震悼」，4 月 27 日聯合中研院地質研究所和地質調查所在北碚舉行追悼會。9 月 11 日在南京舉行的理事會決定葛氏獎章繼續頒發。〔註 26〕1946 年 10 月 27～29 日，地質學會第 22 次年會在南京舉行。會議期間，謝家榮代理事長李四光頒發獎章與獎金，將第八屆（1946年度）葛氏獎章授予章鴻釗。謝家榮致辭，略謂：

　　　　本會最高之獎勵為葛氏獎章，本屆贈與章鴻釗先生。章先生為我國地質界之元老，清末即開始提倡地質學。民國初年創辦最早之地質教育機關並為地質調查所之首任所長。章先生非但具推進之功，其本人對於研究工作之興趣，數十年來從未稍減。在礦物、岩石、地質構造及地質學史等方面均有重要貢獻，涉獵致廣、造詣之深，為後進所欽服。

章鴻釗受獎後致答辭，「表示謙虛致謝之意」。〔註 27〕

　　1948 年 10 月 24～26 日，地質學會第 24 次年會在南京舉行，將第九次

〔註 24〕《本會理事會記錄》，《地質論評》第 2 卷第 2 期（1937），第 200 頁。
〔註 25〕Proceedings of the Thirteenth Annual Meeting (February 20～23, 1937)，《中國地質學會誌》第 16 卷第 1 期，第 XI～XII 頁。
〔註 26〕《本會理事會記錄（三）》，《地質論評》第 11 卷第 3～4 期，第 305～306 頁。
〔註 27〕《本會第二十二次年會記錄》，《地質論評》第 11 卷第 5～6 期（1946），第 430 ～431 頁。

葛氏獎章授予朱家驊，由余又蓀代領。〔註28〕會議記錄沒有朱家驊獲獎原因〔註29〕，而且很快就有人對朱家驊獲獎「頗有微詞」〔註30〕。朱家驊雖是德國柏林大學地質學博士，但回國後沒有從事一天地質學研究，一直在政治漩渦中沉浮，曾任大學校長、教育部長、交通部長、浙江省主席、軍事委員會參事室主任、國民黨中央政治委員會秘書長兼組織部長等，1940 年蔡元培去世後長期代理中研院院長。當然，他在籌建兩廣地質調查所促進華南地質事業發展、創建同濟大學測量系規劃中國大地測量、利用中英庚款設立中國地理學研究所，因而在地質、大地測量、地理等學科發展上有大貢獻，也曾當選地質學會副會長（1928 年）、會長（1930 年）和理事長（1943 年）等。因此，從對中國地質學發展的影響來說，葛氏獎章授予他在一定程度上也有章可循。〔註31〕

問題是，即使是 1946 年獲得者章鴻釗雖在地質學術研究上沒有多少成就，但他幾十年來對地質學的興趣一直不減，一直在地質學領域內孜孜以求，無論如何是一個真正的學人，葛氏獎章頒發給他是對他一生致力於地質學研究與推廣的承認與褒揚。而朱家驊僅僅憑藉其官員地位對學術的支持與推展就攫取了地質學會的最高榮譽，無論如何這對學術與學術界來說都是極不正常的現象，自然會招來地質學界內部的非議。同時，地質學家們也採取行動。就在朱家驊獲獎的年會上，謝家榮等 10 人提議修改葛氏獎章規則，因意見複雜，改為會後討論。在 27 日召開的特別大會上，對葛氏獎章規則修訂提出了 4 條原則。〔註32〕1948 年 12 月 13 日，理事會根據特別大會規定原則對葛氏

〔註28〕《地質界消息》，《地質論評》第 14 卷 1～3 期（1949 年），第 85 頁。
〔註29〕本次授獎儀式的記錄中，也沒有其他各項獎金獲獎理由。葛氏獎章與各項獎金自然都有獲獎原因，只有等待檔案的公布與公開。值得指出的是，因為第二歷史檔案館相關檔案都沒有公開，無法查閱中國地質學會的原始檔案，對其學術評議與獎勵除公開出版的文字而外，也就無從探知其背後的具體運作過程。
〔註30〕楊鍾健：《楊鍾健回憶錄》，地質出版社，1983 年，第 168 頁。楊鍾健由此還說：「可見此種雖無多大價值之虛榮，仍受人們重視！」
〔註31〕關於朱家驊對中國科學發展的影響，可參閱拙文《朱家驊的科學觀念與國民政府時期科學技術的發展》（陳絳主編《近代中國》第 14 輯，上海社會科學院出版社，2004 年），最新研究成果可參閱已故臺灣學者黃麗安《朱家驊學術理想及其實踐》（社會科學文獻出版社，2017 年）。
〔註32〕《本會第二十四次年會記錄》，《地質論評》第 14 卷第 1～3 期（1949），第 85、90 頁。

獎章規則予以修訂。一是因葛利普已經去世，第一條規定該獎章成為地質學會永久紀念葛利普的標誌。〔註33〕第二，第二條規定，獎章管理委員會人選增加「獎章獲獎者（中國籍）」，同時再次恢復「歷任會長或理事長」，擴展了候選人選；第三，第四條規定獎勵對象「應對於中國地質學持續研究在十年以上，確有重要貢獻者」，持續研究十年以上的時限規定明確了一定是長時間的專門研究者，杜絕了朱家驊這樣的非學術政治人物侵襲；第四，第五條規定，獲獎人的提名增加了理事會理事與會員十人以上連署，這樣可能更加全面而公正地提出候選人；第五，第七條規定，獲獎人必須獲得過半數的投票，而且只有兩次投票，否則停止頒發，體現「寧缺毋濫」的原則。〔註34〕以往頒獎的九屆除抗戰原因外都沒有空缺，這一規定實在進一步鞏固了葛氏獎章作為中國地質學界最高榮譽的崇高地位。非常可惜的，這一修訂後更為完善的規則還沒有來得及實施就政權更迭，在中國學術評議與獎勵的制度發展史上也就僅具有文本意義。

　　具體分析獲得中國地質學界最高榮譽的九位獲獎人（表 2-1），美國人葛利普、加拿大人步達生和法國人德日進都是在地質學或古生物學上有卓越成就的科學家，對中國科學發展的貢獻也是有目共睹，葛利普前面已有大致介紹，下面具體看看步達生與德日進。

　　生於加拿大多倫多的步達生，1914 年赴英國師從正研究皮爾當人（Piltdown Man）頭蓋骨的埃利奧特‧史密斯（G. Elliot Smith，1871～1937）習人腦比較解剖學。1918 年來華，任協和醫學院教授，1921 年任解剖系主任。1934 年 3 月 15 日因心臟病突發，在實驗室病逝。5 月 11 日，地質學會聯合中國博物學會在地質調查所舉行特別會議，專門悼念步達生。〔註35〕盛年早逝的步達生，一生主要科研成就在中國取得，「北京人」的命名與精深研究，不僅使中國古人類學研究走到了世界前列，也為中國培養了裴文中等一代古人類學家。可以說，裴文中發現了北京人頭蓋骨，但真正打通「北京人」研究走向世界道路的是步達生。

〔註33〕非常可惜的是，1949 年後葛利普作為美帝代表，自然不能被中國人民紀念，該獎章也就自然取消，永久紀念也就「一場空」。不過，如今倒是地質學會恢復這一具有崇高聲譽獎章的最好時機，不僅是為紀念葛利普，更是要繼承頒發這一獎章過程中學者們的學人風度與風骨，滌蕩政治對中國地質學的侵襲與污染。

〔註34〕新修訂的具體條文見《地質論評》第 14 卷第 1～3 期（1949）第 97 頁。

〔註35〕Proceedings of the special meeting on May 11，1934，《中國地質學會誌》第 13 卷第 3 期，第 319～322 頁。

表 2-1　葛氏獎章獲得者簡況

| 年　　度 | 獲獎者 | 生卒年 | 大致獲獎理由 |
|---|---|---|---|
| 1925 | 葛利普 | 1870～1946 | 對地質科學特別是中國地質學和古生物學方面的貢獻 |
| 1927 | 李四光 | 1889～1971 | 完成《中國北部之䗴科》，以此為基礎建立了中國北部石炭系海相地層層序 |
| 1929 | 步達生 | 1884～1934 | 在周口店中國猿人研究中的卓越貢獻，及在其領導下德日進、楊鍾健、裴文中等密切合作，各自做出的卓越貢獻 |
| 1931 | 丁文江 | 1887～1936 | 地質調查所創始人，所著《正太鐵路沿線地質報告》為第一篇中文地質報告 |
| 1933 | 德日進 | 1881～1955 | 知識淵博的地質學家，在古生物學、地文學、構造地質學、岩石學以及史前考古學等方面都做出了重要貢獻 |
| 1935 | 翁文灝 | 1889～1971 | 對中國地質學的重大貢獻 |
| 1937 | 楊鍾健 | 1897～1979 | 關於古脊椎動物學的卓越研究成果 |
| 1946 | 章鴻釗 | 1877～1951 | 對於中國地質學的提倡及推進 |
| 1948 | 朱家驊 | 1893～1963 | 以官員身份推進中國地質學發展 |

　　與步達生密切合作的楊鍾健回憶說，步達生對新生代研究室有遠大計劃，「目光不僅及於猿人之研究，而且很注意地層、地文、冰川等問題」。他為人「平易和藹，談鋒極健，性格活躍」，「自知有心臟病，不能終其天年，所以工作更加勤奮」，「在實驗室內備一小床，以資休息」，但往往工作到天明才回家睡覺，「總想在他死以前把中國猿人工作弄出一個眉目來」。他逝世之前半小時，還與楊鍾健長談，因此第二天早晨聽到他去世的消息，楊鍾健「幾乎不能置信」。步達生的工作不僅短期內使新生代研究室蜚聲世界，而且也極大地提升了楊鍾健、裴文中等的研究能力與學術聲譽。〔註36〕

　　新生代研究室顧問德日進（Pierre T. de Chardin），著名的耶穌會神父和傑出的地質學家和古脊椎動物學家，法國科學院院士，20 世紀最有影響的西方思想家之一。〔註37〕自 1923 年來華與桑志華（Emile Licent，1876～1952）神

〔註36〕楊鍾健：《楊鍾健回憶錄》，第 78～80 頁。

〔註37〕因德日進在思想界的特出影響，他在中國的活動正越來越受到學術界的關注，不斷有學術會議舉行、研究成果發表。如 2014 年巴黎舉行「德日進在中國（1923～1946）」學術研討會，「德日進之友協會」在法國、英國、美國和中國等國相繼成立，研究和傳播他的思想。

父組建由北疆博物館和巴黎博物館聯合組織的「桑志華—德日進法國古生物考察團」，到 1946 年離開中國不復返，在這 23 年時間裏，除幾次回國和到其他地方考察之外，主要跋涉在中國土地上。正如劉東生所說：

> 德日進在中國從事地質和古生物學工作近 20 年，對中國第四紀地質新構造運動，對中國的花崗岩的研究，特別是對中國古哺乳動物和古人類的研究，提出過精闢的見解，作出過富有意義的貢獻。他在古生物學方面不愧是一位權威。〔註38〕

留法博士尹贊勳，長期供職於地質調查所，曾任所長，1949 年後長期擔任中科院地學部主任，可謂中國地質學發展的見證人。他晚年曾賦詩說：「章丁翁李四大家，今後地質遺響大」。在他看來，章鴻釗、丁文江、翁文灝和李四光是影響近代中國地質學的四位奠基人。〔註39〕葛氏獎章的 6 位中國人，四位都曾獲獎，依次為李四光、丁文江、翁文灝和章鴻釗，只有李四光以專門的古生物學研究及其由此確立地層層序的成果獲獎，其他三位都是因對中國地質學發展的開創、提倡與推進獲獎，並不能因此就說他們在學術上沒有卓越成就。正如前面所展示，除章鴻釗主要以地質學史見長外，丁文江在地質學的研究上也有不少成果，翁文灝的學術貢獻就不用多贅述。這四人以年齡為序分別為章鴻釗、丁文江、翁文灝和李四光，也是他們具體參與中國地質學發展的先後順序。比較而言，朱家驊、楊鍾健屬於後輩，因此 1937 年楊鍾健以「古脊椎動物研究」獲獎時，他自己曾惶恐不安：

> 中國地質學會有一個最高的獎章，名曰葛利普獎章，乃為紀念古生物學大師、並對中國古生物學發展有絕大推進力之葛利普先生。……我獲得一九三七年度獎章，於這年二月二十二日的會席上，由葛先生親自授獎。此獎章之頒發，由組織委員會司其事。當時如何決定，我無法得知，不過那時除我以外的六位得獎人，均為地質界名宿或有一門專長之大師。地質界同人中，資望甚深、學行精湛

---

〔註38〕〔法〕德日進著，王海燕編選：《德日進集·序》，上海遠東出版社，1999 年，第 2 頁。

〔註39〕尹贊勳：《無題》（1983 年患病住院期間寫作），載尹贊勳《往事漫憶》（海洋出版社，1988 年）第 170 頁。這首詩主要是對名列第四的李四光在 1949 年後躍等為第一，為丁文江、翁文灝等鳴不平。樊洪業先生為此專門有系列文章《李四光與丁文江的恩恩怨怨》《李四光「廬山論冰」真相》《李四光與地質學界的歷史糾結》等（分別刊載《南方周末》2014 年 1 月 30 日、3 月 13 日、5 月 29 日）予以辯證。

之人殊不在少，而首先以我濫竽，心中頓感惶恐，生怕不孚人望，
發生不良後果。

當然，他得獎後，發現「尚未有何不良反響，相反的，多數同人均以為賀」，
這就「更增我奮勉之心」。〔註40〕也就是說，葛氏獎章的獲得，對楊鍾健來說，
不僅是對其在古脊椎動物研究成就的肯定，更是一種精神的鼓勵，使他在學術
道路上繼續奮進。陝西人楊鍾健1923年畢業於北京大學地質系，留學德國入
慕尼黑大學地質系古生物專業，1927年獲博士學位。回國後一直在地質調查
所從事古生物學研究，成為中國古脊椎動物學的開拓者和奠基人。

後來的首屆中研院院士選舉中，地質學會曾推出以章鴻釗為首的30位候
選人〔註41〕，上述6位中除早逝的丁文江外，僅甚少專業學術研究成果的章
鴻釗落選，其他4人翁文灝、李四光、楊鍾健與朱家驊都名列其間，可見葛氏
獎章的權威性。

## 二、成果特出獎：丁文江紀念獎金

1936年1月5日，年僅49歲的丁文江在長沙湘雅醫院的病逝，「不僅為
地質界之大損失，亦是全國之大損失」。時任中研院總幹事的丁文江，是中國
少有具有辦事才幹的科學家，不僅是中國地質學的奠基人，更是科學界領軍人
物，正引領著中國最大的國立科研機構中研院前行。地質學會年會紀念會上，
翁文灝重複1935年丁文江獲葛氏獎章時謝家榮的頒獎辭，說丁文江是「開始
中國地質學工作之一人，彼尤注意於野外調查，無論在當所長或當教授時，
俱能身體力行，毫不苟且，因是給後進者以最好之模範」。〔註42〕

丁文江逝世後，翁文灝提議地質學會設立丁文江紀念基金，並親自起草
《丁在君先生紀念基金原則》。1月27日理事會「原案通過」翁文灝所草三條
原則：

一、本基金由丁先生至好友人捐助於中國地質學會，由該會理

〔註40〕楊鍾健：《楊鍾健回憶錄》，第165頁。

〔註41〕30位候選人分別為尹贊勳、王曰倫、王竹泉、王恒升、王烈、田奇瑪、朱家
驊、李四光、李春昱、李學清、李善邦、孟憲民、侯德封、俞建章、孫雲鑄、
孫健初、翁文灝、袁復禮、馬廷英、張更、張席禔、章鴻釗、斯行健、程裕淇、
馮景蘭、黃汲清、楊鍾健、葉良輔、趙金科、謝家榮。郭金海《院士制度在中
國的創立與重建》，第169頁。

〔註42〕《中國地質學會第十二次年會記事》，《地質論評》第1卷第1期（1936），第
81頁。

事會推舉五人至七人，組織保管委員會保管之。委員如出缺時，由其餘委員推薦，請理事會核定。

二、本基金應長久保存，但所得利息至多以每年一千元為限，送備丁在君夫人之用。

三、除第二條規定之用途外，所有利息作為紀念獎金，對於地質工作有特別貢獻者，每年發給一次，其詳細辦法由理事會另定之。

當月舉行的第 12 屆年會上決定設立丁文江紀念獎金，並通過了翁文灝起草的「規則」。理事會選舉竹堯生、金叔初、翁文灝、李四光、謝家榮為基金保管委員。〔註43〕後來，因丁文江夫人有保險費，理事會議決將基金利息全部用於獎勵，基金保管委員會增選楊鍾健和黃汲清為 7 人。

基金募集激起強烈的社會反響，機關、團體和個人紛紛捐款，到 1936 年11 月，已募集 42863.04 元，其中開灤礦務局 7500 元，中興煤礦公司 5000 元，地質調查所和北平研究院地質研究所共 4000 元，中基會、申報館、中福煤礦兩公司聯合辦事處各 3000 元，華東煤礦公司、北京大學各 2000 元，劉厚生及徐靜仁 2000 元，楊樹誠、葉揆初、竹堯生、簣延芳等各 500 元，金叔初 330元，翁文灝、溫鶴孫、徐新六各 300 元等等。〔註44〕經理事會多次商量決定，丁文江紀念獎金每兩年頒發一次，獎金六千元整，基金利息多於此數者捐助北京大學地質系研究院，作為調查研究之用。理事會通過《丁文江先生紀念獎金保管規則》與《丁文江先生紀念獎金管理規則》，「管理規則」11 條：

一、本會設丁文江先生紀念基金，由本會理事會選舉委員七人組織委員會管理之，本會理事長為當然委員。

二、上述委員會自選主席書記各一人，提請理事會查核。任期五年，每次改選三分之一，由未滿任之委員選舉，提請理事會核定，同一人不能連任過三次以上。

三、以基金所得利息，每二年（民國紀元之單數年份）對中華國籍研究地質有特殊貢獻者，發給丁文江先生紀念獎金六千元正，如有餘款再捐助北京大學地質系研究院，作為調查研究之用，但每年最多以一千元為限，其管理及支配方法，由獎金委員會及北京大學地質系另定之。

〔註43〕《理事會記錄》，《地質論評》第 1 卷第 1 期（1936），第 87～88 頁。
〔註44〕《丁氏紀念基金消息》，《地質論評》第 1 卷第 6 期，第 734～737 頁。

四、得獎人應有下列具體條件：

甲　曾將工作方法及所得結果妥適記錄於著作中。

乙　對於地質學之各部分（例如古生物學、礦物學、岩石學、礦床學、地文學）及其密切相關之學科（例如土壤學、地球物理學）有新穎貢獻者。

丙　對於中國地質學及其密切相關事項有重要工作具有推進功力者。

丁　能專心從事科學研究不分鶩其他工作者。

五、得獎人應將所得獎金優先用於繼續及發展其地質工作。

六、應發獎前一年（民國紀年之雙數年）十月由委員會收集候選人之提議，匯總審查。此項提議，出於下列各人：

甲　紀念基金委員會。

乙　本會會員五人以上之連署。

丙　國內重要地質機關。

七、委員會為審查候選人之學術成績，除委員外，得於必要時約請其他專家會同辦理，仍由委員會負責。

八、審查工作應於十二月間結束，即將當選人名提請理事會核定，如有必要得交委員會覆議。

九、紀念獎金於發獎年（民國紀年之單數年）一月五日（即丁先生病故紀念日）發給，並附紀念證一張，亦得於本會年會時行之。

十、委員會應將對於基金投放方法、收支數目及審查得獎人經過以及其他辦事情形，撰具報告書，提送理事會查核，並在本會出版物內公布。

十一、本章程由理事會通過實行，如有修改之必要，須經委員會過半數之同意，再經理事會通過。〔註45〕

由「管理規則」可見，第一，與葛氏獎章僅僅有金質獎章完全是名譽性獎勵不同，丁文江獎金為法幣 6000 元，當時「折合美金兩千餘元，為國內當時所定最高額之獎金」，對於得獎人來說是一筆不菲的收入。因此，對獎金用途有專門的約束，「優先用於繼續及發展其地質工作」。也就是說，獲獎人需將獎金用於繼續研究，而不能挪作他用，據楊鍾健說也可用作「到國外進修若干

---

〔註45〕《丁氏紀念基金消息》，《地質論評》第 1 卷第 6 期，第 731～733 頁。

時間」。〔註46〕第二，獲獎人不僅要有著述、對地質學及其相關學科有創新性的研究成果及推動作用，而且要求專心「從事科學研究不分鶩其他工作」。這一規定相當嚴格，專門獎勵專業地質科學研究者，像章鴻釗、朱家驊這樣無特出科研成就的葛氏獎章獲得者就不能「濫竽」其間。同時，與葛氏獎章具有世界性不同，本獎金只授予具有中國國籍者。第三，與葛氏獎章不同，候選人的推薦除獎金委員會委員以外，會員 5 人以上連署和重要的地質機構都可以推薦。1948 年修訂的葛氏獎章規則似乎汲取了本「規則」的這一要旨，只不過會員連署需要 10 人以上，因葛氏獎章畢竟是最高獎勵。該規則後來也曾有修訂，如管理委員會 1941 年由 7 人增加到 9 人。

　　1936 年 11 月 28 日，理事會通過紀念金委員會人選，由翁文灝、李四光、章鴻釗、謝家榮、黃汲清、尹贊勳、楊鍾健組成，開始具體籌劃獎金的運行。按照章程第一屆應於 1938 年 1 月 5 日頒發，事前亦登報、發函徵求候選人，但因抗戰爆發，經委員會議決暫停。1939 年 9 月 27 日，翁文灝「以獎金未便久懸」，提議 1940 年頒獎。於是評獎程序啟動，書記尹贊勳致函各委員徵求意見，除章鴻釗、謝家榮因道遠未能及時表示意見外，李四光、楊鍾健、黃汲清、尹贊勳均覆函贊成。10 月中旬在重慶《中央日報》《大公報》，昆明《中央日報》刊登廣告，同時致函國內重要地質機構及團體「請求推薦候選人」。到 1940 年 3 月 6 日，共收到推薦函 10 件，其中委員推薦 3 件：李四光推薦田奇瑪，翁文灝推薦朱森、計榮森，黃汲清推薦卜美年；會員連署推薦 3 件：孫雲鑄、林超、楊遵儀、王炳章、章熙林等 5 人推薦張席褆，周贊衡、潘鍾祥、高振西、李春昱、王鈺、朱森、周宗凌、丁毅、彭琪瑞等 9 人推薦王恒升，林斯澄、丁驌、吳景禎、廖友仁、彭國慶登 5 人推薦朱森；機構推薦 4 件：西南聯大地質系推薦孫雲鑄，中研院地質所推薦俞建章或斯行健，地質調查所推薦王竹泉或田奇瑪，四川地質調查所推薦朱森。無論是委員推薦、會員連署還是機構提名都比較分散，候選人有田奇瑪、朱森、計榮森、卜美年、張席褆、王恒升、孫雲鑄、俞建章、斯行健、王竹泉 10 人之多，其中僅朱森被委員、會員連署和機構推薦，田奇瑪被委員和機構推薦。按照推薦人的廣泛性來看，朱森和田奇瑪獲獎的可能性最大。徵求候選人期間，各委員也曾數度函商審查原則，「意見頗趨一致」。3 月 13 日在重慶開會，委員謝家榮、李四光、楊鍾健、翁文灝、黃汲清、尹贊勳 6 人經過兩小時「審慎討論後」，投票田奇瑪 4 票，

〔註46〕楊鍾健：《楊鍾健回憶錄》，第 167 頁。

俞建章 2 票，田奇瑪獲獎。〔註47〕可見，被委員、會員和機構共同推薦的朱森經過委員會討論後，未能進入最後票決階段，反而是中研院地質所推薦的俞建章進入，最終田奇瑪獲勝。

於是就有本章起首的第一屆丁文江獎金的頒獎儀式，李四光在頒獎詞中還指出丁文江獎金的意義：

> 今天是中國地質學會第一次授予丁文江獎金時期，授獎的意義，應該使大家明瞭。原來丁文江紀念獎金的設立，一方面是紀念丁先生生前對於中國地質學術事業的努力和貢獻，一方面是要使後起的中國地質學者，對於地質學上的努力和貢獻，得著一種表彰和安慰；這裡含著一種意思，就是大家對於受獎者的貢獻表示欽慕。〔註48〕

可見，丁文江紀念獎金主要是獎勵「後起的中國地質學者」，對於他們在地質學上的努力與貢獻，「得著一種表彰和安慰」，同時引起廣大地質學者的「欽慕」。因為戰爭原因，獎金金額並沒有達到章程所規定的六千元，僅有 4210 元。按照楊鍾健的說法，當時物價才開始升高，「田氏所得四千餘元，尚不失為一大獎」。此後每兩年均發獎，「但其價值一度不如一度」。最終通貨膨脹如脫韁的野馬，基金很快就一文不值，只得將「所有基金凍結」，另外籌款發獎，數目由委員會決定，「其實際價值不過銀元數枚，已完全成為象徵性質，失去原來意義」。但無論如何，「受獎者之資格仍照原來之規定，即給予對地質工作有充分能力或成績者」。〔註49〕從獎金紀念證書上文字「著述精審，造詣宏深，上繼前賢開拓之業，下啟後進精研之門」，可見該獎金獲得者被地質學會賦予了「承前啟後」的地位與作用。

1941 年 7 月 18 日，「丁文江獎金」委員會書記致函國內機構及團體請求推薦候選人，開始第二屆獎金評選運行。到 12 月 3 日，收到推薦函 8 封，其中委員 3 封：翁文灝推薦李四光，孫雲鑄推薦李四光，李春昱推薦楊鍾健；機構 5 封：江西省地質調查所推薦南延宗及陳國達，河南省地質調查所推薦曹世祿，西南聯大地質系推薦袁復禮和王恒升，地質調查所推薦李四光，四川省地質調查所推薦李四光。另有重慶大學地質系和會員連署函或因超過時間期限或因連

---

〔註47〕尹贊勳：《丁文江先生紀念獎金第一屆授獎報告》，《地質論評》第 5 卷第 1～2 期（1940），第 145～146 頁。

〔註48〕尹贊勳：《丁文江先生紀念獎金第一屆授獎報告》，《地質論評》第 5 卷第 1～2 期（1940），第 146～147 頁。

〔註49〕楊鍾健：《楊鍾健回憶錄》，第 167 頁。

署人數不足未能進入審查程序。推薦候選人有李四光、楊鍾健、南延宗、陳國達、曹世祿、袁復禮、王恒升等 7 人，李四光被兩委員和兩單位推薦，以其地位和研究成果，獲獎毫無疑義。書記將各函匯總油印，1942 年 1 月 10 日函送各獎金委員翁文灝、黃汲清、謝家榮、田奇瑪、孫雲鑄、尹贊勳、楊鍾健和李春昱，請他們審查並回覆審查結果，8 人回函「一致贊成授予李四光」。〔註50〕

3 月 20 日，中國地質學會第 18 次年會和二十週年紀念大會在重慶大學召開，事務報告之後舉行丁文江獎金第二屆授獎典禮，理事長翁文灝首先致辭：

> 李先生初年興趣多致力於革命工作，其後感覺欲強國非空言可獲，乃赴英習純粹科學。返國後即至北京大學任教授，生活寒苦，教學不懈。其時丁文江先生感李先生學校收入為數實少，乃勸先生就北平圖書館副館長職，強而後允。未幾，卒因有礙研究辭去。〔註51〕其後感覺北方環境不佳，乃至南京就地質研究所所長職，至今十數年，全份精力均在發展純粹科學研究，而不注意於礦藏之多寡，地質科學在國內研究精神之提高，先生之力極大。今日將丁文江先生紀念獎金贈予先生，獎金數量雖少，但其表示之意義實極偉大。

接著，基金委員會主席楊鍾健致授獎詞：

> 李先生在地質界的造詣本會同人莫不仰慕，用不著鄙人來細述。李先生在地質界推進之功至為顯然。丁先生第一屆獎金的得獎人為田奇瑪先生，是李先生的學生，及今天代表本會授第二屆獎金的鄙人，也是李先生的學生。在座諸會員中李先生的學生當占一大部分。然本會授獎金予李先生的主要動機還在李先生的研究方面。治學首重博、精、約三事，而李先生無一不做到。以言博，李先生在地質部門中研究之多，如岩石、構造、地層、地球物理、古生物以及冰川等，同人中鮮有望及其項背者。以言精，則各種研究莫不徹底，如關於中國䗴科化石之研究迄今已十餘年，尚為唯一權威之作，其

---

〔註50〕本會第十八次年會及二十週年紀念會紀事》，《地質論評》第 7 卷第 4～5 期（1942），第 222～223 頁。

〔註51〕李四光以北京大學教授兼任國立京師圖書館副館長，與北京大學教職員不能兼任其他機關主要職務規定相悖，因此曾被魯迅先生所譏誚：「北大教授兼國立京師圖書館副館長月薪至少五六百元的李四光，不也是正在坐中『維持公理』，而且演說的麼？」魯迅《「公理」的把戲》，《魯迅全集》第 3 卷，人民文學出版社，2005 年，第 178 頁。

他如冰川研究亦甚精到。以言約，則先生所出之《中國地質》一書
不但可供國內新進地質界青年及同人之參考，亦可使吾國地質歷年
工作之成績表現於國際。考李先生所以能治學至於如此程度，實有
三種精神；一為有恆，李先生獻身地質界二十年如一日為同人盡知
之事；二為崇信，即治學求真之精神，回憶李先生之冰川論初發表
之時，國內外地質人士懷疑者頗多，而李先生不恤眾議，努力追求
事實，使冰川問題之材料日益豐富，迄今幾無人不相信。反之如李
先生所獲材料可以反證冰川之存在，吾知李先生亦必決然宣告放棄。
此蓋由於科學尚信實之精神有以致之。三為能苦，地質工作作為一
苦事，李先生以高齡之年不畏旅行之困難，與青年同人于役山中，
在目下國內地質界同人中能以如此高齡而尚從事實際地質工作者殆
無第二人。故此三點實可謂李先生之治學精神。如有人令余在國內
地質界中可以推選一人為同人等楷模，為中國科學界青年之模範，
吾以為除李先生外實無第二人可以當之。〔註52〕

因李四光未能與會，由張更代領，並致答謝辭。楊鍾健期望張更將「本會同人
仰慕之忱」代達，並「希望李先生繼續為地質而努力，造成更輝煌之成果」。

　　與翁文灝同年出生的李四光，1919 年獲英國伯明翰大學地質學碩士，受蔡
元培聘於 1920 年擔任北京大學地質系教授，楊鍾健、田奇瑪等都是他的學生。
無論是從年歲還是輩分，他都屬於中國地質學第一代宗師，不知為何卻被大家
公舉為應該是第二代代表人物獲取的丁文江獎金，而且還是第二屆。作為同輩
的翁文灝、晚輩的楊鍾健在講話中無論如何褒揚他，似乎都有些怪異。〔註53〕

---

〔註52〕 《本會第十八次年會及二十週年紀念會紀事》，《地質論評》第 7 卷第 4～5 期
　　　　（1942），第 221、223～224 頁。

〔註53〕 作為中國地質學會 20 週年紀念會籌備委員會主席的李四光，1941 年 8 月曾
　　　　有「蔣介石要抓他」的傳言。他不赴陪都重慶開會「自投羅網」，而選擇到野
　　　　外開展地質考察，不知是否與此有關。中國地質學會這個時節將丁文江獎金
　　　　頒發給他不知是否也與此相關（表示對他的支持從而對政府「說不」）。李四光
　　　　還請李慶遠在紀念會上代讀主席演講《二十年經驗之回顧》，其中的「題外話」
　　　　似乎也專有所指，科學「今天新的挑戰不是來自教堂，而是來自某些國家的政
　　　　府」，「現在是決定我們該怎麼辦的時候了！是馴服地屈服下去呢，還是勇敢
　　　　地站到知識自由的道路上去呢？」「我們是堅定地站在愛好和平的各民族大家
　　　　庭一邊的，並且將永遠為我們的目標而堅持下去。」「每個自命為對人類知識
　　　　活動能起作用的人，都要為培養知識界的友愛做出些建設性的貢獻。」馬勝
　　　　雲、馬蘭編著《李四光年譜》，地質出版社，1999 年，第 143～147 頁。

　　1944 年 2 月 15 日，獎金委員會開會，翁文灝、謝家榮、李春昱、俞建章、尹贊勳出席，「經審慎之討論後」投票，結果黃汲清以 4 票獲得第三屆丁文江獎金，獎勵他對二疊紀地層研究的貢獻。〔註 54〕4 月 1 日，第 20 次年會在貴陽舉行，由獎金委員會主席謝家榮致辭授獎，尹贊勳代表黃汲清接受並致答辭。〔註 55〕獲獎原因與答謝辭《地質論評》與《中國地質學會誌》都無記載，與獎金管理規則相背離，其原因自然也就不得而知。

　　可能是有鑒於 1944 年第三屆獎金評選中存在的瑕疵及年會對獲獎儀式的輕慢與不重視，1946 年 3 月 6 日理事會議決丁文江獎金時，也要求各方面推薦候選人時「應附具詳細之推薦書」，頒獎儀式「亦隆重舉行」。〔註 56〕10 月 27 日，地質學會第 22 次年會在南京舉行，謝家榮主持頒獎儀式，將第四屆丁文江紀念獎金獎予尹贊勳，致辭大意稱：「尹先生從事地質工作約二十年，研究範圍頗廣，對於地層學及古生物學造詣最深，自寒武紀以迄第四紀之化石均有描述討論。此外於普通地質如火山、瀑布以及金屬礦產均有貢獻。本會以丁先生獎金贈與尹先生允稱適當云云。」尹贊勳親自領獎，答謝辭引用胡適白話詩「一半屬父母，一半屬朋友」，「謂如微有成就，應歸功父母朋友」。〔註 57〕

　　雖然在理事會的督促下，戰後第一次年會上頒獎儀式有所復原，但無論是儀式與頒獎辭完全不能與第一屆、第二屆相提並論。更為重要的是，學術在政治面前完全無可奈何，不能抵擋時勢的急劇變化。1948 年 10 月 24 日在南京舉行第 24 次年會，正如對葛氏獎章的記載一樣，對第五屆丁文江紀念獎金的頒獎僅有如是記載：「第五次丁文江先生紀念獎金授予楊鍾健，由劉東生代為接受」。〔註 58〕楊鍾健自己對此次獲獎有如下回憶：

　　　　一九四八年度，又值丁文江獎金發給之期，我於暑間赴西北大
　　　　學任職，對於本屆獎金之如何徵求，如何審查，均未過問。年會於
　　　　十月下旬在南京開會，後來我接得通知，謂我為本屆丁氏獎金之受

〔註 54〕《本會理事會記錄》，《地質論評》第 9 卷第 3～4 期，第 241 頁；《中國地質學會誌》第 24 卷第 1～2 期（1944），第 2 頁。

〔註 55〕《本會第二十次年會記錄》，《地質論評》第 9 卷第 3～4 期，第 246 頁。

〔註 56〕《本會理事會記錄（二）》，《地質論評》第 11 卷第 3～4 期（1946），第 303 頁。

〔註 57〕《本會第二十二次年會記錄》，《地質論評》第 11 卷第 5～6 期（1946），第 431 頁。

〔註 58〕《本會第二十四次年會記錄》，《地質論評》第 14 卷第 1～3 期（1949），第 85 頁。

獎人，獎金定為當時金元券二百元，約合銀元二十枚。實際上，此
數雖比原義相差太遠，但卻比以前數次的獎金價值已算加多。雖然
授獎儀式很簡單，而不如以前莊重，但我之獲得了文江紀念獎金，
仍自感有殊榮。〔註59〕

至此，目標甚高的丁文江紀念獎金也就進入了歷史。無論如何，獲獎者之
一尹贊勳的回憶中雖對獲獎沒有任何評價，但畢竟花費了篇幅，將謝家榮的致
辭從《地質論評》全抄下來〔註60〕，楊鍾健更是感到是「殊榮」。丁文江獎金
共有田奇瑪、李四光、黃汲清、尹贊勳、楊鍾健 5 人獲獎，其中李四光、楊鍾
健同時獲得葛氏獎章，說明這一獎金在當時地質學界有相當大的影響力與公
信力，對獲得者來說也是不小的榮譽。李四光、楊鍾健簡歷前面已有說明，這
裡看看其他三位獲獎者簡況。

田奇瑪（1899～1975），區域地質學家、古生物學家和地層學家，中國泥
盆紀生物地層學研究奠基人，有「田泥盆」美譽，對湖南的區域地質與礦產地
質研究貢獻尤大。湖南大庸人，土家族。1917 年考入北京大學理預科，1919
年升入地質系，1923 年畢業，同學有趙亞曾、楊鍾健、侯德封、張席禔、王恭
睦等。入地質調查所工作，在葛利普指導下於 1926 年出版專著《中國北部太
原係海百合化石》，影響甚大。後服務桑梓，任湖南地質調查所調查主任、技
正、主任技正、代所長、所長等，致力於湖南地質基礎研究與礦產調查。1949
年後，曾任中南地質調查所所長、地質部中南地質局副局長兼總工程師等。
1955 年調北京任地質部礦產司副司長兼總工程師、全國礦產儲量委員會副主
任兼總工程師等。1955 年當選中科院學部委員（下簡稱「學部委員」）。〔註61〕
田奇瑪是近代中國地質學人才中少有的土生土長、未曾留學而取得較大成就
者（曾有機會留德、留美都未能成行），在地質基礎理論研究和礦產研究兩方
面都有重大貢獻。

黃汲清（1904～1995），大地構造學家、地層古生物學家、石油地質學家，
創建多旋回構造運動學說，將多旋回說與板塊構造相結合，建立板塊多旋回開
合手風琴式運動模式，提倡陸相生油論，對石油天然氣地質的普查勘探作出了
傑出貢獻。四川仁壽人，1928 年畢業於北京大學地質系，入職地質調查所。

〔註59〕 楊鍾健：《楊鍾健回憶錄》，第 167～168 頁。
〔註60〕 尹贊勳：《往事漫憶》第 53～54 頁。
〔註61〕 中國科學技術協會編：《中國科學技術專家傳略‧理學編‧地學卷 1》，河北教
育出版社，1996 年，第 252～264 頁。

翌年與趙亞曾一同經西安翻秦嶺入四川,調查大西南地質。兩人在宜賓兵分兩路,當他到達敘永時,傳來趙亞曾在雲南昭通遇害噩耗,但仍孤身一人繼續南下,經雲南鎮雄入貴州,搜集資料,後陸續整理發表《秦嶺山及四川地質研究》(與趙亞曾合著)《中國南部二疊紀珊瑚化石》等,聲名鵲起。1932 年獲得首屆趙亞曾先生研究補助金。同年受中基會資助,留學瑞士,1935 年獲濃霞臺大學博士學位。1936 年回國,任地質調查所地質主任。翌年春代理所長,年底實任。1940 年辭所長,回任地質主任,專意研究,先後撰有《新疆油田地質調查報告》《中國主要地質構造單位》等。1948 年當選首屆中研院院士,年僅44 歲,是地質學科最年輕的當選者。1949 年後曾任西南地質調查所所長、西南地質局局長、地質部石油地質局總工程師、地質部地質科學院副院長等,1955 年當選學部委員,曾獲陳嘉庚地球科學獎、「何梁何利」科學技術成就獎等。〔註 62〕2002 年,中國地質學會創立「黃汲清青年地質科學技術獎」獎勵45 歲以下在「地質科學領域裏做出創造性的科學成就或在地質勘查及地質教育等工作中做出突出貢獻的地質工作者」。

尹贊勳(1902～1984),古生物學家、地層學家,《志留紀之中國》等成果奠定了中國志留紀地層學、地史學基礎。河北平鄉人,1919 年考入北京大學預科讀理科,升入正科後讀中文與哲學。1923 年自費留法,入里昂大學轉學地質,1931 年獲博士學位。回國入職地質調查所,從事野外地質調查和室內科研工作,成就突出。1937 年被翁文灝推薦就任江西省地質調查所所長,1940年回地質調查所,曾任副所長、代所長等,1942 年向翁文灝上「萬言書」辭去代所長回任副所長。此時,地質調查所「三任所長共聚一堂,李春昱為所長,我為副所長、黃汲清為地質主任同居一所」,但大家「密切合作,達七年之久」,他戲稱這段時間為「三任同堂」。〔註 63〕曾正式候選首屆中研院院士。1949 年後,曾任地質工作計劃指導委員會第一副主任、北京地質學院副院長兼教務長、中科院生物地學部副主任和地學部主任等,1955 年當選學部委員。尹贊勳涉獵頗廣,一生著有專著、論文、通俗讀物、會議報告等 150 餘篇,古生物方面包括古脊椎動物、古無脊椎動物、古植物和遺跡化石等,地質學方面除地層學外,也涉及沉積、岩石、礦產、構造、火山等,對水文和地貌等也曾

---

〔註 62〕中國科學技術協會編:《中國科學技術專家傳略・理學編・地學卷 1》,第 444
　　　～458 頁。
〔註 63〕尹贊勳:《往事漫憶》,第 45 頁。

進行過探討。他與黃汲清等一同整理丁文江遺著,也常常關心年輕一代,在地學界有「尹公」之稱。〔註64〕

　　丁文江紀念獎金五位獲得者,李四光、黃汲清、楊鍾健 3 人當選首屆中研院院士,全部當選 1955 年學部委員,其學術上的權威性不言而喻。從代際分布來說,如果以丁文江、翁文灝、李四光等出生於 1880 年代者為中國地質學第一代真正科學研究者(同屬一代的章鴻釗出生於 1870 年代,在科研成果上沒有多少作為),那麼出生於世紀之交的楊鍾健、田奇瓗、尹贊勳、黃汲清等是第二代的中堅和佼佼者。也就是說,除李四光外,丁文江獎金獎勵對象是中國地質學的第二代代表人物,與「上繼前賢開拓之業,下啟後進精研之門」完全契合。

## 三、青年科研獎:遇難者紀念獎金

　　作為地方性科學,地質學與數理化等普遍性科學不同,需要艱苦的野外工作,餐風露宿在所難免。更為重要的是,克服惡劣的自然環境之外,還面臨各種人世間的險惡。傑出的青年地質學家,被葛利普、丁文江、翁文灝、李四光等前輩極為賞識的趙亞曾 1929 年在野外地質考察中遇害,成為第一個為科學獻身的地質才俊,在中國地質學和中國近代科學發展史上留下一道深深的血痕。不想這樣的悲劇一再上演,1944 年許德佑、陳康與馬以思三人野外考察時一同被害,為近代中國學術發展增添了更為悲慟的色調。為了紀念他們的學行與罹難,並鼓勵年輕的地質科學工作者繼續前行,中國地質學會專門設立了紀念獎金。

### (一)趙亞曾先生研究補助金

　　趙亞曾(1898~1929),河北蠡縣人。1917 年考入北京大學預科理科,1919 年升入地質系,深受葛利普、李四光等影響,1923 年畢業,留校任地層古生物學助教,並兼任地質調查所調查員。不幾年就足履大半個中國,在區域地質、礦產地質、地層學、古生物學和大地構造等方面有所建樹。兩廣地質調查所籌設時,謝家榮曾邀請一同赴任,翁文灝以調查所經費困難,「未敢強留」,但葛利普以為其古生物學正在深造,須有「充分圖書設備及專家指導,方能大成」。趙亞曾決然留下,與葛利普、李四光「互相切磋,極有進步」。

---

〔註64〕中國科學技術協會編:《中國科學技術專家傳略‧理學編‧地學卷 1》,第 379 ～386 頁。

1928 年，升任地質調查所技師兼古生物學研究室主任，並因研究成績優異，獲得中基會一等科學研究獎金。翌年當選中國地質學會評議員（理事）和中國古生物學會首屆評議員。3 月與黃汲清從陝西越秦嶺入四川，在成都休整期間，用五天時間完成了一幅峨眉山地質圖和地層剖面圖，遠遠超越於在他成果基礎上花更長時間考察研究的中山大學地質系教授瑞士人韓墨（Arnold Heim，1882～1965），成為「中國地質界早期的巨大的、最突出的成就之一」〔註65〕。時丁文江應鐵道部委託調查川廣鐵路沿線地質，趙、黃兩人接受任務，決定分路入雲南、貴州，然後東向與丁文江會合。11 月 15 日，趙亞曾與助手入住雲南昭通縣閘心場客棧，晚上遭遇土匪搶劫，為保護資料被槍殺，年僅 31 歲。

趙亞曾在地質調查所六年，「調查則出必爭先，研究則晝夜不倦，其進步之快，一日千里，不特師長驚異，同輩歡服，即歐美日本專門學者亦莫不刮目相待，十分欽仰，見之科學評論及通信推崇者，歷歷有據」。不幸遇難後，地質調查所、中國地質學會、北京大學地質系聯合舉行追悼會。葛利普撰文悼念稱：「今趙君死矣，科學界頓失去一最誠懇最有望之同志，中國喪失其一未來之領導者，吾輩——其友若師——失去一益友而少他山之助，而尤以中國之損失為最大。」並說「Let the Nation mourn, for the loss is National」。〔註66〕五年後，丁文江發表悼念詩：「三十書成已等身，趙生才調更無倫。如何燕市千金骨，化作天南萬里塵。……京洛相逢百載期，相知每恨相交遲。論文廣舌萬人敵，積學虛心一字師。……遙想閘心場上路，春來花帶血痕殷！」〔註67〕翁文灝發表紀念文謂：

> 趙君以學問為重不惜犧牲性命以求之，而豈知趙君生命實在中國學術界有無上之價值，標本圖照之失可以補求，而趙君之死實為中國學術界不可補救之損失，……吾恨不能起趙君而語之，而使趙君至此者吾又何能辭其責，嗚呼哀哉！竊嘗私計吾國人士之治科學者殆莫不取徑外邦，故外人只見中國有學生，而不知中國之有專家，更不認中國之自能造成專家，若趙君者學問經驗既已不在多數外國

〔註65〕黃汲清：《傑出的青年地質學家趙亞曾先生》，載任繼舜主編《黃汲清中國地質科學史文選》，科學出版社，2014 年，第 165～166 頁。

〔註66〕Amadeus W. Grabau, Memorial of Yatseng T. Chao，《中國地質學會誌》第 8 卷第 3 期（1929），第 276～280 頁。

〔註67〕丁文江：《挽趙予仁》，《中國地質學會誌》第 13 卷第 4 期（1934），第 662 頁。

學者之下，此次歸來，閱歷更富成績更多，行當使其周遊外邦訪問
斯學先輩，使趙君學問於百尺竿頭更為精進，而且使外邦學者稍知
中國不但有多數學生，亦有少數成熟人才，且能自行造就頭等人才，
或足為吾民族稍稍吐氣。不圖中途慘死，此願終虛，愛之適以害之，
欲以成其學者反以戕其生，為學為友，抱憾何極，痛惜何極。異才
不世出而所以養成之者又至不易，趙君之死豈特一家一機構之損失，
實全國全民族之大損失也。嗚呼！外國學者探險南北極以及其他野
蠻之邦因而喪生者有之矣，今趙君乃行於川滇大道之間，有中央之
護照，有省政府之通令保護，而無知匪徒乃竟無所忌憚肆虐至此，
環境如斯，夫復何言！〔註68〕

作為師長的翁文灝發出如此痛徹與自責之言，可見趙亞曾死於非命對地質學
界及中國學術界影響之大且持久。

為紀念趙亞曾及對其遺屬的關懷，地質學界積極向社會募捐，作為家屬撫
恤金及遺孤教育基金。1930 年 1 月 20 日，中國地質學會評議會開會，李四光
提議將基金中大部由地質學會設立「紀念趙亞曾先生研究補助金」，小部分用
作撫恤與子女教育。會議通過了《中國地質學會紀念趙亞曾先生研究補助金章
程大綱》和補助金管理委員會和執行委員會名單，管理委員會由章鴻釗、丁文
江、翁文灝、王寵佑、李四光、朱家驊、王烈、葛利普、葉良輔、孫雲鑄等 10
人組成，執行委員為丁文江、朱家驊、李四光、翁文灝、金紹基、徐光熙等 6
人。「章程大綱」具體條文如下：

　　一、本會為紀念趙亞曾先生於民國十八年十一月十五日考察西
南地質在雲南殉難，並為鼓勵中國地質學者從事專門研究以貢獻於
地質學及古生物學之進步起見，募集基金以二萬元為額，無論是否
滿額，每年以所得利息為補助金，名為紀念趙亞曾先生補助金。

　　二、本基金及補助費以本會創立八年歷任會長副會長組織管理
委員會，再由管理委員會推舉執行委員三人至五人擔任基金保管及
補助費支配，每年向本會及關係團體報告並將報告刊入本會《會
誌》，委員會之內部組織及辦事規則由該委員會擬定送本會評議會
通過實行。第一任委員有出缺時，由其餘委員公選繼任之。

〔註68〕 翁文灝：《趙亞曾先生為學犧牲五年紀念》，《中國地質學會誌》第 13 卷第 4 期
　　　　（1934），第 659～662 頁。

為基金投資及管理帳目事務，執行委員會得另行推舉一人或兩人加入執行委員會。

三、承受本補助金者應具備下列條件：

（甲）已有地質學及古生物學專門研究之成績，足以證明其確有精研深造之能力者。

（乙）能因本補助金而更作實地考察及專門研究，於相當時間內可有一定成績足以發表者。

（丙）前項研究性質在最近五年內以能繼續及擴充趙亞曾先生生前之工作者為尤善，但五年以後得由委員會酌量決定補助任何地質學及古生物學工作。

四、領受本補助金者應守下列規則：

（甲）在領受本補助金期內不得兼任研究以外之職務，但原有研究職務或其他不妨礙研究工作之薪給仍照常收領。

（乙）不能以本補助金作為留學之費。

（丙）領受本補助金所作論文發表方法均由本人或原服務機關自定之，但應在出版品封面上及題目旁注明「紀念趙亞曾先生之研究」，並作一提要刊入本會會志。

五、本補助金之給予以每年一人為原則，但委員會認為必要時，亦可使一人連受三年或一年中分給二人。〔註69〕

可見，研究補助金的設立，紀念之外主要是「鼓勵中國地質學者從事專門研究以貢獻於地質學及古生物學之進步」，獎勵對象一是在研究上已有成績，並能「證明其確有精研深造之能力者」，重點是獲獎者的研究能力，自然是與趙亞曾一樣年輕有為的科研工作者；第二，能利用獎金繼續研究並有成果發表；第三，前五年獎勵與趙亞曾生前研究領域古生代地層及古生物學相同的學者，此後研究領域由委員會確定。另外，對獎金的用途也有專門規定，領受獎助金者只能從事專門科學研究，不能兼任其他職務；獎金只能用於研究，不能挪作留學等費用；研究成果發表時需要標明受獎助金資助字樣。後來，「章程」雖有多次修改，但上述內容並無變動。

到 1930 年 10 月 31 日，補助金基金共募集有 17221.63 元，翌年投資生

---

〔註69〕《中國地質學會紀念趙亞曾先生研究補助金章程大綱》（1930 年 1 月 20 日通過），《中國地質學會誌》第 9 卷第 4 期（1930），第 329～330 頁。

息，開始運行。「章程」並未規定補助金每年獎勵額度，1932 年 5 月 18 日，
經中國地質學會與委員會聯席會議決定，將第一屆補助金獎給地質調查所的
黃汲清，獎金 1200 元，此額度遂成為定制：

> 趙先生在滇遇害後，所有秦嶺四川地質工作均由黃先生參用遺
> 稿迅速編成，出版後如美國《地質學報》等均有評論，稱為重要貢
> 獻。而黃先生個人復對於中國中南部二疊紀地層及化石研究頗有重
> 要貢獻，已發表《二疊紀珊瑚》及《腕足類化石》專著二冊，在《古
> 生物誌》出版。又著有《中國南部二疊紀地層之研究》一書，印入
> 地質專報，尤為近時研究該紀地層者極重要之著，以趙亞曾先生第
> 一次紀念獎金贈給黃君，誠足以當之無愧也。〔註70〕

1933 年 7 月，丁文江、葛利普提議將第二屆補助金授予中研院地質所俞
建章，分處各方委員以通信方式均表「一致贊成」：

> 因俞先生對於石炭紀珊瑚化石研究甚為精審，此項化石大多數
> 由丁文江先生在貴州採集，為數既多，分層復精，參以湖南、湖北、
> 安徽、江蘇等省之所得，材料本極豐美，俞先生詳細研究，得與歐
> 洲各地如英國等有名地層一一比較，若合符節。且俞先生另於湖北
> 西部及安徽中部地質均有工作，於奧陶紀化石已有相當發表，均足
> 表現其學術成績。

對於前兩屆人選，《科學》曾有評說，雖委員會的方針是「務求每年」頒
發，「並不懸格太嚴」，「以宏獎勵」，但黃汲清、俞建章「實皆屬成績優異，洵
足以竟趙先生未竟之功，以發揚光大我中國學術之光榮者也」。〔註71〕

表 2-2 為趙亞曾獎金頒發簡況表。可見，1932～1949 年 18 年間，趙亞曾
獎金年年頒發，共有 22 人獲獎，除個人獲獎外，1934 年度田奇瑪、徐光熙，
1937 年度孫健初、王曰倫，1940 年度許德佑、王曉青，1941 年度卞美年、王
鈺為兩人分享，並無章程規定一人連受三年這樣的特例出現。除徐光熙主要因
管理趙亞曾基金與照看遺孤、王鈺因管理《地質論評》成績優良外，其他全是

---

〔註70〕《中國地質學會紀念趙亞曾先生研究補助金報告》，《科學》第 17 卷第 11 期
（1933），第 1858～1859 頁。

〔註71〕《中國地質學會紀念趙亞曾先生研究補助金報告》，《科學》第 17 卷第 11 期
（1933），第 1859 頁；Proceedings of the Tenth Annual Meeting of The
Geological Society of China，《中國地質學會誌》第 13 卷第 1 期（1934），第
10～11 頁。

因突出的科研成就獲獎。獲獎者從事研究領域看，完全遵從了「規則」規定，前五年都是地層學或古生物學，從第六年孫健初、王曰倫開始擴展到礦產勘查、區域地質、岩石學、構造地質、石油地質、第四紀地質等領域，幾乎涵蓋了當時中國地質學所有學科分支與門類。

### 表 2-2　趙亞曾獎金頒發簡況一覽表

| 年　　度 | 獲獎人 | 獲獎時任職單位 | 金　　額 | 獲獎理由 |
|---|---|---|---|---|
| 1932 | 黃汲清 | 地質調查所 | 1200 | 見上 |
| 1933 | 俞建章 | 中研院地質所 | 1200 | 見上 |
| 1934 | 田奇瑪 | 湖南地質調查所 | 600 | 對湖南省地質的詳盡研究和其古生物學研究尤其是對泥盆紀、石炭紀、二疊紀和三疊紀化石的研究。 |
| | 徐光熙 | 地質調查所 | 600 | 投入了大量時間管理基金會，並對趙亞曾先生長子教育盡心盡力。這一份獎金授予徐先生家人，紀念已故的徐先生長期以來對科學事業的付出。〔註 72〕 |
| 1935 | 計榮森 | 地質調查所 | 1200 | 地質調查所古生物部副主任，已著有不少古生物論文，關於中國威寧系之珊瑚及下石炭紀之 syringopora 化石，貢獻尤多。〔註 73〕 |
| 1936 | 許傑 | 中研院地質所 | 1200 | 中國南部筆石動物群的卓越研究成果。〔註 74〕 |
| 1937 | 孫健初 | 地質調查所 | 600 | 地質工作之貢獻 |
| | 王曰倫 | 地質調查所 | 600 | |
| 1938 | 喻德淵 | 中研院地質所 | 1200 | 不清〔註 75〕 |
| 1939 | 常隆慶 | 四川地質調查所 | 1200 | 不清〔註 76〕 |

〔註 72〕《中國地質學會誌》第 14 卷第 1 期（1935），第 7 頁。
〔註 73〕《其他消息》，《地質論評》第 1 卷第 1 期，第 96 頁；《中國地質學會誌》第 15 卷第 1 期（1936），第 5～6 頁。
〔註 74〕《中國地質學會誌》第 17 卷第 1 期（1937），第 IV 頁。
〔註 75〕《中國地質學會誌》第 20 卷第 1 期（1939 年），第 2 頁。
〔註 76〕《中國地質學會誌》第 20 卷第 1 期，第 2 頁。

| 1940 | 許德佑 | 地質調查所 | 600 | 近年對三疊紀地層的重要貢獻。 |
|---|---|---|---|---|
| | 王曉青 | 湖南地質調查所 | 600 | 供職湖南省地質調查所超過十年，對湖南地質和礦產資源調查研究的主要貢獻。〔註77〕 |
| 1941 | 卞美年 | 地質調查所 | 600 | 在雲南祿豐發現恐龍及其他化石。 |
| | 王鈺 | 地質調查所 | 600 | 兩年多管理《地質論評》出版事務，成績優良。〔註78〕 |
| 1942 | 南延宗 | 江西地質調查所 | 1200 | 過去在地質調查所和福建省建設廳擔任地質工作有年，對於中國金屬礦床之研究繼續不斷之努力，且有甚佳之成績。〔註79〕 |
| 1943 | 高振西 | 福建地質土壤研究所 | 2000 | 曾任北大地質系助教有年，諄諄教誨，對培植地質人才不遺餘力，後供職於地質調查所，在廣西省內調查金屬礦產甚有成績。嗣後閩所成立，奉命前去擔任籌劃地質調查事宜，頗具苦心。〔註80〕 |
| 1944 | 張文佑 | 中研院地質所 | 3000 | 廣西及鄰近省份的地質構造調查。〔註81〕 |
| 1945 | 岳希新 | 地質調查所 | 6000 | 不清。〔註82〕 |
| 1946 | 程裕淇 | 地質調查所 | 20萬元 | 在礦物岩石礦床方面之貢獻甚為欽佩。研究地質垂十餘年，足履十餘省，經驗豐富，治學勤慎，新近由美返國，百尺竿頭更進一步，前途不可限量。〔註83〕 |

〔註77〕《中國地質學會誌》第20卷第3～4期，第212頁。

〔註78〕《中國地質學會誌》第21卷第2～4期，第118頁；《本會第十七次年會記錄》，《地質論評》第6卷第3～4期（1941），第341頁。

〔註79〕《本會第十八次年會及二十週年紀念會紀事》，《地質論評》第7卷第4～5（1942），第219頁。

〔註80〕《本會第十九次年會記錄》，《地質論評》第8卷第1～6期，第219頁。

〔註81〕《本會理事會記錄》，《地質論評》第9卷第1～2期，第136頁；《中國地質學會誌》第24卷第1～2期（1944），第2頁。

〔註82〕岳希新獲獎信息1945年年會沒有提及，其名字與獲獎額度從1946年年會的財務委員會報告中獲得。《本會第二十二次年會記錄》，《地質論評》第11卷第5～6期（1946），第428頁。

〔註83〕《本會第二十二次年會記錄》，《地質論評》第11卷第5～6期（1946），第431頁。

| 1947 | 陳愷 | 中研院地質所 | 200萬元 | 過去對中國地層岩石、構造之研究均有貢獻，對於福建地質之瞭解，所成尤多，最近復對構造地質作更深一層之研究。〔註84〕 |
| 1948 | 葉連俊 | 地質調查所 | 金圓券80元 | 不清。〔註85〕 |
| 1949 | 孫殿卿 | 中研院地質所 | 30折實單位 | 不清。〔註86〕 |

　　從具體的評獎過程看，有些年度競爭非常激烈。1943年有李悅言、高振西、張文佑、熊永先、陳國達、曹世祿、吳景禎等9人被推薦，委員會投票結果，張文佑、高振西各得兩票，難分伯仲，只得由理事長朱家驊抽籤，獲獎人為高振西。〔註87〕次年，候選人還是眾多，「經該委員會書記黃汲清提出理事會決定，由在座諸理事及該委員會投票，結果張文佑得四票當選」。〔註88〕在已有記載的獲獎理由方面，也可以看出前輩們對後輩取得成就的欣喜，如南延宗「工作有年」，「繼續不斷之努力」，「且有甚佳之成績」；高振西在北京大學任教，「諄諄教誨，對培植地質人才不遺餘力」，任職地質調查所，「調查金屬礦產甚有成績」，在福建「籌劃地質調查事宜，頗具苦心」。更有前輩對後輩滿懷的期許，如程裕淇「新近由美返國，百尺竿頭更進一步，前途不可限量」等等。

　　獲獎時有11人供職於地質調查所，另有田奇瑪、常隆慶、南延宗、高振西、陳愷等有地質調查所工作經歷，可見22人中有16人與地質調查所有關；有6人供職於中研院地質所，另湖南地質調查所2人，四川地質調查所、江西地質調查所和福建土壤地質研究所各1人。可見，獲獎人就職單位雖然分布比較廣泛，但還是以當時兩大國立研究機構地質調查所和中研院地質所為中心，湖南省地質調查所也不錯，真實反映了當時中國地質研究與事業的分布情況。值得指出的是，居然無一人來自大學地質系科，似乎說明當時大學地質系科在青年科研人才的培養與人才吸引上有所欠缺。下為獲獎者大致簡歷。

〔註84〕《本會第二十三次年會記錄》，《地質論評》第13卷第1～2期（1948），第118頁。
〔註85〕《地質界消息》，《地質論評》第14卷1～3期（1949年），第85頁。
〔註86〕《中國地質學會會訊》第2卷第2期，第16頁。
〔註87〕《本會理事會記錄》，《地質論評》第8卷第1～6期，第212頁。
〔註88〕《本會理事會記錄》，《地質論評》第9卷第1～2期，第136頁。

1. 黃汲清（見前面）。

2. 俞建章（1899～1980）：安徽和縣人，1918 年考入北洋大學預科，1920 年轉入北京大學地質系，1924 年畢業，任教中州大學。1928 年入中研院地質所，1933 年晉升副研究員，赴英國布里斯托爾大學留學，1935 年獲博士學位。回國後曾任中研院地質所研究員、代所長，重慶大學地質系主任等。1949 年後曾任中科院地質所研究員、古生物所無脊椎組主任，東北（長春）地質學院地勘系主任、副院長等。古生物學家、地層學家，專長晚古生代地層及四射珊瑚化石研究，曾正式候選首屆中研院院士，1955 年當選學部委員。〔註89〕

3. 田奇瑪（見前面）。

4. 徐光熙（1899～1934）：浙江平湖人，1925 年畢業於北京大學地質系，入地質調查所，歷任練習生、調查員、陳列館主任、照相室主任等，兼任北京大學地質系講師。幫助他人完成論著，自己研究成果未能發表。因肺病去世後，丁文江曾為文讚揚他，以他為時代榜樣，「君為人誠篤和易，任勞而不言功」，「又能分公私，識大體」。趙亞曾長子「學費日用，皆取給於君之手」，「君視之如子，有過失呵責不稍寬假，蓋行事以忠，接人以誠，乃君之天性」。〔註90〕

5. 計榮森（1907～1942）：浙江慈谿人，1930 年畢業北京大學地質系，入地質調查所，1933 年任古生物研究室副主任，1940 年晉升技正，翌年兼任無脊椎古生物研究組主任。病逝後，翁文灝輓聯曰：「博物能文，專精地學，遠邇仰聲名，如此青年能有幾；英才不壽，遽歸道山，悽愴顧後輩，克承遺志屬何人。」

6. 許傑（1901～1989）：安徽廣德人，1925 年畢業於北京大學地質系，回安徽任教中學。1929 年入中研院地質所任助理研究員，

〔註89〕相關地質學家傳記主要來源於中國科學技術協會主持編撰的《中國科學技術專家傳略·理學編·地學卷》，孫鴻烈主編《20 世紀中國知名科學家學術成就概覽·地學卷》（出版有《地質學分冊》兩冊和《古生物分冊》），王恒禮、王子賢、李仲均主編《中國地質人名錄》（中國地質大學出版社，1989 年），程裕淇、陳夢熊主編《前地質調查所的歷史回顧：歷史評述與主要貢獻》等，一些沒有收入上述書目者儘量通過網路尋找，除個別例外，具體資料來源不一一注明。

〔註90〕丁文江：《徐君光熙行述》，《中國地質學會誌》第 13 卷第 4 期（1934），第 658 頁。

1937 年升副研究員，1943 年借調雲南大學任教授，1946 年回所任研究員。1949 年後曾任安徽大學校長、安徽省政府副主席、地質部副部長兼地質科學院院長、地質部科委主任等。中國筆石古生物學與生物地層學奠基人，1955 年當選學部委員。

7. 孫健初（1897～1952）：河南濮陽人，1926 年畢業於山西大學採礦系，留校任調查員。1929 年入地質調查所，1937 年與美國專家考察玉門石油，翌年發現玉門油田。1942～1944 年赴美考察，1946 年任甘肅油礦探勘處長。1950 年任石油管理總局探勘處處長、地質工作計劃指導委員會委員等。石油地質學家，中國石油地質奠基人。

8. 王曰倫（1903～1981）：山東泰安人，1927 年畢業於山西大學採礦系，留校任調查員。1929 年入地質調查所，歷任調查員、技士、技正兼西北分所所長。1950 年調地質工作計劃指導委員會勘探局工作，曾任地質部地質隊長、地質礦產研究所礦床室和前寒武紀室副主任、華北地質研究所所長等。前寒武紀地質學家、礦床學家，1980 年當選學部委員。

9. 喻德淵（1903～1971）：江西萍鄉人，1925 年入北京大學地質系，因參與政治活動未畢業，1928 年入中研院地質所，翌年回校讀書，畢業回所，1937 年晉升研究員，曾被借調資委會從事金礦探採工作。1945 年赴英美考察，返國回所任專任研究員。1949 年後曾任中科院地質所研究員、北滿地質礦產調查隊隊長，東北（長春）地質學院副院長、代院長、院長兼東北地質科學研究所所長、中科院吉林分院副院長等。區域地質學家、岩石學家和教育家。〔註91〕

10. 常隆慶（1905～1979）：四川江安人，1924 年入北京大學地質系，同班有黃汲清、李春昱、朱森等。因家貧 1926 年輟學，兩年後復學，同班有計榮森、潘鍾祥等。1930 年畢業，入地質調查所工作。1932 年赴重慶籌建中國西部科學院地質所併任主任，1938 年併入四川地質調查所，任技正。翌年任西昌行轅地質專員，1946 年任四川地質調查所所長。1949 年後任西南地質調查所副所長、

西南地質局工程師、重慶地質學校教務主任、成都地質學院教授兼古生物教研室主任等。土壤學、地層古生物學家，攀枝花釩鈦磁鐵礦發現者。

11. 許德佑（1908～1944）：江蘇丹陽人，1930年畢業於復旦大學政治系。翌年留法，入蒙伯里大學地質系，1935年獲碩士學位。同年回國，入地質調查所歷任技士、古生物研究室管理員、地質學會助理書記及《中國地質學會誌》編輯、技正兼古生物研究室無脊椎古生物組主任等。

12. 王曉青（1900～1990）：湖南湘鄉人，1925年畢業於北京大學地質系，回鄉任教中學。1928年入湖南省地質調查所，歷任技士、技正、主任。1949年後，曾任中南地質調查所長沙分所所長兼湖南大學教授、中南地質局副總工程師、地質部地質礦產（地質）研究所研究員等。區域地質學家、地質製圖學家，對湖南地質貢獻突出，被譽為「湖南通」。

13. 卞美年（1908～2002）：江蘇儀徵人，生於美國羅得島州，1931年畢業於燕京大學地質系，入地質調查所新生代研究室，參加周口店發掘工作。抗戰期間隨所內遷，從事地層地質學、古脊椎動物學、石油地質學的調查研究。戰後赴臺灣考察油田開發，1946年赴美進修，滯美未歸，後曾回臺任石油公司顧問十年。以古脊椎動物學研究起家，在區域地質學與地層學、石油地質學等領域成就頗豐。

14. 王鈺（1907～1984）：河北深澤人，1933年畢業於北京大學地質系，入農村復興委員會地下水研究室工作。1935年入地質調查所，歷任技士、技正。1944～1946年赴美訪學，返國回所。1949年後曾任中科院（南京地質）古生物所研究員、無脊椎動物研究室主任、第四研究室主任等。地層古生物學家，專長泥盆紀地層和腕足動物化石研究，1980年當選學部委員。

15. 南延宗（1907～1951）：浙江樂清人，1931年畢業於中央大學地質系，入地質調查所。1936年任福建礦產事務所技師，發現永泰明礬礦等。1938年受聘雲南塢錦公司，發現安寧鋁土礦。1940年任江西省地質調查所技正，1943年任職資委會錫業管理處，發現廣西鈾礦。翌年轉入礦產測勘處任工程師兼重慶大學教授。1945年赴美深造途中

受傷歸國，回礦產勘測處。1948 年回鄉，任教中學。1950 年任浙江地質調查所工程師，發現青田鉬礦等。礦床學家，鈾礦開拓者之一。

16. 高振西（1907～1991）：河南滎陽人，1931 年畢業於北京大學地質系，留校任教。1937 年入地質調查所，歷任調查員、技士、技正，1940～1944 年借調福建地質土壤調查所任技正兼地質課長，1943～1949 年兼任中研院地質所研究員。1949 年後任地質博物館館長、總工程師、名譽館長等。地質學家、地質教育家、地質博物館學家，中國地質博物館事業的主要創建人，1980 年當選學部委員。

17. 張文佑（1909～1985）：河北唐山人，1934 年畢業於北京大學地質系，入職中研院地質所，歷任副研究員、研究員。1945～1947 年赴英國和美國訪學與考察，1948 年兼任中央大學地質系教授。1951 年調中科院，歷任地質所副所長、所長、名譽所長等。地質學家、大地構造學家，創立了具有重大影響的「斷塊構造學說」，1955 年當選學部委員。

18. 岳希新（1911～1994）：吉林省吉林人，1931 年考入北京大學物理系，1933 年轉地質系，1937 年畢業，入地質調查所，歷任練習生、技佐、技士、技正。1949 年後曾任地質工作計劃指導委員會礦產測勘總局燃料組副組長，地質部礦產司副總工程師、總工程師。從事古生物地層及石油、天然氣、煤鐵等礦產地質調查研究，1980 年當選學部委員。

19. 程裕淇（1912～2002）：浙江嘉善人，1933 年畢業於清華大學地學系，任職地質調查所。1935 年留英，1938 年獲利物浦大學博士學位，旋返國回所任技正，1944～1946 年赴美考察。1949 年後曾任中科院地質所副所長，地質部礦產司副司長、技術司總工程師，地質礦產（地質）研究所副所長、所長，地質科學院副院長、副部長等。變質岩石學家、礦床學家、前寒武紀地質學家、地質科學史和地質科技管理專家，1955 年當選學部委員

20. 陳愷（1908～？）：字名壽，廣東揭陽人，1932 年畢業於北京大學地質系，入地質調查所工作。抗戰期間返回原籍，1944 年入中研院地質所任研究員，從事地質構造研究。1949 年流落海外，不知所蹤。

21. 葉連俊（1913～2007）：山東日照人，1937 年畢業於北京大學地質系，入職地質調查所，歷任技佐、技士、技正。1945 年赴美考察，1947 年回所，翌年籌建第一個水文工程地質研究室。1949 年後長期任職中科院地質所，曾任沉積學研究室主任。中國沉積地質學和沉積礦床學奠基人之一，1980 年當選學部委員。

22. 孫殿卿（1910～2007）：黑龍江哈爾濱人，1935 年畢業於北京大學，曾在山東地質探驗所、湖南煤礦局工作，1938 年入中研院地質所。1949 年後歷任中科院地質所副研究員，地質科學院地質力學所副所長、所長、副院長等。長期擔任李四光助手，從事地質力學和第四紀冰川研究，中國第四紀冰川學奠基人之一，1980 年當選學部委員。

具體分析 22 位獲獎人獲獎時工作年限（主要以大學畢業為起始時間，也有以具體從事地質工作為起始時間，如喻德淵 1928 年入中研院地質所工作時北京大學還未畢業），黃汲清工作時間最短，僅有 4 年，正如獲獎理由所說，不僅與他整理趙亞曾遺著引起學界關注有關，更是因為他自己幾年間取得了重大科研成果；計榮森、許德佑兩位獲獎時僅工作 5 年，表明他們在短短幾年間就取得了重大成就，更顯示出他們英年早逝是中國地質學界的巨大損失。一般獲獎工作時間在 10 年左右，15 人工作年限在 9～11 年之間。最長的是程裕淇、孫殿卿和陳愷，分別為 13、14 和 15 年，當然並不表明他們在科研上成就不如其他人，除陳愷流落海外，程裕淇在 22 人中成就極為特出，1955 年年僅 43 歲當選學部委員，孫殿卿也當選 1980 年學部委員。獲獎時有些人已經獲得研究員或技正的高級職稱，如喻德淵獲獎前一年晉升研究員，常隆慶也在前一年就任四川地質調查所技正，南延宗前兩年任江西地質調查所技正，高振西已兼任中研院研究員，張文佑前兩年晉升研究員，程裕淇早是技正，陳愷早幾年已是研究員。當然也有人獲獎時是技師或副研究員。因此，無論是從獲獎時工作年限還是所取得的職稱都可以看出，趙亞曾獎金是對已經成長為中國地質學界年輕骨幹科學家的獎勵。

從獲獎時年齡來看，在 28～40 歲之間，低於 30 歲的僅黃汲清和計榮森兩人都僅 28 歲，再次說明他們年輕有為。32 歲一人許德佑，與他工作年限有關；33 歲一人卞美年，34 歲俞建章、王曰倫、常隆慶、王鈺、岳希新、程裕淇 6 人，35 歲田奇瑪、徐光熙、許傑、喻德淵、南延宗、張文佑、葉連俊 7 人，

36 歲高振西，39 歲陳愷、孫殿卿，40 歲孫健初、王曉青。34～35 歲有 13 人之多，與工作年限 9～11 年有 15 人正相關。29～31 歲、37～38 歲兩個年齡段居然沒有獲獎者，與一般分布規律有差異，原因有待探析。具體分析，39 歲的陳愷和孫殿卿獲獎時在中研院地質所工作，40 歲的孫健初畢業於山西大學，王曉青工作於湖南省地質調查所。獲獎年齡與工作單位、畢業學校是否有關係需要進一步分析。

22 人中有 16 人北京大學地質系畢業，另有孫健初、王曰倫畢業於山西大學採礦系，許德佑畢業於復旦大學政治系，卞美年畢業於燕京大學地質系，南延宗中央大學地質系畢業，程裕淇清華大學地學系畢業，可見北京大學地質系在中國地質高等教育中的霸主地位，有悠久歷史地位的中央大學地質系與後起的清華大學地學系根本不能同日而語。1937 年獎勵孫健初與王曰倫，他們同一年進入地質調查所工作，這是第一次將趙亞曾獎金頒發給北大地質系之外的畢業生，對他們的獎勵理由是籠統的「地質工作之貢獻」。山西大學採礦系因他們兩人也在中國地質學發展史上留下了痕跡，可惜沒有後繼者。

從出生時間看，獲獎者從 1897 年出生的孫健初到 1913 年出生的葉連俊，相差 16 年，可以分為兩代人。這也可從他們大學畢業時間看出，從 1923 年畢業於北京大學的田奇瑪到 1937 年同校畢業的葉連俊，時間相差 14 年，這期間高等地質教育已經發生了質的變化，地質學已經可以自行培養研究生了。22 人中除抗戰中後期或戰後被派赴英美考察與訪學的孫健初、喻德淵、卞美年、王鈺、張文佑等人，真正留學國外獲得學位的僅有黃汲清（博士）、俞建章（博士）、許德佑（碩士）、程裕淇（博士）4 人，充分證明從 1920 年代中後期開始，中國就能獨立培養自己的專業地質人才，地質學的本土化也在此間完成。

英年早逝的徐光熙、計榮森、孫健初、許德佑、南延宗與流落海外的卞美年、陳愷共 7 人，或不能進入首屆中研院院士或不能參與中科院學部委員的評選序列，剩下的 15 人中，黃汲清當選首屆中研院院士；黃汲清、俞建章、田奇瑪、許傑、張文佑、程裕淇 6 人當選 1955 年學部委員；王曰倫、王鈺、高振西、岳希新、葉連俊、孫殿卿 6 人當選 1980 年學部委員。15 人中有 12 人當選學部委員，達到八成，成長比例之高，說明「馬太效應」也在這個群體存在。也就是說，趙亞曾獎金的獲得對促進他們在未來科學研究中取得更重大進步是一個巨大的促進作用。從代際分布來說，章鴻釗、丁文江、翁文灝、李四光乃至王烈屬於中國地質學的第一代，他們在國外接受高等地質教育，回國通

過創辦地質研究所培養第二代葉良輔、謝家榮、王竹泉、周贊衡、李學清、譚錫疇等，通過在北京大學地質系等系科培養了楊鍾健、田奇瑪、俞建章、許傑、喻德淵、王鈺、南延宗、高振西、張文佑、程裕淇等。這些獲獎者除成就突出的黃汲清躋身於李四光、翁文灝、楊鍾健、謝家榮等當選為首屆中研院院士，基本屬於中國地質學的第二和第三代代表人物，分別當選 1955 年和 1980 年學部委員。

另外值得注意的是，他們獲獎時已是當時中國地質學界年輕一代的佼佼者，未來取得重大科研成就可以預期，22 人除徐光熙、陳愷外，都入傳中國科協主持的《中國科學技術專家傳略‧理學編‧地學卷》。徐光熙 1934 年去世時才 35 歲，陳愷 1949 年後流落海外，不知所蹤，自然無法立傳。也有程裕淇、高振西、黃汲清、孫殿卿、孫健初、田奇瑪、王鈺、王曰倫、許傑、葉連俊、俞建章、喻德淵、岳希新、張文佑等 14 人入傳中國科學院主持的《中國現代科學家傳記》，超過六成，這是一套標準相對較高的傳記叢書。〔註92〕

## （二）許德佑先生、陳康先生、馬以思女士紀念獎金

1944 年 4 月 1～3 日，中國地質學會第 20 次年會在貴陽舉行，貴州省主席、年會名譽會長吳鼎昌致辭，希望地質學家們對貴州地質「作一有系統之研究，俾資開發以利國利民」。〔註93〕不想，參見完年會立即開始在貴州西部進行地質調查的地質調查所技正兼古生物研究室無脊椎古生物組主任許德佑、技佐陳康、練習員馬以思，於 4 月 24 日行至普安縣晴隆黃廠，遭遇匪徒被害，成為當時中國學術界的「大喪」，「國家的大不幸」：「三人均為學術犧牲，各界人士聞悉噩耗，莫不痛惜」。學界譴責政府說，許德佑三人曾要求普安縣興中鄉派兵保護，該鄉長「對沿途匪風甚熾，諱莫如深，反聲言沿途平靖，伊可負完全責任，故不派人」。對於普安縣政府 4 月 20 日「飭令保護之公令，亦置若罔聞」，匪徒中 4 人，是保長葉永昌鄰居，肇事後當地保甲上午得到消息，並不積極營

---

〔註92〕據其《前言》說，入傳科學家，「儘量堅持『科學成就第一』的原則」，「要選擇那些或是在科學上有較大突破，或是在技術上有較大創新，或是在科學技術教育事業上有較大功績，或是對某一科學技術領域的發展有較大推進的科學家和工程師」，也考慮在臺、港、澳、僑居國外和對中國現代科學技術發展有較大影響的外籍華裔科學家。叢書自 1991 年開始出版，到 1994 年共出版 6 集，共收入科學家 678 名，其中地學（包括氣象、古人類學等）共 123 人。

〔註93〕《本會第二十次年會記錄》，《地質論評》第 9 卷第 3～4 期（1944），第 242 頁。

救，致使被匪徒捆綁的陳康、馬以思下午被害。因此認為三人被害，是官匪一家的結果。〔註94〕這實在是給吳鼎昌及吳鼎昌代表的貴州省政府響亮的巴掌。

　　許德佑留法期間曾加入法國地質學會，在巴黎大學古生物研究室實習。1935 年入地質調查所時曾兼北平研究院地質研究所助理研究員。1938 年輾轉到昆明，加入地質調查所昆明辦事處。次年到重慶北碚，任地質調查所古生物研究室管理員。1940 年獲趙亞曾紀念獎，1941 年兼任復旦大學史地系教授，1944 年 3 月以《貴州之三疊紀地層》獲中研院第四屆丁文江先生紀念獎金。可見，棄文從理的許德佑入職地質調查所不到十年，已經成長為地學界中堅人物，卻不意命喪歹人。〔註95〕廣東番禺人陳康（1916～1944），幼居香港，1936 年畢業於勷勤大學附屬高中，曾任小學老師。翌年入勷勤大學理學院博物學系，1941 年畢業，入兩廣地質調查所。大學畢業論文極受楊鍾健賞識，與黃汲清、李承三聯名推薦，1942 年 9 月入地質調查所，得許德佑指導，「對於古生物學特具興趣，遂自願以佐許先生研究三疊紀為專志」。〔註96〕年僅 28 歲就命喪匪徒。原籍四川成都的馬以思（1919～1944），生於黑龍江，九一八事變後內遷，先後就讀濟南市立中學和上海同濟高中。抗戰爆發後，奉母回川。1939 年春畢業於合川國立第二中學，以成績優異保送中央大學地質系，「學業優良為全班之冠」，先後獲得上海銀行獎學金及林主席獎學金。1943 年畢業，以優等考入地質調查所任練習員，隨尹贊勳、許德佑等研究古生物學。被害時，年僅 25 歲，「初出校門，兼通中、英、德、法、俄、日六國文字，經歷學校考第一名者計二十八次，世所罕見，刻苦精慎，生來學人風度，無限前途，慘遭斷送矣！」〔註97〕

　　三人噩耗傳來，地質調查所同人都不敢相信。5 月 8 日，所長李春昱宣布最後消息時，「泣不成聲」，「全所同人潸然淚下」，與許德佑等交往頗深的幾個人，更是「顧不得是禮堂周會，放聲慟哭」。〔註98〕為了紀念三人為學術犧牲，

〔註94〕《許德佑陳康馬以思三先生遇難記》，《地質論評》第 9 卷第 3～4 期（1944），第 260～262 頁。

〔註95〕王鈺輯：《許德佑先生年譜及其著作目錄》，《地質論評》第 9 卷第 5～6 期（1944），第 291～303 頁。

〔註96〕李星學：《陳康先生傳》，《地質論評》第 9 卷第 5～6 期（1944），第 305～310 頁。

〔註97〕《馬以思女士事略》，《地質論評》第 9 卷第 5～6 期（1944），第 311 頁。

〔註98〕尹贊勳：《哀許德佑陳康馬以思三先生》，原載《時事新報》1944 年 6 月 11 日第 3 版，收入《往事漫憶》第 148～152 頁。

中國地質學會決定募款設立許德佑陳康先生馬以思女士紀念獎金，當年 9 月收到基金 10 萬元。1945 年 3 月 10 日，理事會通過了獎金規則。〔註99〕據稱第二條規定，許德佑獎金受獎人資格為「持續研究地質學歷五年以上」，「有相當重要貢獻」。第三條規定，陳康獎金候選人「年齡應在三十歲以下，至少應提交論文一篇，此項論文確實證明受獎人對地質學深具興趣，並確有研究能力」；馬以思獎金受獎人資格相同，應優先考慮女性地質工作者。〔註100〕可見，許德佑獎金與趙亞曾獎金一樣，獎勵有成就的骨幹青年科學家，陳康、馬以思獎金同一層次，主要獎勵展現出研究能力且具有潛能的青年地質科研工作者。

三項獎金 1945 年開始頒發，許德佑獎金授予趙金科一萬元，陳康獎金授給李星學、楊慶如兩人共一萬元，侯佑堂、池際尚兩人得馬以思獎金共一萬元。〔註101〕第二次許德佑獎授予米泰恒，獎勵他「對於新生代地層古生物之工作」，陳康獎授予顧知微，獎勵他「銅街子三疊紀地層論文及其對於古生物學之興趣」，馬以思獎授予郝詒純，郝時任北京大學助教，著有《雲南宜良之地形與地質》與《雲南志留紀之腕足類》。〔註102〕因中國地質學會強調獲獎儀式的隆重性，第二屆頒獎時也指出了獲獎者的獲獎理由。

1947 年頒獎，第三次許德佑獎金授予趙家驤，因他「曾對四川三疊紀地層有充分之綜合研究，現在對於經濟地質，特別是非金屬礦產之研究很有成就，新近有磷礦之發現」；陳康獎金獎給諶義睿，因他「對於地質工作之努力與興趣」；馬以思獎授予秦鼐，因其「對於工作之努力及貢獻」。〔註103〕趙家驤獲獎原因實在而具體，諶義睿、秦鼐的獲獎理由屬於定性論斷，太籠統，可謂「大而化之」。1948 年第四次頒獎，許德佑獎授予顧知微，陳康獎授予穆恩之，馬以思獎授予劉東生。〔註104〕與當年葛氏獎章等獎勵完全一樣，獲獎理

〔註99〕 《本會理事會記錄》，《地質論評》第 10 卷 1～2 期（1945），第 75 頁。獎金章程全文《地質論評》沒有刊載，具體條文不得而知。

〔註100〕 王仰之：《中國地質學簡史》，中國科學技術出版社，1994 年，第 187 頁。

〔註101〕 《本會第二十二次年會記錄》，《地質論評》第 11 卷第 5～6 期（1946），第 429 頁。獲獎人遴選過程與獲獎理由不得而知。

〔註102〕 《本會第二十二次年會記錄》，《地質論評》第 11 卷第 5～6 期（1946），第 431～432 頁。

〔註103〕 《本會第二十三次年會記錄》，《地質論評》第 13 卷第 1～2 期（1948），第 118 頁。

〔註104〕 《本會第二十四次年會記錄》，《地質論評》第 14 卷 1～3 期（1949 年），第 85 頁。

由不得而知。〔註105〕1949 年最後一次，許德佑獎授予黃懿，陳康獎授給李文達，馬以思獎贈予楊乂。〔註106〕

　　許德佑、陳康、馬以思獎金 1944 年設立，與趙亞曾獎金一樣年年頒發，並不因戰爭等因素而停止，這是相較於葛氏獎章、丁文江獎金不一樣的地方。許德佑獎金獲得者簡況如下：

　　1. 趙金科（1906～1987）：河北曲陽人，1932 年畢業於北京大學，留校任教。1937 年赴美國哥倫比亞大學深造，1939 年回國任職中研院地質所，1942 年晉升研究員。1949 年後歷任中科院（南京地質）古生物研究所副所長、所長、名譽所長。古生物學家、地層學家，廣西地質和頭足類古生物學奠基人，1980 年當選學部委員。

　　2. 米泰恒（1916～1953）：山東泰安人，1940 年畢業於西南聯大，入職地質調查所，先後與楊鍾健、卞美年、岳希新在西北從事地質調查，曾任西北地質調查所所長。1953 年野外考察時去世。古生物學家、地質學家。

　　3. 趙家驤（1915～1964）：浙江紹興人，1937 年畢業於北京大學，先後任職地質調查所、西南經濟研究所、四川省地質調查所。1945 年赴美考察研究，翌年回國任職礦產測勘處。1952 年起任職地礦部，曾任金屬處長、地礦司副總工程師等。金屬礦床學家、地質學家。

　　4. 顧知微（1918～2011）：江蘇崑山人，1942 年畢業於西南聯大，入職雲南地質調查所，1944 年考入地質調查所。1949 年後任職中科院（南京地質）古生物研究所，1950～1955 年借調華北地質局從事煤田地質調查。地質古生物學家、中國非海相侏羅紀和白堊紀地層及雙殼類研究奠基者，1980 年當選學部委員。

　　5. 黃懿（1912～1979）：湖南長沙人，1937 年畢業於中央大學，入職地質調查所，先後任調查員、技士、技正。1949 年後任職湖北大冶鐵礦、東北地質局、地質部資料局、江西新喻鐵礦、地質部華東地礦所等。礦床學家、地質學家。

〔註105〕據載顧知微獲獎原因是「對銅街子組化石和地層研究取得重要進展」。參見《顧知微文集》編輯組編《顧知微文集》，中國科技大學出版社，2010 年，第 460 頁。
〔註106〕《中國地質學會會訊》第 2 卷第 2 期（1951），第 17 頁。

　　5 位獲獎者獲獎時米泰恒和顧知微工作時間最短僅有 6 年，趙金科最長達 13 年，已經是中研院地質所研究員，趙家驤工作 10 年，黃懿工作 12 年，都滿足了連續工作 5 年以上的要求。無論獲獎時工作時間長短，他們都取得了相當重要的科研成就，顧知微 1944 年進入地質調查所後，主要從事三疊紀銅街子組化石研究，發表論文相關論文 5 篇，另有報告多篇。〔註107〕年齡最小的米泰恒與顧知微僅 30 歲，最大的趙金科 39 歲。5 人中米泰恒 37 歲、趙家驤 49 歲去世，屬於英年早逝，但他們去世之前已經取得了相當的科研成就，為中國地質礦產事業作出了重要貢獻，趙金科、顧知微兩人當選 1980 年學部委員。米泰恒、顧知微畢業於西南聯大，趙金科、趙家驤畢業於北京大學地質系，黃懿畢業於中央大學地質系。獲獎時工作單位地質調查所米泰恒、顧知微、黃懿，中研院地質所趙金科，礦產測勘處趙家驤，都屬於當時集中地質人才最多的三大國立科研機構，地方地質機構無人獲獎。從研究領域來看，趙金科、米泰恒、顧知微是許德佑的研究專長古生物學，特別是顧知微、趙金科成為未來中國古生物學研究的領軍人物；趙家驤與黃懿主要以地質礦產研究為特色，說明因實際生產的需要，中國地質學界也開始著力於獎勵實用地質學研究。5 人中僅趙金科有國外學習、趙家驤有國外考察經歷，可以看出中國地質學的自主性越來越強。

　　陳康獎金獲得者簡況如下：

　　　　1. 李星學（1917～2010）：湖南郴縣人，1942 年畢業於重慶大學，入職地質調查所任練習員、技佐、技士。1949 年後一直在中科院（南京地質）古生物研究所工作，曾任古植物研究室主任、學術委員會主任等。地質學家、古植物學家，中國古植物學和陸相地層學奠基人之一，1980 年當選學部委員。

　　　　2. 楊慶如（1917～？）：江蘇宜興人，1942 年畢業於中央大學，入礦產測勘處任工務員。1944 年任重慶大學助教，1946 年回礦產測勘處。1949 年任福建地質土壤調查所技正。此後歷任銅官山銅礦、中南地質局地質工程師，江西省地質局、湖北省地質局副總工程師等。主要從事礦產勘探與地質技術管理。

　　　　3. 顧知微（見上）

　　　　4. 諶義睿（1920～1990）：湖南湘鄉人，1943 年畢業於中央大

---

〔註107〕　《顧知微文集》編輯組編：《顧知微文集》，第 459～460 頁。

學，入職地質調查所。1952 年調地質部下屬地質隊，後轉地方，曾任青海、西藏、陝西地質局技術負責人，再調西北地質科學研究所。長期從事礦產勘探及岩石、礦床學研究與實際工作。

5. 穆恩之（1917～1987）：江蘇豐縣人，1943 年畢業於西南聯大，任職資委會汞業管理處，1945 年入地質調查所，歷任技佐、技士。後任中科院（南京地質）古生物研究所副研究員、研究員、副所長、學術委員會主任等。地質學家、地層古生物學家，全面推進中國筆石學和筆石地層學研究，1980 年當選學部委員。

6. 李文達（1920～1997）：浙江建德人，1945 年西南聯大畢業，考入北京大學地質系攻讀研究生，1947 年留校任教。1952 年調北京地質學院，曾任勘探教研室主任。1963 年調華東地質研究所，曾任所長。礦床學家，首次系統研究了硫化物礦床鐵帽氧化帶和紅土化作用的成礦機理。

六位獲獎者大學畢業於 1942～1945 年間，獲獎時李星學、楊慶如工作三年，顧知微、諶義睿和李文達工作四年，年齡都低於 30 歲；穆恩之從事地質工作五年，已達 31 歲，突破了年齡規定。相比許德佑獎金，陳康獎金主要是獎勵剛剛在地質科研工作中嶄露頭角的年輕人，鼓勵他們繼續前行。顧知微 1946 年獲得陳康獎金，兩年後就獲得許德佑獎金，可見他當時已在年輕地質科學工作者中脫穎而出，未來取得重大科研成就可以期待。六位獲獎者有李星學、顧知微、穆恩三人 1980 年當選學部委員，而且都在中科院古生物研究所（後改名南京地質古生物研究所）工作，為中國古生物學的發展可謂功勳卓著。六人中三人畢業於西南聯大，兩人畢業於中央大學，一人畢業於重慶大學，相比許德佑獎金畢業學校的集中，陳康獎金似乎更有普遍性。六人無一人有海外經歷，再次驗證了中國地質學的本土化成效。

馬以思獎金獲得者簡況如下：

1. 侯佑堂（1919～2010）：河北高陽人，1944 年畢業於重慶大學，入職四川地質調查所。1946 年任教金陵女子文理學院，翌年入中研院地質所任圖書管理員。1951 年後一直在中科院（南京地質）古生物研究所工作，曾任研究室副主任、主任、學術委員等。地質學家、古生物學家，介形類古生物學及生物地層學奠基人。

2. 池際尚（1917～1994）：湖北安陸人，1936 年考入清華大學

物理系，後改學地質，1941 年畢業，留校任教。1946 年留美，1949年獲布侖茂大學博士學位。1950 年回國，任清華大學副教授，院系調整到北京地質學院，隨遷武漢，曾任地質系主任、副院長等。岩石學家，1980 年當選學部委員。

3. 郝詒純（1920～2001）：湖北咸寧人，1936 年加入中共，1938年考入西南聯大歷史系，後改學地質，1943 年畢業，入職雲南地質調查所，考取清華大學研究生。1946 年任教北京大學，後院系調整到北京地質學院，曾任研究室副主任、主任。地層古生物學家，對有孔蟲類和介形蟲類化石及其生物地層貢獻卓越，1980 年當選學部委員。

4. 秦鼐（1921～？）：河南輝縣人，1943 年畢業於中央大學，任職地質調查所，歷任練習員、技佐、技士，此後曾從事煤鐵錳礦等普查勘探工作。1959 年任黑龍江省地質局副總工程師，1962 年任地質部東北地質科學研究所副所長、瀋陽地質礦產研究所所長等。主要從事礦產勘查工作。

5. 劉東生（1917～2008）：遼寧遼陽人，1942 年畢業於西南聯大，因病未從事地質工作。1946 年入地質調查所。1953 年調中科院地質所，1964 年調中科院貴陽地球化學所，1979 年回地質所，曾任國際第四紀研究聯合會副主席等。地質學家、古生物學家、第四紀地質學家，中國黃土研究奠基人，青藏高原科考主持人，1980 年當選學部委員，2003 年獲國家最高科學技術獎。

6. 楊乂（1920～？）：河北安新人，1940 年考入西南聯大物理系，後轉學地質，1945 年畢業。被譽為中國第一個女石油勘察隊員，1953 年任北京石油學院地質系副主任。

除生平不翔實的楊乂外，其他五位馬以思獎金獲得者都在中國地質事業上作出了巨大貢獻，池際尚、郝詒純、劉東生三人當選學部委員，劉東生還獲得 2003 年度國家最高科學技術獎，成為迄今唯一的地質學獲獎代表。正如「規則」所規定，馬以思獎金與陳康獎金幾乎一樣，不是「授予在校學習，成績突出的地質專業學生」〔註 108〕，而是跨出校門剛剛在地質學事業起步的佼

〔註108〕這是程裕淇、陳夢熊主編《前地質調查所（1916～1950）的歷史回顧·歷史評述與主要貢獻》第 304 頁的說法。

佼者。侯佑堂畢業僅一年就獲獎，其他人池際尚四年、郝詒純三年，秦鼐四年，劉東生六年，楊又四年。劉東生大學畢業後並沒有立即投入地質工作，直到1946 年才獻身地質，真正也僅兩年。前三屆和最後一屆共四位獲獎者是女性，其中兩人當選學部委員，可見「巾幗不讓鬚眉」。與陳康獎金獲得者一樣，六人中西南聯大四位，重慶大學和中央大學各一人。

　　作為遇難者紀念的趙亞曾、許德佑、陳康、馬以思獎金，分為獎勵成就卓著的青年骨幹與剛在地質學領域起步就一鳴驚人的青年才俊兩個層次，以與被紀念者去世前所取得的學術成就及在學術領域的地位相匹配。青年骨幹獲獎者有 27 人，青年才俊獲獎者有 12 人，剔除重複獲獎的顧知微共有 38 人獲獎，這在當時為數不是很多的地質隊伍中是一個非常重要和特殊的群體。中國地質學會設立遇難者紀念獎金，不僅紀念了為中國地質事業獻身的先輩，也由此極大地推進了中國地質學後來的發展。38 位獲獎者中，黃汲清、俞建章、田奇瑪、許傑、張文佑、程裕淇等 6 人當選 1955 年學部委員，王曰倫、王鈺、高振西、岳希新、葉連俊、孫殿卿、趙金科、顧知微、李星學、穆恩之、池際尚、郝詒純、劉東生等 13 人當選 1980 年學部委員，共有 19 人當選學部委員，當選比例高達 50%。

## 四、優秀學生獎：學生獎學金

　　自京師大學堂 1909 年率先設立地質門以來（1913 年停辦，1917 年恢復），中國高等地質教育逐步發展，先後有清華大學地質系（1929 年創辦，始稱地理系，1932 年擴充為地學系，後與北京大學地質系合併為西南聯大地質地理氣象系）、中央大學地質系（前身為 1921 年成立的東南大學地學系）、中山大學地質系（1927 年）、重慶大學地質系（1936 年）和西北大學地質地理系（1937 年）等，在對日作戰的艱難困苦環境下，呈現出蓬勃發展的態勢。

　　1940 年 7 月 11 日，時任國民政府經濟部部長、資源委員會主任的翁文灝，鑒於地質科學在「國內各大學中近年頗為發達，為獎勵高年級學生努力研究提高興趣起見」，向中國地質學會理事會建議，「募集基金，設立學生研究獎金」。理事長尹贊勳函商各理事，「俱獲贊同」，8 月 20 日向與地質有關機構團體及個人發出募捐啟示，「一矣積有成數，即可由理事會決定獎金執行辦法」。〔註109〕10 月，理事會通過《中國地質學會學生獎學金章程》，全文如下：

---

〔註109〕《本會將設學生研究獎金》，《地質論評》第 5 卷第 4 期（1940），第 365 頁。

第一條　中國地質學會為獎勵地質學生努力研究工作，提高興趣要求精進起見，設學生獎學金。

第二條　學生獎學金分甲乙二種，甲種每人二百元，乙種每人一百元。每種每年應給名額由本會理事會議定之。

第三條　各大學地質學系第四年級學生均得將調查報告或研究論文於每年七月間寄交本會理事會收。寄送此項報告或論文時並可附具教授之介紹函，函內盼能說明學生獨立工作之程度。

第四條　本會理事會接到報告或論文後，應就專門學科之性質指定審查委員三人至五人，組織審查委員會審查之。審查委員由理事會每年推舉，無連任之必要。

第五條　獎學金及格人名報告或論文提要均在本會《地質論評》內發表。

第六條　本章程自理事會通過之日施行。〔註110〕

學生獎學金的設立，主要是為了鼓勵大學地質系四年級學生從事地質學事業，提高他們的研究興趣與研究能力，獎金分為甲、乙兩個層次，獎金分別為 200 元與 100 元，每年具體多少人獲獎，由理事會決定。要求學生在寄送申請獎金作品（論文或調查報告）時附送教授的推薦意見，與前述各種獎章、獎金完全實行推薦制不一樣，該獎金為自行申請與推薦相結合。地質學也有古生物學、地層學、岩石學、礦床學、構造學乃至礦產勘查等分支學科，雖然當時因處於發展初期不少人研究領域跨多個學科，但畢竟不同的研究者擅長的領域不同。理事會收到作品後會根據專業的相關性推薦審查委員 3～5 人進行審查，滿足了專業要求的不同。同時，審查委員每年根據論文研究論域需要進行更換，「無連任之必要」。

地質學生獎學金募捐啟示公布後，得到相關機構、部門與人士的大力支持，1940 年 9 月 27 日到 1941 年 4 月 9 日，就募集基金達 10600.23 元，其中機構中國興業公司（甲種建國儲蓄卷）5000 元、資源委員會 2000 元、經濟部工礦調整處 1000 元、地質調查所 500 元、四川省地質調查所 300 元、天府礦業公司 200 元、江西省地質調查所 200 元、湖南省地質調查所 200 元、石燕橋煤礦公司 100 元、嘉陽煤礦公司 100 元，個人翁文灝（乙種建國儲蓄卷票面 1150 元定期十年）500.23 元、李春昱 300 元、張人鑑 150 元、田奇

〔註110〕《本會學生獎學金消息》，《地質論評》第 5 卷第 5 期（1940），第 459 頁。

瑀 50 元。〔註 111〕有此款項後，理事會決定於 1941 年開始頒獎，當年收到應徵論文 5 篇：

1. 池際尚、劉莊、高之林【枺】〔註 112〕《雲南嵩明縣兔耳關與昆明縣大板橋間地質》
2. 賈福海、蕭安源、宮景光、李毓章【樟】《雲南昆陽地質》
3. 趙景德、朱之傑《雲南昆明龍潭街之地質》
4. 李熙春、梁行仁《四川華鎣山地質》
5. 司徒穗卿《坪石盆地之紅色層》。

理事會指定朱森、計榮森、侯德封進行審查，結果池、劉、高三人及賈、蕭、宮、李四人合著論文獲選，獎金 700 元「即分贈上列七君」。〔註 113〕可見，由於這些論文是多人合作，無法按照章程規定進行 200 元、100 元這樣的等級分配，兩篇論文作者共 7 人，每人 100 元。

學生論文多人合作完成的現實可能是理事會制定章程時沒有想到的，在以後的評選過程不斷地有臨時規定出臺。1942 年 9 月 29 日理事會議定，第二屆學生獎學金提高為每人 200 元。1943 年 1 月 25 日理事會議決，學生獎學金以文為單位，第一名 2000 元，第二名 1500 元，第三名 500 元。〔註 114〕可見，獎勵對象理事會在不斷的搖擺中，或以人為單位或以文為單位。更為重要的是，章程規定獲獎分兩個等級，理事會的臨時決議一下子有了三個等級。1942 年度第二屆收到論文 7 篇：

1. 武果、康永孚（西北大學）《漢中盆地臺地之初步研究》
2. 武果（西北大學）《礦岩比重秤》
3. 張錫齡（中央大學）《重慶西郊地質》
4. 余伯良（中央大學）《四川綦江與貴州桐梓間地質礦產》
5. 段國璋、谷德振、李璞（西南聯合大學）《雲南鹽興之永井區鹽礦地質》
6. 李星學、陳厚達、謝慶輝、周泰昕（重慶大學）《四川南川西

---

〔註 111〕 《本會第十七次年會記錄》，《地質論評》第 6 卷第 3～4 期（1941），第 341～342 頁。
〔註 112〕 「【 】」中為錯別字改正。
〔註 113〕 《本會第十八次年會及二十週年紀念會紀事》，《地質論評》第 7 卷第 4～5 期（1942），第 219 頁。
〔註 114〕 《本會理事會記錄》，《地質論評》第 8 卷 1～6 期（1943），第 209、211 頁。

南部地質》

7. 謝慶輝、周泰昕《觀音峽天府礦區地質》。

經理事會推舉的楊鍾健、侯德封、張更三人審查，以段、谷、李三人合著論文為第一名，獎金 2000 元，李、陳、謝、周四人合著論文為第二名，獎金 1500 元，余伯良論文為第三名，獎金 500 元。〔註115〕

與第一屆相比，以論文而不是以作者分出獲獎等第，至於獲獎論文獎金具體如何分配，沒有作出說明。1944 年 2 月 15 日理事會在作出第三屆獲獎論文三篇（第一名獎金 2000 元，第二名及第三名各 1000 元）時，也對應徵論文作出規定：以後申請獎學金論文，「若係兩人以上合著，應書明其各自執筆之部分」〔註116〕，這樣可以確定論文的主要作者，也可以發現真正人才。1943 年第三屆收到應徵論文 5 篇：

1. 王大純、黃振威、張瀾慶（西南聯大）《安寧盆地地質礦產》
2. 陳光遠、張凱、徐鴻友（西南聯大）《一平浪煤田地質》
3. 黃質夫、羅明遠、羅徵勤、楊起（西南聯大）《箇舊錫礦區地質》
4. 周敏、杜博明（重慶大學）《南川萬盛場煤田地質》
5. 諶義睿（中央大學）《涪陵巷口白馬間地質剖面》。

經侯德封、黃汲清、李春昱審查，理事會議決王、黃、張論文列第一，獎金 2000 元，陳、張、徐論文列第二，獎金 1500 元，黃、羅、羅、楊論文列第三，獎金 1000 元。〔註117〕第二、三名獎金數量與理事會決議不符。

面對學生論文合作者越來越多的趨勢，理事會 1945 年 3 月 10 日決議，獎學金候選人送審論文以一人一文為原則。〔註118〕科學研究有個人獨立完成也有多人合作完成，地質學論文因有野外考察等，要求沒有多少研究經驗的學生獨立完成論文或調查報告，可能有些不合情理。1944 和 1945 年兩年學生獎學金是否評選，《地質論評》沒有記載，也就不得而知。〔註119〕1946 年度收到論文三篇（具體題目不得而知），理事會推舉趙金科、尹贊勳與程裕

---

〔註115〕《本會第十九次年會記錄》，《地質論評》第 8 卷第 1～6 期，第 219～220 頁。
〔註116〕《本會理事會記錄》，《地質論評》第 9 卷 1～2 期（1944），第 136 頁。
〔註117〕《本會第二十次年會記錄》，《地質論評》第 9 卷第 3～4 期（1944），第 243 頁。
〔註118〕《本會理事會記錄》，《地質論評》第 10 卷 1～2 期（1945），第 75 頁。
〔註119〕可能因為各種原因，與葛氏獎章一樣，學生獎學金也未能完全按照章程規定年年評選。具體情形如何，有待中國地質學會檔案的解封與公開。

淇分別審查，胡海濤獲 3 萬元，邊效曾、蘇正傑各兩萬元。〔註 120〕1948 年度，第一名北京大學地質系張文堂，第二名北京大學地質系王文魁、王鎧元。〔註 121〕具體論文題目與審查委員名單不得而知，可見，與抗戰期間相比，抗戰勝利後接踵而至的內戰對學術界的衝擊更為嚴重，在這樣沮喪的戰亂困境中，學術界實在難以靜心靜氣從事學術研究和學術評議。無論如何，自 1945 年理事會決議請獎作品個人獨立完成以來，所評兩屆獎學金獲得者都是個人作品。

自 1940 年 7 月翁文灝倡議、翌年開始運作的地質學生獎學金到 1948 年頒獎後宣告壽終正寢，1941～1943 年三屆比較正規，評議規則也在不斷地修正以切合實際，8 年間應該評選八屆，僅知道五屆評獎結果。即便如此，五次頒獎雖然獲獎論文（報告）不多，但因多人合作，獲獎學生也是一個不小的群體，下為獲獎者簡況。

1. 池際尚（見上）。

2. 劉莊（1918～1944）：山東泰安人，1941 年畢業於西南聯大，入職地質調查所，任練習員、技佐，曾在西北分所從事煤田調查工作，抑鬱自殺。

3. 高之杕（1916～1980）：山西長子人，1941 年畢業於西南聯大，赴新疆地質調查所工作。1945 年返校任教，歷任講師、副教授等。1949 年後，歷任地質工作計劃指導委員會辦公室副主任、地質部教育司辦公室主任、二機部三局副局長兼總地質師等，中國鈾礦勘查事業創始人和主要負責人之一。

4. 賈福海（1914～2004）：山西原平人，1941 年畢業於西南聯大，任職資委會汞業管理處，1946 年入職礦產測勘處。1949 年後，先後任職華東工業部礦產測勘處、地質計劃委員會礦產勘探局、地質部工程地質處、水文地質工程局等，曾任工程師、副總工程師、總工程師等。長期從事水文地質、工程地質研究，1980 年當選學部委員。

5. 蕭安源（1911～？）：四川巴縣（今屬重慶）人，1941 年畢業於西南聯大。入職四川省地質調查所，任助理技師、副技師。1949

---

〔註 120〕　《中國地質學會三十五年度學生獎金》，《地質論評》第 12 卷第 1～2 期（1947），第 155 頁。

〔註 121〕　《本會第二十四次年會記錄》，《地質論評》第 14 卷 1～3 期（1949），第 85 頁。

年後，曾任西南地質局工程師兼第二、第四石油地質隊長，水電建設總局以禮河勘測大隊工程師，昆明水電勘測設計院勘測總隊主任工程師，雲南地質學會副理事長等。

6. 宮景光（1916～1980）：河北高陽人，1941 年畢業於西南聯大，入職雲南地質調查所。1946 年入地質調查所經濟地質研究室從事礦床學研究。1950 年調江西地質局，長期在贛州地質學校任教。

7. 李毓樟（1916～1968）：山西省祁縣人，1942 年畢業於西南聯大。曾任杜聿明大校秘書，1957 年被打成右派。

8. 段國璋（1914～？）：山西趙城（今屬洪洞縣）人，1942 年畢業於西南聯大，在校期間是三青團負責人之一，留校任教。後入地質調查所，1949 年後任職東北（長春）地質學院。

9. 谷德振（1914～1982）：河南密縣人，1942 年畢業於西南聯大，入職四川地質調查所，1946 年調中研院地質所。1949 年後歷任地質工作計劃指導委員會工程師、淮河工程地質隊隊長、武漢長江大橋工程地質隊隊長、地質科學院水文地質工程所副所長、中科院地質所工程研究室主任等。從事礦產地質、區域地質、地質力學和工程地質研究，中國工程地質學奠基人之一，1980 年當選學部委員。

10. 李璞（1911～1968）：山東文登人，1932 年考入清華大學，抗戰爆發後投筆從戎。1940 年入西南聯大習地質，1942 年畢業，師從孫雲鑄攻讀研究生，1945 年畢業。1946 年留學英國劍橋大學，1950 年獲博士學位回國。先任李四光秘書，後任中科院地質所研究員、地球化學所研究員兼同位素研究室主任、副所長等。岩石學家和同位素地球化學家，西藏地質工作帶頭人，中國同位素地質地球化學創始人，1968 年不堪受辱自殺。

11. 李星學（見上）。

12. 陳厚達：生平不詳。

13. 謝慶輝：生平不詳，曾參見大慶油田會戰。

14. 周泰昕（1919～2008）：江蘇淮陰人，1942 年畢業於重慶大學，入職礦產測勘處，晉升為工程師。1949 年後歷任地質部 501、508 隊主任工程師，四川省地質局地礦處主任工程師，江蘇省地礦局副總工程師、總工程師等。主要從事地質礦產普查勘探及技術組織

領導工作。

15. 余伯良（1920～2003）：廣東台山人，1942 年畢業於中央大學，入職礦產測勘處。1944 年回母校任教，1947 年留學加拿大麥吉爾大學，1949 年獲碩士學位，再入賓州州立大學深造，1951 年回國。歷任南京大學教授、酒泉地質大隊總地質師、石油工業部科研院總地質師兼地質研究室主任、松遼石油勘探局總地質師兼綜合研究大隊長、石油工業部石油物探局總地質師等。石油地質學家，大慶油田重要發現者之一。

16. 王大純（1915～2007）：河北豐潤人，1935 年考入清華大學地學系，抗戰爆發參加抗日活動，曾入延安軍政大學，1941 年入學西南聯大，1943 年畢業。1946 年回西南聯大任教，隨遷北京，任教北京大學。1951 年隨中科院西藏科考隊入藏，1953 年任職北京地質學院，歷任水文地質及工程地質系教研室主任、系主任等，曾兼任地礦部水文地質與工程地質研究所副所長。中國水文地質學奠基人，著有《普通水文地質學》等。

17. 黃振威（1917～2007）：四川永川人。南開中學畢業考入南開大學，旋入西南聯大後轉習地質，曾作為翻譯參加盟軍遠征軍，1944 年畢業。曾任中國地質學會非金屬礦產地質專業委員會副主任、建築材料工業局地質公司副總工程師。後定居加拿大。

18. 張瀾慶（1915～1952）：江蘇儀徵人。1934 年考入清華大學化學系，轉地質系。抗戰爆發後投筆從戎，1941 年復學，1943 年畢業於西南聯大，留校任清華助教、講師、副教授等，1948 年加入中共。1951 年調地質工作計劃指導委員會任計劃處副處長，李四光助手。

19. 陳光遠（1920～1999）：江蘇南京人。1943 年畢業於西南聯大，留校任教（北京大學），1948 年赴瑞典烏普薩拉大學留學，1951 年歸國，回校任副教授。1952 年院校調整，任北京地質學院副教授、教授、礦物教研室主任、成因礦物學研究室主任等。長期從事結晶學、礦物學教學與科研，中國現代礦物學奠基人和成因礦物學與找礦礦物學開創者。

20. 張凱：生平不詳，1943 年畢業於西南聯大。

21. 徐鴻友（1916～？）：安徽阜陽人，1944 年畢業於西南聯

大。1950 年參加石油勘探工作，曾任石油勘探局秘書科長、生產計劃科長、石油學校校長等，從事石油地質勘探企業生產及科技管理工作。

22. 黃質夫：生平不詳，1943 年畢業於西南聯大。

23. 羅明遠（1918～？）：生平不詳，廣東人，1943 年畢業於西南聯大，入職地質調查所。

24. 羅徵勤：生平不詳，1943 年畢業於西南聯大。

25. 楊起（1919～2010）：山東蓬萊人，1943 年畢業於西南聯大，考取北京大學研究生，1946 年畢業留校任教。1952 年院校調整到北京地質學院，負責組建煤田教研室和煤田地質專業，曾任教研室主任、研究室主任、副系主任等。煤田地質學家，中國煤田地質學教育事業奠基人，1991 年當選學部委員。

26. 胡海濤（1923～1998）：四川自貢人，1946 年畢業於中央大學，留校任教。1949 年後曾任職地質工作計劃指導委員會礦產勘探總局工程地質隊，地質部水文地質工程地質局工程地質科、水文地質工程地質研究所、地質力學研究所等，擔任隊長、研究室主任、名譽所長等。工程地質和環境地質專家，1994 年當選中國工程院首批院士。

27. 邊效曾（1922～1990）：山東濟寧人。1946 年畢業於中央大學，入職地質調查所，歷任練習員、技佐。1949 年後，曾在中科院地質研究所、地質部華北地質局、北方地質總局工作。1958 年起，歷任福建省地質局總工程師、地質科學研究所所長、地質礦產局副局長兼總工程師等。地質學家和礦床學家。

28. 蘇正傑：生平不詳。

29. 張文堂（1925～2013）：河南延津人，1943 年考入重慶大學地質系，1945 年轉西南聯大，1948 年畢業於北京大學，入職中研院地質所。1949 年後，任中科院（南京地質）古生物研究所副研究員、研究員、研究室主任等。長期從事古生物地層學研究，對三葉蟲、葉肢介化石分類等有重要貢獻。

30. 王文魁（1925～？）：河北成安人，1948 年畢業於北京大學地質系，留校任教。1952 年院系調整到北京地質學院，長期從事結

晶學與礦床學的教學和科研。

31. 王鎧元（1925～？）：河北元氏人，1948 年畢業於北京大學地質系，入地質調查所工作。後任雲南地質科學研究所教授級高級工程師，曾任所學術委員會主任。

31 位獲獎者共提供畢業論文或調查報告 12 篇（除第一屆兩篇沒有等第之外，其他 4 屆都分出一二三名），其中池際尚 1941 年獲獎後僅隔四年於 1945 年獲得第一屆馬以思獎金，李星學 1942 年獲獎後 1945 年獲得第一屆陳康獎金，說明他們不僅在大學期間已經展現出較強的科研能力，工作中也能很快進入角色，科研成果非常突出。第一二兩屆五篇論文作者中有四人當選 1980 年學部委員，除池尚際、李星學外，還有賈福海、谷德振，每屆兩人；第三屆楊起當選 1991 年學部委員，第四屆胡海濤 1994 年當選工程院首屆院士，第五屆三人無一人當選。無論如何，除 1948 年畢業的第五屆外，每屆都有人當選學部委員或院士，說明這個獎項對這些學生們的成長確實有相當的促進作用。

從畢業學校來看，第一屆兩文七人全部畢業於西南聯大；第二屆第一名三人還是西南聯大畢業生，第二名四人來自重慶大學，第三名一人畢業於中央大學；第三屆三文十位作者全部來自西南聯大。前三屆八件作品中六件由西南聯大學生完成，25 人中來自聯大學生 20 人，西南聯大地質地理氣象系地質組培養地質人才水平之高可以想見。西南聯大學生中註冊清華大學的有池尚際、劉莊、段國璋、李璞、王大純、張瀾慶，註冊北京大學的有高之杕、賈福海、蕭安源、宮景光、李毓樟、谷德振，註冊南開大學的有黃振威，其他人在聯大註冊入學。〔註122〕可見，獲獎學生中，西南聯大時期註冊清華與北京大學的地質學生基本相等。最後兩屆除生平不詳一人，中央大學兩人，北京大學兩人，重慶大學一人。離開西南聯大後，清華大學的地質學生培養似乎一下子就失去了能力。無論如何，北京大學地質系在人才培養上獨佔鰲頭，中央大學地質系和重慶大學地質系雖不能與北京大學地質系相提並論，但還是地質學教育重鎮。

高年級地質學生獎學金的設立，主要目的是發現人才與培養人才，為中國地質學未來發展奠定基礎。學生畢竟可塑性很強，即使與陳康獎金、馬以思獎金獲得者這些地質學界初出茅廬者相比，學生獎金獲得者的成材率還是較低，31 人中有陳厚遠、謝慶輝、張凱、黃質夫、羅明遠、羅徵勤、蘇正傑等七人生

---

〔註122〕《西南聯合大學畢業生名錄》，清華大學校史研究室編《清華大學史料選編》第 3 卷（下），清華大學出版社，1994 年，第 471～484 頁。

平不詳，李毓樟、段國瑋、黃振威、蕭安源、宮景光、徐鴻友等六人生平也不完全清楚。也就是說，有超過三分之一的獲獎者可能沒有人盡其才。其餘 19人，有池尚際、賈福海、谷德振、李星學、楊起、胡海濤等六人當選學部委員或院士，高之枕、李璞、余伯良、王大純、張瀾慶、陳光遠、張文堂、王文魁等也取得了相當成就，開創了鈾礦地質勘查、工程地質、水文地質、地球化學、陸相地層學、礦物學與找礦地質學、煤田地質、環境地質等新方向與新領域，對中國地質學的發展有相當貢獻。1949 年的政權鼎革對 1949 年前的知識分子即使是像地質學這樣的專業知識分子也是一個巨大的考驗，那些湮滅於歷史塵土中者不知有多少人是因為意識形態的政治旋風所致，即使像李璞這樣的早年積極參加「共產革命」者，也在文革中死於非命。因此，這些學生獎金獲得者成材率不如其他獎金獲得者，政治可能是一個值得考量的重要因子，畢竟他們在新政權建立時，還沒有形成自己的學術專長樹立起相當的學術地位，與新政權自行培養的新人在競爭中可能處於不利位勢，自然對他們未來的學術成長造成極大影響。

## 五、學術評議與代際傳遞

對學術評議的具體運行過程進行考察是研究學術評議的關鍵性步驟，但因資料的缺乏與缺失，除上述各節提供的一些有限的細節而外，已經不能具體尋繹當日中國地質學會是如何遵循章程規定或突破章程規定從候選人中遴選獲獎者。下面僅從各獎金或獎章委員組成及其變動、獲獎者的代際分布探討中國地質學的發展與學術評議的隱含互動關係。表 2-3 是中國地質學會各獎章、獎金委員會組成大致變動一覽表（因資料原因並不能全面展現各項獎勵委員的組成名單變化）。

表 2-3　中國地質學會各項獎勵委員組成大致變動一覽表

| 獎　項 | 時　間 | 委員會成員 |
|---|---|---|
| 葛氏獎章 | 1926 | 丁文江、王寵佑、李四光、章鴻釗、翁文灝、葛利普 |
| | 1935 | 葉良輔、章鴻釗、丁文江、翁文灝、王寵佑、李四光、葛利普 |
| | 1937 | 楊鍾健、章鴻釗、謝家榮、翁文灝、王寵佑、李四光、葛利普 |
| | 1941 | 翁文灝、黃汲清、尹贊勳、楊鍾健、李四光、田奇瓗 |
| | 1948 | 李春昱、王寵佑、章鴻釗、翁文灝、李四光、謝家榮 |

| 丁文江獎金 | 1936 | 翁文灝、李四光、章鴻釗、謝家榮、黃汲清、尹贊勳、楊鍾健 |
|---|---|---|
| | 1941 | 楊鍾健、尹贊勳、翁文灝、謝家榮、田奇瑪、黃汲清、章鴻釗、李春昱、孫雲鑄 |
| | 1944 | 李四光、孫雲鑄、俞建章、謝家榮、尹贊勳、翁文灝、李春昱 |
| 趙亞曾獎金 | 1930 | 丁文江、朱家驊、李四光、翁文灝、金紹基、徐光熙 |
| | 1938 | 朱家驊、李四光、翁文灝、田奇瑪、金紹基、侯德封 |
| | 1944 | 抽出翁文灝、楊鍾健，增補謝家榮、王恒升 |
| 學生獎學金 | 1941 | 朱森、計榮森、侯德封 |
| | 1942 | 楊鍾健、侯德封、張更 |
| | 1943 | 侯德封、黃汲清、李春昱 |
| | 1946 | 趙金科、尹贊勳、程裕淇 |
| 獎金委員會 | 1945 | 李春昱、俞建章、翁文灝、謝家榮、黃汲清、尹贊勳 |
| | 1946 | 李春昱、俞建章、翁文灝、黃汲清、尹贊勳、楊鍾健、趙金科、侯德封、李四光 |
| | 1948 | 李春昱、趙金科、謝家榮、程裕淇、李四光、侯德封、黃汲清、俞建章、尹贊勳 |

　　將章鴻釗、丁文江、翁文灝、李四光和王烈等作為中國地質學的第一代，1917 年地質研究所培養的畢業生作為第二代的開啟，1925 年大學畢業作為第二代與第三代的分界點（1925 年屬第三代），1935 年為第三代與第四代分界點，依次 1945 年為第四代與第五代分界點，以此標準分析中國地質學發展的代際更替與分布。從表 2-3 所展示的名單可見，葛氏獎章 1926～1949 年間僅有丁文江、王寵佑、李四光、章鴻釗、翁文灝、葛利普、葉良輔、楊鍾健、謝家榮、黃汲清、尹贊勳、田奇瑪、李春昱等 13 人擔任過委員，第一屆委員除出資人王寵佑外，都是創立中國地質學的第一代人（包括葛利普），1935 年增加葉良輔（1894～1949），他是丁文江、章鴻釗、翁文灝創辦的地質研究所培養的學生，畢業後在地質調查所工作，曾留學美國獲哥倫比亞大學碩士學位。後曾任中山大學地質系主任、中研院地質所研究員、浙江大學史地系教授兼主任等；丁文江去世後，以楊鍾健替代，他 1923 年畢業北京大學地質系，屬於第二代的佼佼者；謝家榮（1898～1966）代替葉良輔進入委員會，他也是地質研究所畢業生，也屬於第二代佼佼者，曾留學美國獲得威斯康星大學碩士，

當選首屆中研院院士；接著，黃汲清、尹贊勳、田奇瓗、李春昱相繼進入，尹、田屬於第二代，黃是第三代傑出代表人物，李春昱（1904～1988）1928年畢業於北京大學地質系，入地質調查所，1934年留德，1937年獲柏林大學博士學位，回國後任四川省地質調查所所長、地質調查所所長，區域地質和構造地質學家，1980年當選學部委員，屬於第三代代表人物。總體上，委員變化頻率較低，學術評議大權一直掌握在翁文灝、李四光、章鴻釗等第一代人物手中，但也吸收了第二代、第三代代表，而且還出現了權力移交的趨勢，如1941年第一代僅有翁文灝、李四光兩人，應該說有一個比較好的代際更替機制存在。

丁文江獎金委員會成立一開始，就是第一代與第二代乃至第三代的混合體，謝家榮、楊鍾健、尹贊勳屬於第二代，黃汲清屬於第三代，此後第二代田奇瓗、孫雲鑄、俞建章，第三代李春昱也加入。江蘇高郵人孫雲鑄（1895～1979），1920年畢業於北京大學地質系，留校任教，1923年留德，1927年獲哈勒大學博士學位，回國後一直任教北京大學，曾任西南聯大地質地理氣象系主任、北京大學地質系主任等，中國古生物學奠基人之一，1955年當選學部委員。也就是說，葛氏獎章與丁文江獎金這兩個中國地質學會最為重要的獎項，委員會成員組成都是真正的學術權威與長老級人物，除第一代章鴻釗在科研上無多少建樹外，其他人無論是第二代還是第三代，除曾相當長時間擔任地質調查所所長（1942～1949）的李春昱和早逝的葉良輔外，不是1948年首屆中研院院士就是1955年學部委員。

趙亞曾獎金執行委員中，徐光熙主要管理基金，英年早逝。浙江吳興人金紹基（1886～1949），字叔初，不是學界中人，但他喜好博物學，參與創建中外學者共同組織的北平博物學會，曾任北平美術學院副院長、北平博物學會會長等，是當時國內貝殼學研究專家，所著《北戴河之貝殼》「膾炙人口，為習斯學者所奉為圭臬」。〔註123〕他還捐款在地質調查所設立了沁園燃料研究室，由其後人金開英主持。除第一代丁文江、李四光、翁文灝外，陸續有朱家驊、田奇瓗、侯德封、楊鍾健、謝家榮、王恒升等加入。河北高陽人侯德封（1900～1980），1923年畢業於北京大學地質系，1928年入職地質調查所，曾任四川地質調查所技正、所長，地質調查所技正兼陳列館主任等，1955年當選學部委員。河北定縣人王恒升（1901～2003），1925年畢業於北京大學地質系，入

---

〔註123〕《金叔初先生捐贈本社圖書》，《科學》第20卷第5期，第414頁。

職地質調查所，1933 年留學瑞士，1936 年獲蘇黎世高等工業學校博士學位。回國後曾任地質調查所技正兼桂林辦事處主任、西南聯大教授、新疆地質調查所所長等，1980 年當選學部委員。相對而言，趙亞曾獎金委員因有基金投資等，來源更廣泛，但除金紹基外，也是地質學界的權威。

已知學生獎學金審查委員，除第二代代表楊鍾健、侯德封、尹贊勳外，還有第三代朱森、計榮森、張更、李春昱、趙金科和程裕淇。湖南郴縣人朱森（1902～1942），1928 年畢業於北京大學地質系，入中研院地質所工作，1934 年留美，1936 年獲哥倫比亞大學碩士學位。回國後曾任重慶大學地質系教授、主任，中央大學地質系教授、主任。張更（1896～1982）雖然年齡很大，但 1928 年才畢業於中央大學地質系，曾任中研院地質所研究員、重慶大學地質系教授、中央大學地質系教授兼主任等。

1945 年設立的中國地質學會獎金委員會包括第一代翁文灝、李四光，第二代謝家榮、楊鍾健、俞建章、侯德封、尹贊勳，第三代黃汲清、李春昱、趙金科、程裕淇共 11 人，囊括了當時地質學界各代代表人物。

綜上所述，中國地質學會設立的各種獎章、獎金評選委員會委員組成，充分體現了這個學科的發展歷程，從第一代創始人到第三代都有成就卓著者參與其間，在具體的學術評議過程中老一輩可能有更多的話語權（具體的學術評議過程不得而知），但至少從人員組成來看，還是充分尊重了年輕人。地質學雖然不如數學、物理、化學等普遍性學科那樣知識更新日新月異，但畢竟也有新的學科分支與新的研究領域出現，這就需要吸收新鮮血液更新換代。

從獲獎群體可以更為充分與清楚地看出地質學學科發展與人員的代際分布。正如前面所言，中國地質學會的多層次獎章獎金的設立，可以作為學術組織或團體學術評議與獎勵的榜樣。葛氏獎章獲得者是中國地質學的奠基人與第二代代表；丁文江獎金獲得者除李四光外，屬於第二代成就卓越者；趙亞曾獎金獲得者主要是第三代代表，也有俞建章、田奇瑪等少數幾位第二代和岳希新、葉連俊和孫殿卿等第四代代表；與趙亞曾獎金相同性質的許德佑獎金獲得者除趙金科外都屬於第四代代表；陳康與馬以思獎金獲得者除李文達屬於第五代外，都是第四代代表；學生獎金獲得者屬於第四代和第五代地質學工作者。因這樣的代際更替與分布，他們大多數人分別當選為 1948 年首屆中研院院士、1955 年和 1980 年學部委員，楊起當選 1991 年學部委員，胡海濤當選

1994 年工程院首批院士。中國地質學也隨著這幾代人的努力，由最初的古生物學、古人類學、地層學、構造地質逐漸擴展，相繼有礦物學、岩石學（沉積岩、火山岩、變質岩等）、地球化學、礦床學（主要包括鐵、銅、鋁、鎢、錫、鉛、鋅等金屬礦產）和石油地質學、煤田地質學、水文地質和工程地質等學科誕生並逐步發展。

中國地質學會這些獎章、獎金的設立與頒發，充分體現了學術評議獎勵與學術發展互動關係，正如前面楊鍾健所言，獎章獎金的獲得，不僅是學術界對他科研工作的承認，更會促進他進一步前行。池際尚回憶大學期間袁復禮對他們的關心與幫助時說，她與劉莊、高之杕合寫的地質報告，經袁推薦獲得了首屆學生獎學金。〔註 124〕賈福海回憶說，他與同學的獲獎畢業論文，是在馮景蘭、米士教授及助教王鴻禎的指導下用英文寫成的。〔註 125〕

當然，中國地質學之所以取得這樣的成就，這些獲獎人之所以能脫穎而出，與他們接受教育的環境與任職單位密切相關。前面說過，北京大學地質系是中國地質學人才的搖籃，而且在西南聯大期間還帶動了清華大學地學系學生的成長。西南聯大時期之所以能培養出如此眾多的地質學人才，自然與北京大學的教授們分不開。1941 年 3 月 27 日，孫雲濤在北京大學理科研究所地質學部的一份報告中寫道：

> 北大地質系對研究方面向極重視，且有相當之設備故也。自學校南遷，雖書籍儀器盡失，而系中同人研究精神不減當年，因地制宜，更對西南各省地質、地層、礦產、地質構造、礦物岩石等項尤饒興趣而願切實研究，由初步粗略之觀察，最近發表共 25 篇已可見其梗概。為進一步研究之計劃，更有下列四項：（一）地層項：雲南各紀地層分層之研究；雲南地史之變遷。（二）地質構造項：調查雲南地質構造，以示橫斷山脈與喜馬拉雅山脈以及中國南部各山脈生成之關係；由地質構造討論中國西南部之礦產區域。（三）礦產項：研究雲南之各種金屬礦床，如箇舊錫鎢礦，滇北銅礦，易門鐵礦，滇西汞、銻、鉛、銀等礦；研究雲南非金屬礦床，如滇北

---

〔註 124〕池際尚：《難忘良師教誨》，中國科學院院士工作局編《科學的道路》（下），上海教育出版社，2005 年，第 1051 頁。
〔註 125〕賈福海：《值得追憶的幾件事》，中國科學院院士工作局編《科學的道路》（下），第 1227 頁。

之鹽，昆明區之磷，滇西之砒，雲南各處之煤等。（四）礦物岩石項：研究雲南之各種火成岩及變質岩，並求其與各金屬礦產之關係（如玄武岩或其他基性岩與銅礦之關係，酸性火成岩與錫、鎢、銻等生成之關係）。

報告中還列出了各位教師的具體項目，並說「凡上所述研究計劃，或關係西南之整個礦產資源而有助於抗戰，或涉及全世界之地質學術問題……同人皆繫治地質科學者，今身當此精華之區，又安能默而息乎」。〔註126〕

學生們對當時的學習生活是這樣回憶的。劉東生追念郝詒純時說：

我們西南聯大地質系（地質地理氣象系地質組）1938年入學、1942年畢業的同學們，雖然來自不同的家庭、不同的社會環境，但在學校的四年中，我們受到了相同的西南聯大的教育，相同的地質科學教育；參加工作以後，又在不同的崗位上為祖國貢獻自己的力量，而無愧於那青春年華。〔註127〕

外系學生汪曾祺說地質系學生身體好，愛乾淨：

他們的價值觀念是清楚的。他們對自己所選擇的學業和事業的道路是肯定的。他們沒有彷徨、猶豫、困惑。從一開頭就有種奉獻精神。──學地質是不可能陞官發財的。他們充分認識到他們的工作對於國家的意義，一般說來，他們的祖國意識比別的系的同學更強烈，更實在。

他們都很用功。學地質，理科的底子，數學、物理、化學都要比較好。但是比較特別的是，他們除了本門科學，對一般文化，包括文學藝術，也有廣泛的興趣。因此地質系的同學大都文質彬彬，氣度瀟灑，毫無鄙俗之氣，是一些名副其實的「知識分子」。地質系同學在學校時就作出了很大成績。雲南地方曾出了厚厚的一本《雲南礦產調查》，就是西南聯大地質系師生合作搞出來的。〔註128〕

〔註126〕中國地質學會地質學史研究會、中國地質大學地質學史研究室合編：《地質學史論叢》（三），中國地質大學出版社，1995年，第100～101頁。

〔註127〕劉東生：《郝詒純同志──西南聯大地質系的驕傲》，中國地質大學（北京）郝詒純院士紀念文集編委會編《大地的女兒──郝詒純院士紀念文集》，地質出版社，2004年，第51頁。

〔註128〕汪曾祺：《地質系同學》，《汪曾祺全集》第6卷，人民文學出版社，2019年，第144～147頁。

　　對於中國近代地質學的聖地地質調查所，劉東生在紀念南延宗的文章中說：

　　　　當時地質界中凡是在畢業後能考入地質調查所的人，都被認為
　　是年輕地質工作者中的精英，也被認為是地質調查所出身的科班地
　　質學家，不論他後來到什麼單位工作。因為每一個曾經在那種環境
　　裏錘鍊過的年輕人，均共同經歷過嚴格的基礎訓練，也有不同程度
　　的辛酸的奮鬥歷程。「梅花香自苦寒來」，南延宗先生正是經過這種
　　薰陶培養出來的，具有中國地質學家特殊風格的，具備奉獻和創新
　　精神的地質學家的傑出代表。〔註129〕

　　有這樣的學校、老師與學生，這樣的工作環境與氛圍，即使是在國窮民
貧、戰亂不斷，一張平靜的書桌也不能安放的年代，照樣能培養出大批傑出的
人才，做出在世界學術史上留下聲名的科研成果。當然，這些人才的出現、科
研成果的取得與學科的巨大進步，與中國地質學會的居中聯絡、學術評議與獎
勵也密不可分。

---

〔註129〕劉東生：《永遠的南延宗先生》，南君亞、王中良編《中國鈾礦地質的先驅者——
　　　　紀念礦床學家南延宗教授誕辰一百週年》，地質出版社，2007年，第15頁。

# 第三章　中國科學社學術評議與獎勵

　　1934 年 1 月，中研院氣象所所長竺可楨致函中研院地質所所長李四光，專門討論中國科學社高君韋女士獎金一事。該函未收入《竺可楨全集》，全文如下：

> 　　年中握別，倏已一周。另封附寄中國科學社高君韋女士紀念獎金應徵論文四篇，多關於地質方面。弟與曉峰已將全文閱讀一遍，覺汪大鑄《地震的研究》與王翌金《土壤之歷史觀》類多翻譯，均非創作。丁驌《地層比較之原理》較前二文稍近論文性質，但亦缺獨創之研究。陳國達《廣州三角〔洲〕〔註1〕問題》，根據實地調查解決具體問題，於徵文原意性質似較相合，應推為首選。惟其論斷根據是否可靠，弟與曉峰於地質一道皆為門外漢，無從懸揣，尚希我兄品閱，一言為決。如四文均不合意，該項獎金可停給一年亦無妨也。附允中兄原函及徵文辦法一紙，統希查入。〔註2〕

正如竺可楨在信函中所說，高君韋女士獎金當年應徵論文 4 篇，無論是「地震」、「地層」還是「廣州三角洲」，多相關地質。因此，非地質專家的竺可楨、張其昀（字曉峰）雖然對 4 篇論文有比較明確的意見，汪大鑄、王翌金兩文類多翻譯，「均非創作」，丁驌文雖屬研究性質，但缺乏「獨創之研究」，陳國達文獨立調查研究，最符合標準，但其依據是否可靠，他們是門外漢，需要

〔註 1〕「〔　〕」文字為筆者所添加，下不注明。
〔註 2〕《竺可楨致李四光》（1934 年 1 月），周桂發、楊家潤、張劍編注《中國科學社檔案資料整理與研究·書信選編》，上海科學技術出版社，2015 年，第 237 頁。

地質專家李四光「一言為決」。竺可楨也提出，如果都不符合給獎標準，可以「空缺」。

高君韋女士獎金是中國科學社設立和管理最有影響的學術獎勵之一。中國科學社 1914 年 6 月由留學美國康奈爾大學的胡明復、趙元任、周仁、秉志、章元善、過探先、金邦正、任鴻雋、楊銓等創議並成立，1918 年搬遷回國後逐漸發展成為近代中國團聚人才最多、影響最大、延續時間最長的綜合性學術社團，對中國近代科學技術的發生發展貢獻極大，直到 1960 年 5 月才在上海黯然宣告退出歷史舞臺。〔註 3〕作為綜合性學術社團，中國科學社無論是在學術獎勵的設立時間還是獎勵類別與層次上，都不能與中國地質學會同日而語，但其所設立和管理的一些獎項還是有其特色，而且因其綜合性就較中國地質學會獎項僅僅限於地質學不同，其影響更為全面。這裡將中國科學社的學術評議與獎勵作為綜合性社團代表做專題性研究，以大致明晰當時綜合性學術社團在評議與獎勵上的努力及其存在的問題，探討導致這些問題的原因。當然，正如中國地質學會是專業社團學術評議與獎勵標杆，中國科學社的學術評議與獎勵也是綜合性社團最有成效和影響最大者。自 1929 年以來，中國科學社設立、管理的獎金有高君韋女士紀念獎金、考古學獎金、愛迪生獎金、何育傑物理學獎金、梁紹桐生物學獎金、裘氏父子理工著述獎金等，這些學術獎勵的評選及其頒發自然是中國學術評議與獎勵的重要組成部分，對促成中國學術評議與獎勵系統的形成和科學的發展有重要作用與影響，也是年輕學人成材的推進器，更展現了當時學界權威們的風采與學術良知。

## 一、特社員與名譽社員選舉

1956 年 7 月 29 日，華羅庚在《人民日報》發表《培養學術空氣，展開學術爭論》，其中提出兩個建議，除學術機構領導人應以身作則親自從事學術工作外，著重指出學術社團吸收成員需要學術甄別：

> 學術團體成員的吸收和加入也必須有別於一般的社會團體，必須經過學術甄別。也就是說，會員的入會除掉要辦理一般社會團體的手續以外，也必須提出入會論文，並且作一次學術報告，在報告會上經過充分討論，再經過理事會通過的手續。這為的是使參加者認識到，

〔註 3〕相關中國科學社的研究，參閱拙著《賽先生在中國：中國科學社研究》，上海科學技術出版社，2018 年。

他的入會是他進入學術領域的標誌，因而有一種光榮感……〔註4〕

學術社團入社資格的設立與入社程序是最基本的學術評議，華羅庚的建議自然比較嚴格，但這是西方成熟學術社團的起碼門檻，如英國皇家學會會員的選取有非常嚴格標準，有相關的學術評議配套，當選會員也就成為學人們的無上榮譽。當然，不能這樣要求中國科學社在普通社員的遴選上有這樣嚴格的資格認定與程序儀式。

中國科學社章程規定，「凡研究科學或從事科學事業贊同本社宗旨」者，經兩名社員介紹、理事會通過即可成為社員。該標準後來雖有變化，無論如何入社資格都較寬鬆，因此社員發展較快，到全面抗戰爆發前已有 1900 餘人，戰後更是迅猛發展，1946 年三千餘人。普通社員以外，中國科學社還設立有「特社員」與「名譽社員」等榮譽性稱號，與普通社員僅社員介紹、理事會通過即可入社不同，榮譽性稱號不僅需要提名，更需要年會與會社員的投票選舉，因此，這些選舉自然成為重要的學術評議活動。

按照中國科學社最初章程規定，凡社員「有科學上特別成績，經董事會或社員二十人之連署之提出，得常年會到會社員之過半數之選決者，為本社特社員」。此後章程雖屢次修訂，這一條無實質性變化。可見，「特社員」這一名號專門授予「有科學上特別成績」的社員。在中國科學社長達近半個世紀的歷史上，獲此榮譽者並不多，而且有些人完全「名不副實」。1917 年在美國舉行的第二次年會上，選舉蔡元培為第一個特社員。此後，1919 年杭州年會周達，1920 年南京年會胡敦復，1921 年北京年會汪精衛，1922 年南通年會馬相伯，1923 年杭州年會吳偉士、馬君武、張軼歐，1924 年南京年會葛利普，1926 年廣州年會吳稚暉、孫科、葛雷布〔註5〕等先後被選舉為特社員。相隔許久之後，1934 年盧山年會選舉范旭東。〔註6〕此後，不再增選。

按照章程規定，蔡元培的當選有一些勉強，因為他在科學上並沒有「特別成績」，也不是真正的科學家，其他方面的學術成就也乏善可陳。若從蔡對科

---

〔註4〕 中國民主同盟中央委員會宣傳部編：《華羅庚詩文選》，中國文史出版社，1986年，第 139～140 頁。

〔註5〕 此葛雷布不知是何人。在廣州當選，似乎應該是當時在廣州的國外人士。他當選為特社員，首先應該是社員，但社員名錄中沒有此人。具體如何，有待查證與方家指教。

〔註6〕 年會前理事會曾決議選舉范旭東為贊助社員，後改為特社員，因為他是中國科學社社員，而且在中國化學工業上有大貢獻。《理事會第 118 次會議記錄》（1934 年 7 月 21 日），《社友》第 42 期，第 1 頁。

學的提倡與對中國科學社的贊助來說，當選為贊助社員倒是「名正言順」。可贊助社員是給予那些對中國科學社有一定贊助的社外人士的，而蔡是社員，他的當選主要是基於其在學界的名望。當然，如果從蔡元培對北京大學的整頓及創建中研院進而對整個民國學術發展的影響而言，他又確實對中國科學有特別貢獻，當選特社員也無可厚非。安徽周至人周達（1878～1949），自幼喜好數學，20 歲即撰有數學專著。1900 年在揚州創辦知新算社。1902 年遊歷日本，認識到日本數學發展已超過中國。作為近代中國數學發展史上的過渡性人物，數學研究兼具傳統數學與近代數學，對中國數學的發展有一定的貢獻。如果說有什麼特別成績的話，主要是自行從事數學研究之外，還盡力推動中國數學的發展，捐贈數學書籍予中國科學社建立「美權算學圖書室」，在創建中國數學會上也有大作用，曾當選中國數學會首屆董事會董事。

　　無論是蔡元培還是周達，他們對學術的如許貢獻，大都在當選特社員之後。江蘇無錫人胡敦復（1886～1978），民國教育界名流〔註7〕，康奈爾大學的早期畢業生，曾任清華學堂首任教務長，大同學院創始人。雖是中國數學會首任會長，但在數學研究上並沒有特出成績。與蔡元培、周達一樣，他對中國科學社的發展也有大贊助，特別是供給中國科學社大同學院裏的上海事務所，後來還曾當選董事會董事兼基金監。與蔡元培一樣，神學博士馬相伯（1840～1939）也以教育家角色名於世，雖著有《致知淺說》等，但在科學上實在難說有成就。如果說蔡元培、馬相伯當選特社員有些勉為其難，周達、胡敦復兩人雖在中國近代數學發展史上有其獨特位置，但從學術上有特別成績這一標準來看，也同樣名不副實。

　　1921 年選舉的汪精衛和此後選舉的吳稚暉、孫科，都是政壇名流，國民黨大佬，在科學上根本說不上有什麼成就。也就是說，他們當選為特社員，完全與中國科學社章程規定相違背。按照他們對中國科學社的貢獻，當選為贊助社員倒是恰如其分。這三人後來都曾當選中國科學社董事會董事。可見，中國

〔註7〕北京女子師範大學風潮中胡敦復被教育總長章士釗「引為同調」，欣欣然離開上海到北京就任女師大校長，由此跳進火坑，最終被學生驅逐。魯迅在《「公理」的把戲》中將他釘在「歷史的恥辱架上」：「有胡敦復之趁火打劫，攫取女大校長飯碗，助章士釗欺周世人的事。」（《魯迅全集》第 3 卷，第 175 頁）我輩第一次知道胡敦復其人其名，就是這樣的「反面」形象，因魯迅在當代中國的地位，這似乎也應是他在大多數中國人心目中的面目。當然，歷史是複雜的，胡敦復的形象也是複雜的。讓人欣慰的是，他在政權鼎革之際離開了大陸，壽終正寢於美國西雅圖華盛頓大學數學教授。

科學社無論是選舉他們為特社員還是董事，都是借重於他們在中國社會的影響力，而非學術成就。此外，馬君武（1881～1940）雖獲得德國柏林工業大學冶金特許工程師，曾擔任廣州石井兵工廠無煙火藥廠總工程師，也翻譯過達爾文《物種起源》，後來還創建廣西大學，在教育文化上有其獨特貢獻，但他作為國民黨元老，主要社會角色還是政治人物，在學術上也沒有特出的成就。1923 年當選的張軼歐（1881～1938），時任江蘇實業廳廳長。留學比利時習採礦冶金，獲工學碩士學位，曾任北京政府工商部礦務司長、農商部礦政司長，任內與丁文江、翁文灝等創辦地質調查所，又糾集人才創設礦冶研究所等。後曾任南京國民政府工商部商業司長、實業部技監等。張軼歐在促進中國地質礦產事業發展上有相當貢獻，但在具體的學術研究上也難說有成就。1934 年推選范旭東（1883～1945）也還是有些勉強，當時對他介紹如是說：「改良華北食鹽，創辦久大精鹽公司，又創辦東方最大之永利製城公司，最近又在組織硫酸錏廠，於發展國內化學工業，厥功甚偉，且對於本社種種事業，素所贊助。」〔註8〕范旭東對中國近代化學工業有大貢獻，但在學術上成就也難說特出。無論如何，蔡元培、周達、馬相伯、胡敦復、張軼歐、范旭東相比汪精衛、孫科、吳稚暉等政治人物，當選特社員雖然有一定的合理性，但他們與後者一樣，都不是學術上有「特殊貢獻者」，與章程規定相衝突。

　　可見，中國科學社無論選舉學界與教育界蔡元培、周達、馬相伯、胡敦復，還是政壇汪精衛、孫科、吳稚暉、馬君武、張軼歐為特社員，都是為了借助這些社會名流發展社務，沒有完全遵循章程「科學上有特別成績」的規定。這種視規則為兒戲的行為，在社務得到發展空間的同時，也給社務的發展埋下了隱患，可能引起那些真正學人對中國科學社的疏離與不滿。中國科學社早期重要領導人、中國心理學奠基人之一唐鉞（1891～1987），1924 年致函理事會，要求辭去司選委員職務，其中理由之一是「近來司選委員會已失獨立資格」。〔註9〕也就是說，作為中國科學社選舉事務的具體操作與責任者司選委員沒有「獨立資格」去具體實施包括特社員、理事、董事等的選舉，章程所規定的民主程序名存實亡。

　　當然，中國科學社之所以選擇這些人作為特社員，可能與當時中國科學技術發展情狀有關。雖然由丁文江、翁文灝等開啟的中國地質學在 1922 年中國

---

〔註8〕《中國科學社第十九次年會紀事錄》，第 16 頁。

〔註9〕《理事會第 12 次會議記錄》（1924 年 2 月 15 日），上海檔案館藏檔案 Q546-1-63-63。

地質學會成立前就已有科研成果出現，但其他各門科學直到 20 世紀 20 年代末期到 30 年代初期才有真正的科研成果面世，才開始真正的本土化。因此，對中國科學社社員們來說，當時不可能選舉出真正名副其實的中國籍特社員，1926 年後中國科學社擴大特社員隊伍非常謹慎，也可能有這方面的考慮。

問題是，早期選舉如是之多名不副實的特社員，似乎影響到後期中國科學社在相關方面的作為。當中國科學技術發展到一定程度，已經出現有特出成就的中國籍社員時，中國科學社卻因噎廢食，不再選舉特社員，致使設立「中國科學社獎章」時提不出候選人。1936 年 5 月 28 日理事會，時任社長翁文灝提出應該照章選舉特社員。在翁文灝看來，特社員可以作為「中國科學社獎章」獲得者候選人。理事會議決各理事提出候選人，再全體通信投票通過，提交年會選決。與章程規定不同，理事會決議特社員當選需經三關，首先是理事提出候選人，全體理事投票通過後，再在年會上選決。〔註10〕8 月 16 日理事會上，雖各理事們提出了名單，但意見並不統一，伍連德以為「特社員」名稱需「另行考慮」，而且應先規定若干合格條件下後再選候選人，「到會者各有意見發表，討論歷半小時。咸謂此事比較重要應從長計議，暫緩提出」。〔註11〕特社員選舉於是又歸於沈寂。可見，與早期的隨意相比，此時中國科學社又顯得過分保守與謹小慎微，可能與中國科學技術正處於快速發展階段，各專門學會相繼創設，中國科學社自身發展處於一種尷尬境地有關。〔註12〕其選舉結果的權威性與合理性可能遭受學術界的質疑。

比較而言，中國科學社選舉美國人葛利普和吳偉士為特社員可謂恰如其分，以葛利普最為特出。1924 年，中國科學社在南京召開第九次年會暨成立十週年慶祝大會，選舉葛利普為特社員時，翁文灝曾如是介紹葛利普：

> 葛氏掌教美國哥倫比亞及其餘各大學，已歷十八年之久，著作極富。於前年來華，對於中國地質學、古生物學已多貢獻。葛氏近患腿病，行路不便，此次聞中國唯一之科學機關在南京開會，決南下與會。中外友人，咸勸其勿過跋涉，有傷身體，葛君未允，其仰慕中國科學社可謂至矣。

〔註10〕《理事會第 130 次會議記錄》，《社友》第 55 期，第 1 頁。
〔註11〕《理事會第 132 次會議記錄》，《社友》第 56 期，第 4 頁。
〔註12〕當時中國科學社曾有向中國科學促進會與中國專門科學團體聯合會角色轉變的努力，惜乎未能成功。具體參閱拙著《賽先生在中國：中國科學社研究》第 315～330 頁。

全場一致通過後，葛利普發言說他應邀來華：

> 一因中國為研究自然科學之大獵場，觀其地大物博，寶藏尚未大開，誠為將來最有希望之國。二因近代科學應用甚廣，因有漸趨於偏重物質應用及謀利方面，失去研究科學之真精神。中國向來注重自然科學，此種正確研究科學之精神，亟宜提倡，定能領袖世界作純正科學研究之國家。鄙人此次來華，對於家庭安樂，自人幸福不能謂全無犧牲。但鑒於上述種切，覺此次被聘來華以從事於中國科學事業之研究，實為榮幸。今更被舉為貴社社員，此後得追隨於諸君子之後，為研究開發寶藏以福世利人之一人，更較被舉為英國及其他國之會員為榮幸矣。〔註13〕

葛利普的講話多溢美之詞，不可盡信。葛利普還在年會作通俗演講《生物進化之要素》，「精神殊健，雖年逾五十，而敘述之時，神采弈弈〔奕奕〕，如三四十歲壯者，歷三小時滔滔不倦……聽者皆極欣悅稱頌，學者勤毅，至足令人感興也」。正如上一章所言，葛利普在美國時，中國留學生王寵佑、葉良輔、袁復禮等就是他的弟子。1920 年應丁文江邀請來華，二十多年如一日，為中國培養了大批古生物學者，趙亞曾、楊鍾健、裴文中、黃汲清、斯行健、計榮森、孫雲鑄、王鴻楨等都是他的得意門生，他自己在學術上也成就卓著，被譽為 20 世紀重要的地質學和古生物學家之一。〔註14〕抗戰期間受盡日本人的折磨，1946 年在北平逝世。他去世後，中國學界給予他極為隆重的紀念，《中國地質學會誌》和《科學》都曾出版紀念專刊。

吳偉士（C. W. Woodworth，1865～1940），加州大學教授兼農科昆蟲主任，對蚊蟲、柑橘害蟲有深入研究。1918 年來華任教金陵大學，1922 年任江蘇昆蟲局局長兼東南大學講座教授，1924 年任滿回國。吳偉士來華前在昆蟲學上取得大成就，著有《加利福尼亞昆蟲》《昆蟲的翅脈》等。1923 年，他參加在杭州舉行的中國科學社第八次年會，提交論文《顯微鏡理論》在會上交流，開創了中國科學社年會外國科學家提交論文與會先例，從此不斷有在華工作的外國科學家將他們的科研成果在年會上交流，提升了年會的學術性與吸引力。吳偉士還在年會做通俗演講，題目為《自然學研究》，「對於蚊蠅之驅滅，三致

---

〔註13〕《中國科學社第九次年會及成立十週年紀念會記事錄》，上海檔案館藏檔案 Q546-1-228。

〔註14〕孫承晟：《葛利普與北京博物學會》，《自然科學史研究》2015 年第 2 期。

意焉。且言各學校，如但肯專研究一蟲，已可得益不淺。又吾人對於學生，不可直接告訴以各種事實，惟提出某研究之要，而使學生自行尋覓其智識焉」。〔註15〕他在年會上當選特社員，也可謂名副其實。1969 年，美國昆蟲學會太平洋分會設立吳偉士獎章以紀念他。〔註16〕

特社員是社會名流與學術界人物的混合體，他們對中國科學社的發展貢獻很明顯。蔡元培對《科學》的資助、孫科捐助修建明復圖書館、周達捐獻數學書籍、胡敦復在大同大學提供社所等等，都在中國科學社的發展史上留下深深印跡。即使如馬相伯、吳稚暉等元老，對中國科學社的贊助也是不遺餘力，積極參加各種活動，宣揚科學與呼籲科學研究；汪精衛、孫科、馬君武等人與任鴻雋、楊銓等中國科學社領導人過從甚密，中國科學社通過他們不僅可以擴大影響，而且還可以獲取一些資源。當然，通過中國科學社這個平臺，特社員們不僅得到了學界的廣泛認同，更擴大了他們對中國近代學術發展的影響。蔡元培利用中國科學社的人才聚集，吸引了一批留美學生入北京大學做老師，也組建起中研院最初的研究團隊；周達捐建的明復圖書館美權算學室成為中國數學會的會址；胡敦復辦理大同大學，也極為倚重中國科學社的人力資源；葛利普、吳偉士的學術影響力由此溢出其專業領域，擴展到更為廣闊的學術圈層；即使是汪精衛、孫科、吳稚暉這些政壇名流，也有了贊助學術的好名聲，有意無意間會對學術發展產生影響。

在其長達近半個世紀的存在期間，中國科學社只選舉了張謇、格林曼和李約瑟三個名譽社員，可見對於這一「徽號」相當重視。〔註17〕1917 年 9 月在

〔註15〕《中國科學社第八次年會記事》，《科學》第 8 卷第 10 期（1923），第 1111 頁。吳偉士年會上的論文，發表於 1922 年創刊的英文專刊 *The Transaction of the Science Society of China*（《中國科學社論文專刊》）第 2 卷。

〔註16〕https://en.wikipedia.org/wiki/Charles_W._Woodworth（2018 年 12 月 5 日上網）

〔註17〕值得注意的是，任鴻雋在《中國科學社社史簡述》中說愛迪生也曾當選名譽社員，並在回答相關人員的問題時說：「選舉愛迪生則在《科學》月刊出版後，曾得他的來信表示贊助本社發展科學的意思。他本來只居於贊助社員的地位，但因為他對於應用科學的貢獻，故社中同人主張給他較高的榮譽，以作為本社工作的標誌。」（周桂發、楊家潤、張劍編注《中國科學社檔案資料整理與研究·書信選編》，第 323 頁）可見，愛迪生對中國科學社僅有贊助作用，「居於贊助社員的地位」，但因其科學發明的成就被提升為「名譽社員」。雖然同屬於非社員，名譽社員高於贊助社員。但查遍相關中國科學社的各種記錄（特別是年會會議記錄，因名譽社員需要年會與會社員選舉通過）和中國科學社出版的各種社員錄，都沒有找到愛迪生當選名譽社員的記載，任鴻雋的回憶可能存有偏差。

美國召開的第 2 次年會選舉張謇為名譽社員。按照章程,「凡於科學學問事業上著有特別成績,經理事會之提出,得常年會到會社員過半數之選決者」,當選為中國科學社名譽社員。也就是說,名譽社員首先在學術上有特別成績,張謇當選為名譽社員似乎違背了這一原則。張謇（1853〜1926）作為王朝時代的狀元,「劍走偏鋒」以政治勢力推展實業,先後創建大生紗廠等 20 多家企業,成為「實業救國」代表人物。實業之外,也注重教育文化事業,創辦有學校、博物院、圖書館等,當然也是政治運動與政壇的風雲人物,但在中國科學社所宣揚的「科學學問事業上」實在難說有特別成績。張謇後來在中國科學社創辦生物研究所等事業上貢獻甚大,也曾當選改組後的中國科學社首屆董事會董事。鑒於他對中國科學社贊助甚力,選舉他為贊助社員「實至名歸」,作為名譽社員自然「名不副實」。

　　1920 年 8 月在南京社所召開的第五次年會上,選舉美國生物學家、韋斯特解剖學與生物學研究所所長格林曼（Milton Jay Greenman,1866〜1937）〔註18〕為名譽社員。毗鄰賓夕法尼亞大學的韋斯特解剖學與生物學研究所,是美國生物學研究中心之一,在神經科學、胚胎學、遺傳學和血清學等方面成就卓著。格林曼作為研究所掌舵人,不僅自己有特出的科研成就,而且對研究機構的發展影響甚大,先後創辦有《形態學雜誌》《比較神經科學雜誌》《美國解剖學雜誌》《實驗動物學雜誌》等專業期刊,極大地影響了世界生物學的發展。對於中國學者而言,格林曼是科學不分國界的「大公無我之精神」的體現者,研究所也瀰漫著「唯知學術,不問其他」的「意味」:「凡學人入其中工作者,亦自忘其何國何籍焉」。格林曼一生的努力,「一以促進科學之發展,增加人類之幸福,一以瀰漫科學之精神,掃除偽科學家之忌刻,及其種族國籍之陋見」。1937 年 4 月 17 日,格林曼去世後,中國動物學一代宗師、中國科學社生物研究所所長、曾在韋斯特研究所從事博士後研究並師從於他的秉志撰文悼念說,中國科學社成立後,他「熱心屬望其事業之展進,每遇吾國人士,輒表示其愛護希冀之熱忱,嗣後凡遇吾國各種事業關於科學者,及科學家之各種企圖,恒引以為可喜之事,科學社生物研究所之成立,至今十餘年中,韋斯特所每盡力相助,蓋以先生之熱心故」。秉志最後總結說:

　　　　總而言之,先生一生即精誠博愛之精神所貫注,乃高尚純潔、
　　大公無私之科學家,民胞物與,一以學術為依歸,其科學精神之真

---

〔註18〕秉志譯為「葛霖滿」。

> 摯，世罕其四。嗚呼！先生以七十一歲逝世，雖已享古稀之年，成
> 久遠之偉績，然凡知先生者，猶悲其不憖。而吾國科學人士，無論
> 與先生習與不習者，乃失一最不易得之良友也！〔註19〕

可見，中國科學社當年選舉格林曼為名譽社員，可謂實至名歸。

　　此後二十多年，中國科學社未再增選名譽社員，直到 1943 年 7 月，在重慶舉行的第 23 次年會上，選舉李約瑟為名譽社員。李約瑟（Joseph Needham，1900～1995）來中國並全身心轉向中國科技史研究前，已是著名的生物化學家，先後出版著作《化學胚胎學》《生物化學與形態發生學》，並當選為英國皇家學會會員。1943 年，他作為英國政府派遣來華擔任戰時情報和宣傳工作的科學家，其任務是「與中國學者和科學家交換觀點，並向中國人解釋英國以及英國的生活與文化」。〔註20〕2 月 24 日，李約瑟抵達昆明，訪問西南聯大、中研院和北平研究院多個研究所。3 月 21 日，從昆明飛抵重慶，受到陪都各界熱烈歡迎。此後，他赴各地考察，迅速與眾多中國一流科學家建立起良好的朋友關係。4 月 25 日，中國科學社召開內遷第 2 次理事會，提出選舉李約瑟為名譽社員的議案，議決提交年會社員大會。〔註21〕當選名譽社員的李約瑟也曾積極參與中國科學社社務，出席 1944 年 10 月 25 日在湄潭舉行的中國科學社湄潭分會年會，11 月 3 日電賀在成都舉行的中國科學社第 24 次年會暨中國科學社三十週年紀念會。因此，無論是從學術成就還是與中國科學社的關係來說，李約瑟當選名譽社員實至名歸。

　　三位名譽社員兩位是外國科學家，他們的當選除自身特出的科學成就與巨大影響外，最主要的原因自然是與中國科學社關係密切。無論特社員選舉的魚龍混雜還是名譽社員選擇的「謹小慎微」，都不是中國科學社學術評議與獎勵的主要工作，相較而言，中國科學社設立與管理的一些獎金的運行，更能體現其學術評議與獎勵的特徵。

## 二、高君韋女士紀念獎金

　　有鑒於中國地質學會 1925 年 1 月年會動議設立「葛氏獎章」，中國科學

---

〔註19〕　秉志：《悼葛霖滿先生》，《科學》第 21 卷第 8 期，第 605～610 頁。
〔註20〕　段異兵：《李約瑟赴華工作身份》，《中國科技史料》2004 年第 3 期，第 199～208 頁。
〔註21〕　《理事會內遷後第 2 次會議記錄》（1943 年 4 月 25 日），上海檔案館藏中國科學社檔案 Q546-1-73-8；樊洪業主編《竺可楨全集》第 8 卷，上海科技教育出版社，2006 年，第 554 頁。

社也將學術評議與獎勵提上議事日程。1925 年 8 月在北京歐美同學會召開的第十次年會上，任鴻雋提議為獎勵研究提倡學術起見，中國科學社應設獎章基金，分年頒獎章給國內科學家研究最有成績者，並捐款 100 元作為啟動基金。任鴻雋提議在社務會討論後通過，翁文灝還報告了中國地質學會頒給獎章的辦法。會議推定秦汾、任鴻雋、丁文江、翁文灝、趙元任五人為獎章章程起草委員，擬定頒給獎章的辦法。〔註22〕應該說，這個章程起草委員會具有相當的權威性，秦汾是當時國內數學界領軍人物、時任職教育部，丁文江、翁文灝是地質學奠基人，也是中國地質學會的核心，趙元任正任清華學校國學院導師（與王國維、梁啟超、陳寅恪並稱四大導師），任鴻雋是中國科學社靈魂人物。可就是由這些人組成的委員會，年會後毫無作為，與中國地質學會葛氏獎章的設立與運作完全不可同日而語。

1927 年 2 月 10 日，中國科學社寒假理事大會在南京社所召開，竺可楨、任鴻雋、周仁、胡明復、過探先、秉志、王璡、路敏行等出席，議決「科學獎金應即成立」。推舉秦汾、姜立夫、葉企孫、李協、王璡為獎金委員會甲組委員，李四光、唐鉞、秉志、竺可楨、胡先驌為乙組委員，並由中國科學社通信「各委員籌備一切，定期宣告成立」。〔註23〕至於為何分為甲乙兩組，會議記錄沒有說明，由委員學科來看，大致甲組為數學（秦汾、姜立夫）、物理（葉企孫）、化學（王璡）、工程（李協），即普遍性科學；乙組為地質（李四光）、心理（唐鉞）、生物（秉志、胡先驌）、氣象（竺可楨），大致為地方性科學，其間有一定的分野。

雷聲大、雨點小，這兩個由眾多各學科權威組成的委員會還是沒有一點成效。1927 年 10 月 28 日理事會上，任鴻雋以在北京募集的獎章基金為數有限（不滿千元），「不便製造獎章，改為《科學》月刊懸賞徵文之用」。議案通過，獎章委員會擔任審查論文。〔註24〕1928 年 3 月 17 日理事大會上，議決將獎章基金劃撥為《科學》編輯部徵文獎金基金，並推舉秉志、胡剛復、王璡三人起草徵文獎金條例。〔註25〕當然，徵文也沒有下文。至此，1925 年 8 月由任鴻雋提議的中

---

〔註22〕《中國科學社第十次年會記事錄》，上海檔案館藏檔案 Q546-1-227。
〔註23〕《理事會第 58 次會議（理事大會）記錄》（1927 年 2 月 10 日），上海檔案館藏檔案 Q546-1-63-177。
〔註24〕《理事會第 60 次會議記錄》（1927 年 10 月 28 日），上海檔案館藏檔案 Q546-1-63-184。
〔註25〕《理事會第 65 次會議（理事大會）記錄》（1928 年 3 月 17 日），上海檔案館藏檔案 Q546-1-64-10。

國科學社獎章，經近三年的流轉完全破產。當然，所謂的《科學》徵文獎金條例也沒有下落，這募集不滿千元的基金最終挪作何用，也有待進一步查證。

中國科學社獎章一事擱淺後，中國科學社轉而籌設由北平社友會捐贈的考古學獎金。正當理事會召開會議商討這一事項時，高君珊女士捐獻 1100 元給中國科學社，設立高君韋女士紀念獎金。這是中國科學社第一次接受社外捐款設立獎金，不想卻成為中國科學社設立最早、影響也最大的一個獎項。

高君珊、高君韋姐妹是商務印書館元老高夢旦的女兒。高君韋先後就學於上海愛國女學、民立女子中學、聖瑪麗亞書院，並就讀滬江大學兩年。1924 年秋留美入康奈爾大學，專攻食物化學，先後獲得學士、碩士學位。1927 年 3 月回國，8 月應聘任教燕京大學。翌年 1 月 26 日因病去世。求學期間，致力於著述，譯有《希臘小史》《盲聾女子勒氏自傳》（海倫·凱勒自傳）等。〔註26〕在康奈爾大學求學期間，曾在《科學》第 11 卷第 12 期發表《當代化學之進步》。據她說，1926 年夏，國際化學大會在美國召開，哥倫比亞大學乘機以每小時 100 美元的薪酬，邀請與會化學大家 26 位，在化學系暑期學校開設「當代化學之進步」課程。他們各就其專門研究，「撮其要者，以為演講材料；或述其個人未發表之成績，或討論本系之貢獻及其將來」。她將在暑期學校所聽所記整理之後，以饗國人。該文後注「待續」，但續篇未再刊發。〔註27〕高君珊（1893～1964），曾就學於上海愛國女校、聖瑪麗亞書院。1923 年受教育部資助留美，1925 年畢業於哥倫比亞大學，同年回國任教。1929 年獲巴伯獎學金再度留美，1931 年獲密西根大學教育學碩士學位。曾任北京女子高等師範學校、東南大學教育科教授，上海市教育局督學，國民政府大學院文化事業處第一科科長，燕京大學、中央大學、暨南大學、震旦女子文理學院、大同大學教授，華東師範大學教育系教授。因捐款設立高女士獎金，1930 年當選中國科學社理事。

中國科學社接受高君珊捐款後，理事會決議獎勵範圍不限於高君韋所專習化學一科，並於 1929 年 4 月 28 日推舉竺可楨、王璡、楊孝述擬定獎金辦法。7 月 15 日出版的《科學》第 13 卷第 12 期公布了《中國科學社「高女士紀念獎金」之徵文辦法》：

> 本社社員高君珊女士於民國十七年捐贈本社銀一千一百元，用
> 以紀念伊亡妹高君韋女士，並指明此款為著作獎金之基金。本社為

〔註26〕《社友高君韋女士事略》，《科學》第 13 卷第 3 期，第 463 頁。
〔註27〕高君韋：《當代化學之進步》，《科學》第 11 卷第 12 期，第 1760～1773 頁。

提倡科學研究並紀念高君韋女士起見，特設「高女士紀念獎金」，徵求科學論文，其辦法如下：

（1）該項獎金為現款一百元，並附本社金質獎章一枚，用以給與徵文首選之一人，每年徵文一次。

（2）論文題目之範圍，限於自然科學中之算學、物理、化學、生物及地學五學科，由本社理事會每年就以上五學科中，輪流擇定一種，並組織徵文委員會，主持徵文及審查文稿事宜。

（3）凡現在國內大學及高等專門學校學習純粹科學及應用科學者，俱得參與徵文投稿。

（4）應徵者就徵文所定學科，著作論文一篇，字數應在三千以上一萬以下；撰文材料務求充實、新穎、真確；文字務求明顯、條暢、通俗。凡抄襲、翻譯與曾在別處發表之文字，俱不得當選。

（5）文稿寫法，一律用橫行，每行二十三字，每頁二十二行，加新式標點符號，並於稿首注明姓名、年歲、籍貫、住址、肄業學校、所習學科及年級，謄寫務求整齊清楚，毛筆寫或鋼筆寫聽便。如有圖表，應用黑墨水繪製於潔白之紙上，務求工整，照片則黏於厚紙上。

（6）民國十八年度徵文以化學一科為限。

（7）本年徵文期，自六月一日起，至十月三十日截止。論文繕就後，投交上海亞爾培路 309 號中國科學社「高女士紀念獎金」徵文委員會王季梁先生收。

（8）委員會收齊文稿後，即請專家評定甲乙，及決定當選之人，於十二月中發表，並給與獎金及獎章。

（9）徵文當選之論文即在本社所刊行之《科學》雜誌內發表。

（10）凡徵文雖未當選，其文字在本社認為有價值者，亦得在《科學》內發表，並酌給酬金。〔註 28〕

可見，第一，獎勵學科包括數學、物理、化學、生物及地學，涵括了天文氣象外自然科學各學科，每年輪流指定一個學科評獎，並設立該學科的專門委

---

〔註 28〕該「徵文辦法」每年都有所變化，主要是指明當年徵文學科。當然隨著獎金的不斷運行，在獎勵程序上也有所改進，如 1935 年徵文時間自 1935 年 1 月 1 日到 10 月 31 日；徵文也不再寄送個人，而是「高女士紀念獎金」徵文委員會。每年的徵文廣告多在《科學》《科學畫報》和《申報》等報刊上刊登。

員會進行評審。第二，獎勵對象是大學學生，但在具體的實施過程中也有大學已畢業者與高中生應徵。第三，獲獎者不僅有獎金一百元，還有獎章，獲獎論文在《科學》發表。未獲獎論文若有學術價值，也可以在《科學》發表，並酌給「酬金」。〔註29〕

當年應徵論文共 8 篇，經王璡（時任中國科學社社長、中研院化學所所長）、曹惠群（大同大學校長）、宋梧生（中研院化學所研究員）三人審查，獲獎者是燕京大學研究院一年級女生劉席珍《海參之分析》。徵文委員會認為另有三篇論文也有價值，因此 1930 年 1 月 20 日中國科學社總幹事致函東吳大學吳詩銘、協和醫學院方先之、浙江大學工學院陳毓麟說：

> 本社辦理上年份高女士紀念獎金徵文，辱蒙海內學者不吝珠玉
> 紛錫宏著，欣幸奚似。茲經審查委員會共同評閱之下，決以劉席珍
> 女士之《海參之分析》一篇當選，但大著《宇宙三元論》《今日醫學
> 之進步》《莧菱鞣革》一篇亦不忍割愛（但獎額只限一人，是以決定
> 劉女士當選）。大著擬在本社刊行之《科學》雜誌內發表並酌致稿酬
> 二十元，倘蒙同意，請於一個月內來函答覆，以便照辦。〔註30〕

劉席珍論文發表於《科學》第 14 卷第 9 期（1930 年 5 月 1 日出版）第 1308～1324 頁，注明「高女士獎金首選」，並附有劉席珍照片與簡介「江蘇南京人，北平燕京大學研究院第一年」。陳毓麟文發表於《科學》第 14 卷第 10 期第 1566～1586 頁，吳詩銘、方先之文發表於《科學》第 14 卷第 11 期第 1667～1683頁、1684～1706 頁，都以普通文章發表，沒有說明與簡介等。〔註31〕以後各屆論文登載《科學》大致遵循這一模式不變。

1930 年 3 月 17 日，理事會議決 1930 年度高女士紀念獎金應徵學科為物理學，公推胡剛復（中研院物理所專任研究員）、丁燮林（中研院物理所所長）、葉企孫（清華大學理學院院長）為徵文委員。為了擴大影響，4 月 1 日，中國

〔註29〕《科學》自 1915 年創刊以來，一直不給作者稿費，直到 1930 年代社中經費
有所寬裕後，才酌情給作者奉送稿費。給年輕應徵者文章「酬金」，自然是為
了獎勵他們積極向學。

〔註30〕《中國科學社致徵文應徵者吳詩銘、方先之、陳毓麟》（1930 年 1 月 20 日），
周桂發、楊家潤、張劍編注《中國科學社檔案資料整理與研究·書信選編》，
第 222 頁。

〔註31〕按其「卷首語」所言，陳毓麟文是他 1929 年 2～8 月在浙大工學院實驗室與
製革工廠完成，受李壽恒博士指導，孟心如博士提供材料，葛祖良博士給予建
議。方先之章發表時改為《化學對於今日醫學之進步》。

科學社致函各地大專院校寄送「徵文辦法」，遍布華北、華東、華中、華南、西南和西北共 90 所院校 250 份。〔註32〕儘管如此，還是有學生專門來函索取「徵文辦法」：「頃悉貴社舉行物理論文比賽，未識對於文字有無國際界限，字數有無限制。倘有評章即希擲下以便參考。」〔註33〕說明高女士紀念獎金在當時大學學生中已有相當影響。本屆應徵論文 7 篇，分別為：

> 戴晨（東吳大學）：原子結構之蠡測
>
> 李榮夢（北洋大學）：靜力學基本定律之新檢閱
>
> 吳元海（金陵大學）：光是什麼？
>
> 蕭士珣（北平師範大學）：光電學與光之構造論證
>
> 葉彭（成都大學）：相對時空與相對運動
>
> 謝明山（中央大學）：物理學分家問題之商榷
>
> 楊德惠（大夏大學）：太陽本身有熱麼？日光之熱從何而來？

〔註34〕

　　戴晨一文因涉及原子物理，徵文委員胡剛復、葉企孫、丁燮林等都非專家，於是公推清華大學物理系教授吳有訓審閱。因有此一環節，造成獲獎時間宣布有所延宕，戴晨等人曾來函詢問。最終戴晨獲獎，其文章發表於《科學》第 15 卷第 9 期第 1414～1444 頁。「編者按」說，審查專家吳有訓認為論文敘述湯姆孫（Thomson）「原子理論太詳」，原子人工蛻變（artificial disintegration）及同位素（isotopes）「諸部太略」，玻爾（Bohr）理論和斯通勒（Edmund Clifton Stoner）的原子分配表「亦未列入，似嫌不合」，「但為保存原文真面目起見，未便代為加入」。

　　1931 年度徵文學科為生物學，應徵論文 4 篇，經秉志（中國科學社生物研究所所長）、胡經甫（燕京大學生物系教授）、錢崇澍（中國科學社生物研究所植物部主任）「詳加討論，認為各文均不及格」，因此無人當選而「空缺」。〔註35〕

　　1932 年度徵文學科為地學，包括地理學和地質學，審查專家為竺可楨及

---

〔註32〕《中國科學社為 1930 年度高女士紀念獎金徵文致國內各大專院校通函及名單》（1930 年 4 月 1 日），周桂發、楊家潤、張劍編注《中國科學社檔案資料整理與研究‧書信選編》，第 223～226 頁。

〔註33〕《姚建貴致中國科學社》（1930 年 4 月 17 日），周桂發、楊家潤、張劍編注《中國科學社檔案資料整理與研究‧書信選編》，第 227 頁。

〔註34〕《高女士紀念獎金揭曉》，《社友》第 6 號（1931 年 2 月 10 日），第 1 頁。

〔註35〕《中國科學社第十七次年會紀事錄》，1932 年，第 25 頁。

其學生張其昀（中央大學地理系教授）和李四光。應徵論文 4 篇，分別為汪大鑄《地震的研究》、王翌金《土壤之歷史觀》、丁驌《地層比較之原理》、陳國達《廣州三角〔洲〕問題》。〔註 36〕

1933 年 9 月 27 日，中國科學社總幹事楊孝述致函竺可楨，寄送應徵論文，並說「此次審查委員為兄與李四光、張曉峰二先生，即希會商決定首選之人」。竺可楨審查完畢後，12 月 9 日將 4 篇論文寄送張其昀評閱。〔註 37〕張其昀評審完成後，寄還竺可楨，竺可楨再寄送李四光。於是就有本章起首竺可楨致李四光函。李四光自然當仁不讓，1934 年 1 月 27 日，致函中楊孝述，建議給獎陳國達，並稱「鄙人意見完全與竺、張二先生之意相同」。〔註 38〕1934 年 2 月 8 日，理事會決議陳國達獲獎，其他文章是否適於《科學》登載，請竺可楨審定。最終，陳國達文登載《科學》第 18 卷第 3 期第 356～364 頁，丁驌文發表於《科學》第 18 卷第 6 期第 777～783 頁。

1933 年度應徵學科為算學，審查委員為胡敦復（交通大學數學系主任）、錢寶琮（浙江大學數學系教授）、姜立夫（南開大學數學系主任）。應徵論文比較踴躍，到 1935 年 1 月還有稿件寄達，共有 18 篇，作者與篇目如下：

> 陳忠傑：示性方程（英文）
>
> 沈振年：歐幾里特【得】幾何與非歐幾里特【得】幾何之理論
>
> 　　　　的統一
>
> 黃步瀛：存在定律
>
> 李森林：雙曲線之特性
>
> 林瑞端：記數論
>
> 　　　　新計算器圖形原理
>
> 李則林：討論函數論起初之一小部
>
> 張雲樞：齊次不變式與射影性質之關係
>
> 趙庸：導數論
>
> 閔嗣鶴：函數方程解法

〔註 36〕《理事會第 116 次會議記錄》（1934 年 2 月 8 日），《社友》第 38 期，第 1 頁。

〔註 37〕《致張其昀函》，樊洪業主編《竺可楨全集》第 22 卷，上海科技教育出版社，2012 年，第 611 頁。

〔註 38〕《李四光致楊孝述》（1934 年 1 月 27 日），周桂發、楊家潤、張劍編注《中國科學社檔案資料整理與研究‧書信選編》，第 240 頁。

李金鑒：線性積分方程式及線性微分方程式不變於展

$$vf \equiv \phi (x) 4 (y) \frac{zf}{zy} 底下所求之解答$$

周炳年：二次函數之一特性及應用目錄

許海津：近世微分方程式之存在定理

楊立言：雙曲線函數

許世雄：n 方關係引論

嚴冰人：一個問題的推論

程凡豪：數學之引申

時振山：三元一次無定式之有限值及其應用〔註39〕

　　據中國科學社與應徵者往來信函等可以看出，這些論文作者有浙江大學、武漢大學、北平師範大學數學系學生，也有中等專業學校畢業者、江蘇土地局工作人員，更有後來的抗日飛行英雄趙庸，他馮庸大學肄業後改習航空工程，當時正在南昌空軍第一隊見習。〔註40〕經審查最終武漢大學數學系三年級學生李森林《雙曲線之特性》獲選，登載《科學》第 19 卷第 7 期第 1003～1032 頁。另外，許海津、嚴冰人文審查專家也認為可登載《科學》，最終嚴冰人〔註41〕

〔註39〕《中國科學社 1933 年度高女士獎金應徵稿件目錄》，周桂發、楊家潤、張劍編注《中國科學社檔案資料整理與研究・書信選編》，第 252～253 頁。

〔註40〕趙庸（1907～1937）：遼寧大連人。1929 年入私立馮庸大學工科，接觸飛機、機械原理。1931 年考入杭州中央航校，畢業後編入空軍第 8 大隊任轟炸員。全面抗戰爆發後，多次駕機參加對日空戰與空襲日軍，一次執行任務返航至南昌機場附近，因燃料耗盡和大霧，飛機觸山不幸犧牲。

〔註41〕據原華東化工學院（今華東理工大學）嚴秉淳教授女兒嚴陵女士考證，嚴冰人是嚴秉淳的筆名。理由如下：第一，嚴秉淳一直保存著發表《數字顛倒之一概性》這本《科學》雜誌；第二，嚴秉淳在交通大學讀書期間曾參加學校科學社組織的自然科學演說競賽會，以《數字顛倒之一概性》獲得第五名（霍有光、顧利民《南洋公學——交通大學年譜（1896～1949）》，陝西人民出版社，2002 年，第396 頁）；第三，嚴冰人致函中國科學社信函地址為「吳江同里凌家廊下」，嚴秉淳也出生於這裡，而且民國時期同里凌家廊下（街名）只有嚴秉淳一家姓嚴；第四，「嚴冰人」與「嚴秉淳」在吳江地區方言中發音相似。由此可以確定，嚴冰人就是嚴秉淳。多謝嚴陵女士來函告知相關資料與事宜。另外，值得注意的是，嚴冰人撰文應徵時還是蘇州中學高中學生，因此他 1934 年 12 月寄出的應徵函說：「如本年內蒙賜來函，逕寄蘇州三元坊蘇州中學二院可也，如於明年一月十日起蒙賜來函，逕寄吳江同里凌家廊下拾號可也。」（周桂發、楊家潤、張劍編注《中國科學社檔案資料整理與研究・書信選編》第 244 頁）這與嚴秉淳生平也符合。嚴秉淳以高中生參加應徵，似乎與高女士獎金的規定不符，但評審專家們似乎不在意這一點，而且還激賞他的文章，修改後刊載《科學》。

文發表於《科學》第 19 卷第 9 期第 1368～1383 頁，題目改為《數字顛倒之一概性》。另許海津文刊載《國立武漢大學理科季刊》1936 年第 1 期。

像 1932 年度地學徵文審查中，竺可楨、李四光、張其昀「英雄所見略同」，在高女士獎金的評選中並不罕見。1934 年度應徵學科又輪到化學，應徵論文有 13 篇之多，分別為：

> 吳中樞：化學上接觸作用之今昔
>
> 錢憲倫：杭州茶之品質與採集時期之研究
>
> 華國楨：重氫與重水
>
> 黃昌麟：硫化黑染料製造之研究
>
> 管永真：蝦乾之研究
>
> 林天佑：重氫
>
> 夏馥莫：纖維素之化學反應
>
> 秦道堅：肉桂之研究
>
> 鄭浩：貝愛氏張力說及其發展貝愛氏張力說之意義
>
> 顧振軍：氣體在水中之溶解度與氣體液化之關係
>
> 余大猷：無機化學方程式之研究
>
> 龐燦鶯：十二種華茶主要成分之分析及其在酸液與城液中溶解
> 度之研究
>
> 吳冰心：科學與化學的結合〔註42〕

這次審查委員本來由任鴻雋、張準（清華大學化學系主任）、曾昭掄（北京大學化學系主任）三人擔任，但任鴻雋因入川就任四川大學校長，「不便閱卷」，推薦莊長恭（中研院化學所所長）接任，得理事會通過。1935 年 12 月 5 日，總幹事楊孝述致函莊長恭將文稿寄上，開啟了論文評審工作。莊長恭評審結束後，轉寄曾昭掄，請他審定好後傳遞給張準，張審竣後再寄給莊，由莊匯總寄回中國科學社。

1936 年 1 月 18 日曾昭掄評閱後將論文傳遞給張準。曾昭掄對 13 篇論文進行了排名，從第 1 名到第 13 名依次排序為華國楨、管永真、秦道堅、錢憲倫、龐燦鶯、黃昌麟、夏馥莫、鄭浩、吳中樞、林天佑、余大猷、顧振軍、吳冰心。並在一些論文後來注明意見，如第 3 名秦道堅文「應查已否在別處發表」；第 8

---

〔註42〕《中國科學社致莊長恭》（1935 年 12 月 5 日），周桂發、楊家潤、張劍編注《中國科學社檔案資料整理與研究・書信選編》，第 273 頁。

名鄭浩文「有須補充之處」；第 11 名余大猷文「命意尚佳，但頗嫌蕪雜」；第 12 名顧振軍文「此文為一大膽的嘗試，但理論方面是否有根據尚可懷疑，因對有機化合物完全不能應用也」。最後還稱「以上評定，不過照每文之一般價值而言。至各文能否在《科學》上發表，應另請專家審查修改，以免錯誤」。

張準將稿件分為三類，並給予各類優劣，第一類「係出自心裁者」5 篇，次第錢憲倫、龐燦鸞、秦道堅、管永真、顧振軍；第二類「係出自編纂者」7 篇，次第華國楨、夏馥蕡、吳中樞、林天佑、鄭浩、黃昌麟、余大猷；第三類「係屬於通論者」，僅吳冰心 1 篇。1936 年 4 月 9 日，張準致函莊長恭，將稿件寄送，並告知其審查意見：「除第三類僅一篇極幼稚之論文可無庸討論外，餘兩類以鄙見所及予以次第。然二者之間，未易軒輊，至宜偏重何方，鈞裁決定可也。」與曾昭掄明確提出第一名為華國楨不同，張準以為「出自心裁」與「出自編纂」兩者不相上下，如何選擇請莊長恭確定。

1936 年 5 月 15 日，莊長恭致函楊孝述說：

> 按曾昭掄兄所定，華國楨列第一名，可得獎。弟及子高兄二人，則將所有論文分為三類，第一類系出諸實驗或出自心裁者，第二類為出於編纂者，第三類係屬於通論者。除第三類僅一篇，且三人評判均認為極幼稚無庸討論外，其餘二類，本未易軒輊，但以鄙見所及，第一類雖名為出自心裁，然只屬於材料分析性質，未可視為研究論文，當其工作時，師長指導，照書本按步【部】就班分析，幾乎不必費腦力，而且數篇所下結論，又多嫌過於武斷，頗有問題。故詳細研究之，其價值似反不及於第二類。而第二類之名序，弟與子高兄兩人皆列華國楨為第一，又適與曾昭掄兄所定者相符，故參酌三方面評判結果，得獎者似應歸華國楨。

三人雖然在具體的評判標準與審查角度上有所不同，對有些論文的質量認定上也有差別，但都同時以華國楨文為第一名，吳冰心文最差。在具體的評定上，莊長恭對每篇論文都有意見，第一類錢憲倫、龐燦鸞、秦道堅、管永真四篇「雖未可視為研究論文，但亦頗有興趣，原有在《科學》發表之價值，惟惜所下結論多嫌太武斷，倘欲發表時，應請專家修改」；顧振軍文「膽量可佳，但此項理論恐難成立」，與曾昭掄意見相同。第二類黃昌麟、夏馥蕡兩文「題目尚頗有興趣，或可在《科學》發表，但須經專家修改」；鄭浩文「文字尚佳，但最新材料待補充」；吳中樞文「文字尚佳，但題目太廣泛，不易出色」；林天

佑文「欠詳盡準確」；余大猷文「命題尚好，但內容無甚價值」。而對於獲獎的
華國楨《重氫與重水》一文，莊長恭如是評說：

> 關於此問題年前已有吳光璧著一論文載在《科學》十八卷三九
> 五頁，但此篇論文材料尚充實新穎，無抄襲之弊而文字亦明顯條暢
> 可取，〈但〉〔註43〕內中有幾點錯誤，欲在《科學》發表時，應請專
> 家修改。〔註44〕

最終，華國楨獲獎，其論文發表於《科學》第 20 卷第 8 期第 655～671 頁。另
外，錢憲倫、管永真、龐燦鸞三人文章有發表價值，僅有龐燦鸞文發表在《科
學》第 20 卷第 12 期第 1050～1060 頁。〔註45〕

可見，無論是化學科研成就突出的曾昭掄、莊長恭，還是在化學教育上有
大作為的張準，都以為對於大學生而言，進行理論性綜述似乎高於實驗性創新
或無實驗基礎的理論想像或邏輯推理。不知這是否反映了當時學術界的共同
理念還是僅僅化學界有此想法，這一理念對當時科學技術的發展有何影響似
乎也值得專門分析討論。

1935 年度應徵學科為生物學，推定秉志、伍連德（全國海港檢疫管理處
處長兼上海海港檢疫所所長）、錢崇澍為審查委員，收到論文 4 篇，分別為：

> 許霽云：黃山植物論
> 江懷德：倒懸生長植物根部定向之研究
> 向璹：腎臟之生理
> 張果：青蛙與蟾蜍之受精觀察及其培養法〔註46〕

經三人審查後，於 1937 年 6 月宣布無合格者，生物學論文再度空缺。

1936 年度應徵學科為地學，謝家榮（北京大學地質系主任兼地質調查所
北平分所所長）、張其昀（浙江大學史地系主任）、胡煥庸（中央大學地理系主

---

〔註43〕「〈 〉」中文字可刪去，下不再注明。
〔註44〕《莊長恭致楊孝述》（1936 年 5 月 15 日），周桂發、楊家潤、張劍編注《中國
科學社檔案資料整理與研究‧書信選編》，第 275～277 頁。
〔註45〕作者在「附言」中說：「這裡的分析報告，不過是我計劃中的實驗的初步研究。
要完成我這個計劃，自然不是我個人的力量，在這短短的期間所能竣事。我希
望這篇短文能夠成為引玉之磚，引起國內專家共同努力，作精詳的研究。」她
還說論文是北平大學女子文理學院畢業論文，「實驗進行時多蒙葉嶠教授指
導，文成後復承盧天裕先生指正。謹此誌謝！」
〔註46〕《中國科學社致秉志》（1937 年 1 月 14 日），周桂發、楊家潤、張劍編注《中
國科學社檔案資料整理與研究‧書信選編》，第 280 頁。

任）任審查委員，曾收有徐爾灝等人論文，但因全面抗戰爆發，「各審查委員行蹤無定，所收論文一時均無法送審」〔註47〕，學術評議不能正常運行，最終沒有結果。

　　直到 1939 年 8 月，中國科學社理事會修正高女士獎金徵文辦法，獎勵對象改為「國內研究機關或專門以上學校之學生、研究生、助教」，從大學擴展到研究機構，從學生擴展到助教；獎勵改為「國幣一百元，並附本社獎狀一紙」，金質獎章變成了獎狀。並指定 1939 年度學科為算學，審查委員為熊慶來（雲南大學校長）、姜立夫（西南聯大數學系教授）和江澤涵（西南聯大數學系主任），以姜立夫為主任。〔註48〕雖在抗戰期間，但經過初期的混亂之後，中國學術界又恢復到相對穩定階段，學術活動日漸開展。本屆應徵論文達到 12 篇之多，其具體情況如表 3-1。應徵作者區域分布較廣，西南聯大數學系三人，中央大學、交通大學各兩人，其他英士大學、武漢大學、大夏大學、西北工學院和廣西大學一 1 人。除中央大學汪錫麒不清楚外，其他 11 人中助教五人、大學四年級兩人、三年級一人、二年級三人。應徵對象擴展後，年輕的大學教師們積極參與，可見該獎金的吸引力。

### 表 3-1　1939 年度高女士獎金應徵論文情況一覽表

| 姓　　名 | 年　齡 | 籍　貫 | 職業或學籍 | 論文題目 |
|---|---|---|---|---|
| 王憲鍾 | 22 | 山東福山 | 西南聯大四年級 | 線叢群下之微分幾何學 |
| 呂學禮 | 21 | 江蘇青浦 | 交通大學二年級 | 級數廣衍 |
| 汪錫麒 | | | 中央大學 | 廉法表 |
| 吳文晉 | 21 | 江蘇青浦 | 交通大學四年級 | 直線上之線段集合 |
| 徐桂芳 | 28 | 浙江永嘉 | 英士大學數學助教 | 在數論立場上，等餘式 $x^{\varphi(m)} \equiv 1 \,(\mathrm{mod.m})$ 中，凡屬於「$\varphi(m)$ 所含各因素」之根之個數定理 |
| 閔嗣鶴 | 27 | 江西 | 西南聯大算學助教 | 相合式解數之漸近公式及引用此理論討論奇異級數 |
| 莫紹揆 | | | 中央大學數學助教 | 多值函數之討論 |
| 曾憲昌 | 22 | 湖北宜昌 | 武漢大學三年級 | 雀牌中和牌的數目 |

〔註47〕《中國科學社致徐爾灝》（1938 年 1 月 6 日），周桂發、楊家潤、張劍編注《中國科學社檔案資料整理與研究・書信選編》，第 285 頁。

〔註48〕《理事會第 140 次會議記錄》（1939 年 8 月 26 日），《社友》第 64 期，第 1 頁。

| 黃肇模 | 22 | 江蘇吳縣 | 大夏大學二年級 | 算學論文 |
|---|---|---|---|---|
| 楊蔭黎 | 22 | 遼寧新民 | 西北工學院二年級 | 計算表 |
| 龍季和 | 28 | 廣西賀縣 | 西南聯大算學助教 | 迷向座標及其應用 |
| 魏保瑜 | 27 | 廣西桂林 | 廣西大學算學助教 | 「蘊涵」與「數學證題法」 |

資料來源：周桂發、楊家潤、張劍編注《中國科學社檔案資料整理與研究·書信選編》，
第 293～294 頁。

1940 年 5 月 20 日，姜立夫致函楊孝述說：

> 承委代收本年度高女士紀念獎金徵文，至三月底止，共收論文
> 十二篇，計上海三篇、昆明三篇、重慶二篇、麗水一篇、桂林一篇、
> 樂山一篇、城固一篇。已與熊迪之、江澤涵二先生分別審查竣事，
> 共同決定推薦閔嗣鶴、王憲鍾二君平分獎金。閔君論文《相合式解
> 數之漸近公式》與王君論文《線叢群下之微分幾何學》當然可在《科
> 學》上發表。此外，龍季和君之《迷向座標及其應用》雖落選，亦
> 可發表。餘則瑕疵甚多，無發表價值。〔註49〕

高女士獎金也迎來了史上第一次兩人分享。獲獎者閔嗣鶴是西南聯大算學系
助教，此前作為學生曾應徵未能獲獎，王憲鍾是同系四年級學生，論文可發表
的龍季和為西南聯大助教。閔嗣鶴論文發表於《科學》第 24 卷第 8 期第 591
～607 頁，沒有照片，僅注明 1939 年度高女士獎金獲選論文第一篇，王憲鍾
論文發表於《科學》第 24 卷第 10 期第 723～738 頁，龍季和論文發表於《科
學》第 25 卷第 3～4 合期第 134～144 頁。

當時何育傑物理學獎同時公布，中國科學社曾於 6 月以《中國科學社二
種獎金獲選人揭曉》為題致函新聞媒體稱：

> 中國科學社為獎勵青年科學研究起見，設有獎學金多種。本年
> 何育傑教授物理學紀念獎金，由北平燕京大學物理學系助教馬振玉
> 獲選，其論文題為《單晶鋁鎳之製備及其均勻熱電效應之研究》。又
> 高君韋女士算學紀念獎金，由西南聯合大學算學系助教閔嗣鶴及算
> 學系四年級生王憲鍾二人平分。閔君論文題為《相合式解數之漸近
> 公式及應用此理以討論奇異級數》，王君論文題為《線叢群下之微分
> 幾何學》。參加此次徵文者有中央大學、西南聯大、燕京大學、浙江

---

〔註49〕《姜立夫致楊孝述函》（1940 年 5 月 20 日），周桂發、楊家潤、張劍編注《中
國科學社檔案資料整理與研究·書信選編》，第 293～294 頁。

大學、交通大學、西北工學院、廣西大學、大夏大學、武漢大學、英士大學等十餘校，共三十餘人，尚有旅順工大一人，均係一時之優秀，其中有創作性之佳著甚多，均將在該社出版之《科學》雜誌發表。足見年來國內各大學及研究所，雖處非常環境，仍在積極努力之中，實堪令人興奮。

　　　　右新聞一則乞刊入貴報「教育新聞欄」為感。〔註50〕

該新聞《申報》《新華日報》等報都曾予以刊登報導，以彰顯抗戰艱苦時期學術界的作為，表達「興奮」之情。

此後，因通貨膨脹，以區區千餘元為基金的高女士紀念獎金自然經不起風霜，歸於沈寂。

## 三、考古學、愛迪生、何育傑獎金及其他

在高女士紀念獎金運行的同時，中國科學社自行設立的由北平社友會捐贈的考古學獎金也在操作中。1928 年 11 月 30 日，理事會審議翁文灝擬定的辦法三條，諸如「中國科學社為提倡考古學及其關係學科（如人類學等）之研究起見」，特設考古學獎金云云。原則通過，並提出了修改意見。〔註51〕1929年 4 月 28 日，理事會議決請翁文灝按照其所訂三條原則，擬定具體辦法，「公布施行」。1930 年 2 月 9 日，理事會通過翁文灝擬定的考古學獎金辦法：

（1）推舉三人為考古學獎金委員會。

（2）此項獎金為現款一百元，並附金質獎章一枚。

（3）每年舉行一次，由委員會就國內研究考古學成績最良之
　　　一人給與之。

並推舉翁文灝（地質調查所所長）、丁文江（地質調查所名譽所長）、章鴻釗（曾任中國地質學會首任會長）三人為考古學獎金委員。〔註52〕

翁、丁、章三人都是中國地質學奠基人，考古學獎金以他們為獎金委員，自然屬於自然科學特別傾向於地質學方向的考古學即古人類學，與當時中研

---

〔註50〕《中國科學社致新聞報刊》（1940 年 6 月），周桂發、楊家潤、張劍編注《中國科學社檔案資料整理與研究・書信選編》，第 302 頁。

〔註51〕《理事會第 75 次會議記錄》（1928 年 11 月 30 日），《科學》第 13 卷第 7 期，第 1001 頁。

〔註52〕《理事會第 85 次會議記錄》（1930 年 2 月 9 日），《科學》第 14 卷第 7 期，第 1082 頁。

院史語所李濟、梁思永等主持的殷墟發掘等屬於歷史學範疇的考古學有別。與高女士獎金由應徵者自行申請，審查委員會審查獲獎不同，考古學獎金由獎金委員會提名，授予每年國內考古學研究成績最優良者。一個是請獎制、一個是提名製，屬於兩種完全不同的評議模式。不同的評議模式對應於不同的獎勵對象與層次，請獎製鼓勵年青人，以發現人才為目標，人數眾多，自然需要自告奮勇；提名製獎勵成績突出者，只有一人，自然不能「王婆賣瓜」，需要由相關專家遴選推薦。1931 年 5 月，獎金委員會推薦當年獲獎人為地質調查所的裴文中，其推薦理由說：

> 裴先生自民國十七年加入地質調查所，主辦周口店化石採集，十八年由裴先生獨立擔任此項採掘工作，繼續至十九年夏。在此工作期間，裴君發現有價值之化石甚多。現由步達生、楊鍾健及裴先生等分別研究。各種化石中，尤為世界所稱道者，為猿人化石。除零碎牙齒外，於十八年十二月二日，發見保存頗完全之猿人頭蓋骨一具。又於十九年七月，在整理材料中發見十八年十月所採之猿人頭蓋骨又一具。此項頭蓋骨不但比爪哇猿人更為完整，為研究原人骨骼之重要材料，且同時有大宗其他動物化石保存完整，確與原人同時生存，與爪哇化石為水沖積時代不一者不同。故從此項多數動物化石之研究，可以確定地質時代較各處所得任何猿人之時代更為確切。此項古生物研究，裴先生亦參加工作，現有一部分即可發表。裴先生此項難得之發見，大規模之採掘工作，及已有一部分之研究工作，其價值或已得其他專門家之承認，或極為世界學術界之稱揚，似均應得中國學術界之相當獎勵。〔註53〕

對於獎金委員會的推薦，理事會議決通過。裴文中北京大學地質系畢業後，入地質調查所從事周口店考古發掘，有劃時代的發現。翁文灝等將首屆考古學獎金授予僅有國內大學本科畢業、剛剛從事實際科研工作幾年的裴文中，不僅實至名歸，而且足見他們以學術為唯一標準的評議原則。正如翁文灝 1931年 11 月為步達生頒發中國地質學會「葛氏獎章」時所說，裴文中發現北京人的巨大貢獻，中國科學社已頒發獎金與獎章，意思是「葛氏獎章」就不考慮他。在翁文灝看來，中國科學社的考古獎金除獎章之外還有獎金 100 元，完全可以與「葛氏獎章」相提並論。據楊鍾健說，裴文中學生時代是個文藝青年，常寫

---

〔註53〕《考古學獎金委員會推薦應獎人選》，《社友》第 9 號，第 1～2 頁。

小說。北京大學畢業時，翁文灝對他並無好感，因此不能進地質調查所作練習生。第二年楊鍾健去周口店才介紹他一同去工作，不想由此登上科學的殿堂。當然裴文中的成就，「完全是由於他自我奮鬥的結果」。〔註54〕

　　非常可惜的是，雖然獲獎辦法規定每年頒發一次，但此後該項獎金沒有再頒發，具體原因不得而知。中國科學社此後歷年的年會會計報告中，該獎金基金一直保持為 2359.94 元，遠超高君韋女士獎金基金 1100 元。

　　與考古學獎金由北平社友會捐贈不同，愛迪生獎金是中國科學社向社會募集基金設立的。1931 年 10 月 18 日，愛迪生去世。中國科學社立即召開會議討論紀念方法，決定募集紀念獎金基金，分論文、演講、研究、發明四種方式獎勵予以紀念，並發出《中國科學社募集愛迪生紀念獎金基金啟》：

　　　　美國愛迪生先生為近代發明大家，畢生從事於科學事業，豐功偉績，貽惠無窮。本年十月因病逝世，靈耗傳來，環球震驚。良以先生研究精神，雖年登大耋而孜孜不倦。其所發明不為一己博榮光，而為眾人謀福利。實為近世學者之良模，人類之明燈也。本社同人震悼之餘，對於先生思有以留永久之紀念，垂後世之師表。爰擬募集基金，獎勵後進，或於論文演講，或於研究發明，終期於先生之精神事業，有所闡揚而光大之。所望邦人君子，實業先覺，解囊以助，共成偉業。

附有募捐簡章，募捐截止時間為 1931 年底，選舉社友中各界知名人士趙元任、任鴻雋、吳有訓、曾昭掄、楊蓋卿、楊銓、熊正理、方光圻、徐乃仁、陳裕光、吳貽芳、鮑國寶、裴維裕、曹惠群、劉鴻生、黃伯樵、方子衛、丁燮林、徐作和、胡剛復、鄒秉文、陳茂康、張廷金、楊肇燫、朱其清、王璡、郭承志、周仁、顧振、鍾兆琳、路敏行、楊孝述、趙修鴻、徐韋曼、陳宗南、黃巽、鍾榮光、李熙謀、張紹忠、顧世楫、楊振聲、蔣丙然、宋春舫、徐景韓、王義玨、沈百先、桂質庭、王星拱、王錫恩、文澄等 50 人為募捐委員。〔註55〕雖正值國難（九一八事變）、長江水災交加，但亦募集到大洋 1739.2 元，「足征諸君子愛國之餘，尤具提倡科學之熱忱」。中國科學社在《科學》「愛迪生」紀念專號（第 16 卷第 10 期）發布了基金募捐「徵信錄」，「以昭核實，並誌盛意」。從征信錄看，有機構杭州電燈廠、浙江大學工學院各捐 100 元，杭州電話局捐

〔註54〕楊鍾健：《楊鍾健回憶錄》，第 84 頁。
〔註55〕《中國科學社募集愛迪生紀念獎金基金啟》，《社友》第 17 號附錄。

50 元；有個人丁雪農捐 100 元、李觀森 50 元，其他 1～20 元不等，有外國人如 George F. Shecklen、M. Vittrant（費德朗）、J. C. Buck（卜凱）、L. H. Roots、A. A. Gilman 等等，也有顧頡剛、郭紹虞等人文學者。〔註 56〕

　　幾經討論，最後確定愛迪生紀念獎金僅獎勵應用科學上的發明，因「研究論文等項，中國近來到處皆是，無須再加提倡，且愛迪生平生最惡空談理論」（當然，募集基金僅 1700 餘元，也實在無法全面開花）。1932 年 10 月，理事會最終通過了《愛迪生紀念獎金給獎辦法》，並在《科學》等刊物上發布：

　　　一、此項獎金為金質獎章一枚，並附現款一百元。

　　　二、獎勵範圍以應用科學上之發明為限。

　　　三、由本社理事會推舉專家三人組織愛迪生紀念獎金委員會，
　　　　　主持審查事宜。

　　　四、凡中華民國青年對於應用科學有新發明，由社員二人之介
　　　　　紹，將其新發明品及其圖說提交審查委員會審查之。

　　　五、此項獎勵每年舉行一次，由委員就國內從事發明者有最良
　　　　　成績之一人或數人，推薦於理事會核准給予之，但本年如
　　　　　無適當人選，得延歸下年度支配。

推舉任鴻雋（中基會董事兼幹事長）、顏任光（大華科學儀器公司總工程師）、黃伯樵（滬杭甬鐵路局局長）組成獎金委員會。〔註 57〕

　　可見，該獎金採取的是申請與推薦相結合的評議方式，發明者由兩名社友推薦將成果提交給審查委員會，審查委員會也可以直接推薦（當然需要審查通過）。值得注意的是，獎金第四條與第五條似乎有相悖之處，第四條規定獎勵對象是青年，第五條卻是「最良成績者」，若「最良成績」的發明者是像老而彌堅的愛迪生一樣的中老年咋辦？雖然基金募集「動靜」很大，但獎勵辦法發出後，激起的反響似乎並不如意。近一年後的 1933 年 8 月 12 日，赴重慶開年會途中，中國科學社召開理事會，討論任鴻雋提交的愛迪生紀念獎金應徵者王邦椿所著《豆腐培養基》一文（附有本品原液一瓶及審查人意見）。王邦椿時任衛生署中央衛生試驗所技佐，其發明經曹惠群、胡敦復介紹，提交給獎金委員會。委員會請化學家吳憲（北平協和醫學院生化系教授）、曾昭掄和細菌學專家李振翩

---

〔註 56〕 《中國科學社募集愛迪生紀念獎金基金捐款徵信錄》，《科學》第 16 卷第 10 期，第 1578～1584 頁。

〔註 57〕 《理事會第 103 次會議記錄》（1932 年 10 月 11 日），《社友》第 24 號，第 1 頁。

（國立上海醫學院細菌學教授）審查，以為「此發明於學理上無甚貢獻，但亦為實用的發明」。〔註58〕理事會討論，以為「實在貢獻可無問題，惟其論文應加以補充修正」，議決按照審查意見，請作者修改完善後提交討論。〔註59〕1934年2月8日，王邦椿論文修正交來，理事會決議「修正文再請原審查人曾昭掄、吳憲二先生審查」。同年4月3日，理事會才最終決議將首屆愛迪生獎金及獎章授予王邦椿，文章登載《科學》第18卷第3期第338～344頁。

　　張道鎮以其發明的乳精石二塊及說明書提交中國科學社，申請愛迪生獎金。1934年2月8日，理事會議決「礦石之能劃開玻璃者甚多，張君道鎮之乳精石不可謂發明，毋須審查」。此後，愛迪生獎金與考古學獎金一樣，未見再次頒發。1936年3月17日理事會上，總幹事楊孝述建議稱：「愛迪生紀念獎金及考古學獎金等，非每年必有相當之人可授給」，該基金利息的餘款，「與其儲款」，「曷若……用以購買書稿」。「凡用某種紀念金購稿，即於其出版物上注明某種紀念字樣，則既不失紀念之原意，而於文化上大有裨益」。理事會通過楊孝述建議。〔註60〕考古學獎金、愛迪生獎金之所以頒發一次後，未再繼續，主要原因是每年「沒有相當之人可授給」。由此可見，一方面，當日雖然李濟、梁思永、董作賓等領導的人文歷史考古學異常繁盛，成果迭出，人才輩出，但自然科學方向的古人類學考古要不斷有重大發現實屬不易；應用科學方面的發明創造，因整個社會工業化程度低下等原因，自然難有引起獎金委員們矚目的作品。另一方面，考古學獎金委員丁文江、翁文灝、章鴻釗，愛迪生獎金委員任鴻雋、顏任光、黃伯樵等對中國科學社自行設立的獎勵這一名器相當看重，並不輕易發放。考古學獎金的評選似乎也可以看出當日自然科學與人文社會科學之間有壁壘，即使中國科學社是一個號稱囊括自然科學、人文社會科學的綜合性社團，趙元任、胡適等在其間也很活躍，但畢竟是一個以理工科為主導的團體，何況中國科學社與中研院史語所還存有過節。〔註61〕

〔註58〕王邦椿：《豆腐培養基》，《科學》第18卷第3期，第338頁。

〔註59〕《理事會第110次會議記錄》（1933年8月12日），《社友》第35期（由「號」改「期」），第10頁。

〔註60〕《理事會第129次會議記錄》（1936年3月17日），上海檔案館藏檔案Q546-1-66-27。

〔註61〕1935年6月中研院評議會成立後，《科學》雜誌主編劉咸化名「觀化」在《科學》發表社論表示祝賀與「叫好」，同時也提出中研院研究所設立的不盡合理之處，其中直接點名史語所不倫不類，引起傅斯年、李濟等人的極大不滿，造成一定的風波。具體參閱拙著《賽先生在中國：中國科學社研究》第516～522頁。

　　因有高君珊捐贈設立高女士紀念獎金做榜樣，中國科學社運作效果也很好，繼起仿傚者不少。1934 年，廣東陽江縣梁紹榘捐贈其弟梁紹桐遺產大洋 2000 元，作為紀念梁紹桐基金。10 月 8 日，理事會議決取息作為定期刊物稿費，並在所選各篇文題下注明「本篇稿酬由梁紹桐紀念金項下支給」，稿費範圍限於梁紹桐「平日所致力之各學科」，包括建築工程、機械工程、化學、藥物學、園藝學、養蜂學等，「但有必要時得以年息之全部或一部移充徵文獎金之用」。〔註62〕

　　這樣操作並不容易，《科學》稿件向來沒有稿酬，後來因經費相對充裕，開始發放稿費，但規定很有意思。如 1935 年劉咸擔任專職主編後，規定稿費每篇 5～30 元，投稿者需聲明「願受何種報酬」，編輯部再根據稿件價值最終確定，「不聲明者以不受稿酬論」。因此，以梁紹桐遺產利息作為某些學科稿件稿酬，與其他學科稿件相比，可能就有厚此薄彼的嫌疑。1936 年 3 月，楊孝述建議，與考古學、愛迪生獎金一樣，將每年利息作為購買書稿稿費，並可以將年息與購買書稿出版後收入繼續購買書稿，「如此孳生不息，將來紀念出版物之數量必甚可觀，則所以紀念梁先生者不特永久且效用較廣矣」。理事會同意此建議。〔註63〕

　　應該說，這是一個非常好的紀念方式，「既不失紀念之原意，而於文化上大有裨益」，非常可惜，雖然當時楊孝述說已購得兩部書稿，現僅查得一本《醫療中的奇蹟》以「中國科學社梁紹桐紀念基金出版叢書」名義出版。〔註64〕考古學、愛迪生獎金購買書稿出版事業毫無結果。

　　同時，更值得注意的是，中國科學社仍然不能忘情了「中國科學社獎章」這一在他們看來更具有權威性的全國最高科學獎。1936 年 8 月 16 日理事會上，秉志再次提出在「現有各種捐助獎金外設立中國科學社獎金」，為金質獎章一枚、獎狀一紙，「給予國內科學研究成績最著之一人者，每年年會時頒給之」。再次接續 1928 年停止的「中國科學社獎章」議案。議案得到與會者同意，並推定胡先驌（生物科學，北平靜生生物調查所所長）、胡剛復（物理科

---

〔註62〕《理事會第 120 次會議記錄》（1934 年 10 月 8 日），《社友》第 44 期，第 3 頁。

〔註63〕《理事會第 129 次會議記錄》（1936 年 3 月 17 日），上海檔案館藏檔案 Q546-1-66-27。

〔註64〕〔德〕愛文·李克（E. Liek）著，周宗琦譯：《醫療中的奇蹟》，1936 年 7 月中國科學社出版，1939 年 12 月再版。

學，浙江大學理學院院長）、顧毓琇（工程科學，清華大學工學院院長）、黎照寰（社會科學，交通大學校長）四人為中國科學社獎章委員會委員，胡先驌為委員長，「妥擬給獎辦法，提交本社理事會通過施行」。〔註65〕這一決議居然引起新聞媒體的關注，《華北日報》曾以《中國科學社設立科學獎章委員會》予以報導。1937年5月1日，理事會修正通過了獎金委員會擬定的章程：

1. 本獎章為獎勵國內科學研究而設，定名為「中國科學社科學研究獎章」。
2. 本獎章以金質特製，另附獎狀。由本社分年遴選國內物理科學、生物科學、工程科學及社會科學各門中研究有特殊成績者給與之。
3. 本獎章候選人之提出及審查由本社設立獎章委員會辦理之。
4. 獎章委員定為七人，由本社理事會推聘之。其中常設委員四人，就第二條所列四門學科各推一人，特設委員三人，就輪獎學科於給獎前一年推定之。
5. 常設委員任期四年，每年改聘一人，特設委員任期一年。
6. 委員會設委員長一人，由常設委員互推之。
7. 本獎章候選人不限為本社社員。
8. 本社社員有五人以上之連署，亦得就輪獎學科提出候選人於獎章委員會。
9. 本獎章由本社理事會根據獎章委員會之推薦決定後，於每年年會給與之。
10. 本章程如有未盡事宜得由獎章委員會提議修改之。
11. 本章程由本社理事會通過施行。〔註66〕

可見，「中國科學社科學研究獎章」章程已相當完備，不僅設立有常設委員會辦理相關事宜，而且每年就獎勵學科專門聘請該學科專家三人進行候選人推舉與審查，社員五人以上連署也可以提出候選人，獲獎人面向全國學術界，不限於社員；採用推薦制，而非請獎制。更值得主要的是：第一，該「研究獎章」並不侷限於科學技術，還包括社會科學。第二，僅頒發榮譽性的「獎章」，沒有物質性的獎金，對獲獎者而言是一個巨大的榮譽。當時，國內學術

〔註65〕《理事會第132次會議記錄》（1936年8月16日），《社友》第56期，第4頁。
〔註66〕《中國科學社科學研究獎章》，《社友》第60期，第2頁。

界權威性的學術獎勵，如中國地質學會的「葛氏獎章」、中國工程師學會「工程師榮譽金牌」都限於本學科，整個學術界還沒有一個比較權威的學術獎項。如果該獎項能成功舉行，雖然每年僅一個學科，但幾年下來也將形成國內學術界的標誌性大獎，必將成為民國學術評議與獎勵的標誌性事件。〔註67〕中國科學社也躊躇滿志，理事會還決定該獎章自 1938 年開始辦理，該年輪獎學科定為物理科學（包括數學、物理、化學、天文、地學、氣象），並推李四光（中研院地質所所長）、張準（燕京大學客座教授）、沈璿（上海自然科學研究所研究員）為特設委員，與常設委員胡先驌、胡剛復、顧毓琇、黎照寰一起推舉與審查獲獎人選。〔註 68〕旋修改章程，委員長由「常設委員中輪獎學科之一擔任」，按此，首屆委員長為胡剛復。

　　與其他所有事業一樣，全面抗戰爆發，對中國科學社的學術評議與獎勵事業也造成了極大影響，1938 年「研究獎章」候選人的遴選自然成為泡影。中國科學社理事會也在 1937 年 7 月 24 日召開 136 次會議之後，幾近一年之後的 1938 年 6 月 29 日才再次召開。經歷初期的混亂之後，形勢暫趨穩定，中國科學社的學術評議與獎勵也開始運行，但「研究獎章」已不再提起。1939 年 8月 26 日在上海召開第 140 次理事會，修改高女士獎金徵文章程，開啟新一屆高女士紀念獎金的評選；並推舉翁文灝（國民政府經濟部部長）、李濟（中研院史語所考古組主任）、吳定良（中研院史語所人類學組主任）為考古學獎金委員，讓他們「就國內研究考古學成績最良之一人推薦於理事會」。李濟、吳定良的加入，似乎預示著考古學人選從自然科學方向向人文歷史學方向轉向。更為重要的是，新設立了「中國科學社何吟苢教授物理學紀念獎金」，並由此對中國科學社獎金的設立產生很大影響。

　　何吟苢（1882～1939），名育傑，字吟苢，浙江慈谿人，中國高等物理教育奠基人之一。1901 年入京師大學堂師範館格致科。1904 年公派留英，1907 年獲曼徹斯特大學物理學學士學位，後遊歷德、法等國。1909 年回國，任教京師大學堂，籌建北京大學物理門，曾任主任。1927 年因病辭職返裏休養，旋赴東北大學任物理系主任。正是在東北大學期間，他北京大學學生孫

〔註67〕即使今天的「國家最高科學技術獎」也不包括「社會科學」，而且還有巨額獎金的物質基礎，與該獎章的榮譽性完全不可以道里計，其視野與學術自信可見一斑。

〔註68〕《理事會第 135 次會議記錄》（1937 年 5 月 1 日），《社友》第 60 期，第 1～2頁。

國封、丁緒寶等為慶祝他五十周歲生日，特以中國科學社瀋陽社友會名義，於 1931 年元旦發起「何育傑先生五十歲紀念物理獎」，募得基金二百餘元，以每年利息獎勵東北大學物理系一年級學生物理成績最優者。並決定 1931 年 7 月提取 23.1 元作為第一次獎金之用。〔註69〕不想，九一八事變爆發，計劃歸於泡影。

　　九一八事變後，何育傑辭職回裏。1937 年被聘為交通部參事。全面抗戰爆發後，攜家入川避居重慶。1939 年 1 月，不幸因病去世。為了表彰和紀念何育傑在中國近代物理教育事業上的重要貢獻，中國科學社社友蔡賓牟特與裘宗堯發起紀念獎金，捐款 1200 元。蔡賓牟父親蔡琴孫曾與何育傑等人創辦寧波效實中學，裘宗堯是何育傑外甥。〔註70〕8 月，理事會通過了徵文辦法 9 條，大致與高女士紀念獎金徵文辦法相同，指定徵文學科僅為物理學，應徵對象也與高女士紀念獎金一樣，並規定當年徵文時間為 1939 年 10 月 1 日到 1940 年 1 月 31 日，僅有 4 個月時間。〔註71〕理事會還推舉蔡賓牟（大夏大學理學院院長）、葉蘊理（交通大學教授）、查謙（中基會秘書）為徵文委員，以蔡賓牟為主任。

　　徵文辦法發出後，引起較大反響。1940 年 1 月 20 日，燕京大學物理系主任、英國人班威廉〔註72〕專門致函蔡賓牟推薦燕京大學論文：

〔註69〕《社員何育傑先生五十歲紀念物理獎》，《社友》第 13 號，第 2 頁。

〔註70〕後來何育傑女兒何平玖捐款 600 元，使基金增加到 1800 元。謝振聲《中國近代物理學的先驅者何育傑》，《中國科技史料》1990 年第 1 期，第 36～40 頁；《續收何育傑紀念獎基金》，《社友》第 67 期，第 2 頁。蔡賓牟（1910～1980），浙江鄞縣人。1931 年光華大學物理系畢業，1931～1933 年先後就讀美國密執安大學、哈佛大學。回國後歷任暨南大學、四川大學教授，大夏大學教授兼數理系主任，英士大學教授兼教務長，上海人文中學校長、華東師範大學物理系教授。1952 年當選中國科學社常務理事，積極參與科學史著述編譯。裘宗堯（1902～1968），浙江寧波人，金陵大學畢業，曾從劉海粟習畫，承父業在杭州經營「湖山喜雨臺」茶社、生產「三花牌」冰棍等冷飲的大達公司，也集資與人在上海創辦「裘天寶仁記銀樓無限公司」。譯有《內插法》，撰有《何育傑教授小傳》等。

〔註71〕《中國科學社「何吟苢教授物理學紀念獎金」徵文辦法》，《社友》第 63 期，第 2 頁。

〔註72〕班威廉（William Band，1906～1993）：1927 年獲曼徹斯特大學理論物理學碩士學位，放棄在卡文迪許實驗室攻讀博士學位機會，於 1929 年來華，任教燕京大學，1932 年任物理系主任。太平洋戰爭爆發前輾轉延安、重慶離華回國。1946 年獲利物浦大學博士學位，移居美國，先後任職芝加哥大學、華盛頓州立學院。

親愛的蔡先生：

現有參加何育傑教授物理學紀念獎金徵文兩篇，參加者為葛庭燧與馬振玉，二人均為理學院物理系助教。文章題目分別為馬振玉《單晶鋁線之製備及其均勻熱電效應之研究》、葛庭燧《蘿藤殺蟲劑之吸收光譜學研究》。

這兩篇文章不是學位論文，均為二人的獨立研究成果。〔註73〕

信函當然是英文，引文為整理者譯文。可見，班威廉非常重視馬、葛二位助教參加評獎一事。

1940年4月，首屆何育傑物理學獎揭曉，馬振玉文獲選。葛庭燧文及浙江大學物理系助教錢人元《重核分裂》二篇「內容亦優，因限於獎額，未能全錄，改由本社《科學》雜誌內發表，並致稿酬」。其餘應徵論文（具體有多少篇不得而知）「分別發還」。〔註74〕

當年以翁文灝、李濟、吳定良為獎金委員會的考古學獎金，仍然沒有選出最終人選。

因何育傑物理學獎金的設立及其頒發，中國科學社考慮對其所設立的獎金按學科進行歸類整理。1940年11月15日召開的147次理事會決議，愛迪生、梁紹桐、高君韋、考古學四種紀念獎金，「自本年起悉照何育傑物理學紀念獎金辦法給獎」，分別改稱為「愛迪生電工學紀念獎金」〔註75〕「梁紹桐生物學紀念獎金」「高君韋化學紀念獎金」「北平社友地質學及考古學獎金」，「未設獎金之學科，俟有捐助基金時再增設，每一學科得設不同名之紀念獎金」。〔註76〕可見，因何育傑物理學獎的設立，中國科學社有改變被動接受捐贈設立學科獎金的侷限，變為主動設立各門學科獎金的計劃，數學、天文氣象等學科

---

〔註73〕 《燕京大學物理學系主任班威廉致蔡賓牟》（1940年1月20日），周桂發、楊家潤、張劍編注《中國科學社檔案資料整理與研究·書信選編》，第 288～289 頁。信件還附有葛庭燧自撰的「略歷」，可知他學士論文為譯文，指導老師為吳有訓、葉企孫，碩士論文指導老師為陳尚文，還在後來成為他夫人的何怡貞指導下從事相關研究。應徵論文在蔡鎦生指導下完成，「係半年來研究之結果」。

〔註74〕 《本社何育傑氏物理學獎金揭曉》，《科學》第24卷第5期，第418頁。

〔註75〕 值得注意的是，無論是中國科學社1950年7月印發的《中國科學社三十六來的總結報告》，還是任鴻雋《中國科學社社史簡述》，都稱中國科學社設立的是「愛迪生電工獎金」，基金由電工社友捐贈。由上可知，愛迪生電工獎金其實就是此前的「愛迪生獎金」。

〔註76〕 《理事會第147次會議記錄》（1940年11月15日），《社友》第69期，第2～3頁。

待有捐助基金後再增設，目標是「每一學科得設不同名之紀念獎金」。〔註77〕
這是一個有識見的計劃。

　　理事會還議決當年各種獎金名額，物理學 2 名、化學 1 名、生物學 2 名、
電工學 2 名、地質學及考古學 2 名。除高君韋化學獎因戰前幾乎年年評選，基
金額度不大，當年只能設獎額 1 名，其他都是 2 名。並推舉了各學科的獎金委
員會：物理嚴濟慈（召集人，北平研究院物理所所長）、吳有訓（西南聯大理
學院院長）、吳大猷（西南聯大物理系教授），化學紀育灃（召集人，上海醫學
院教授）、莊長恭（中研院化學所研究員）、程瀛章（暨南大學理學院院長），
生物王家楫（召集人，中研院動植物所所長）、錢崇澍（中國科學社生物所代
所長）、盧於道（復旦大學生物系教授），電工鍾兆琳（召集人，交通大學電機
系主任）、薛紹清（大同大學電機教授）、楊肇燫（中研院物理所研究員），地
質與考古學楊鍾健（召集人，地質調查所昆明辦事處主任）、謝家榮（資源委
員會礦產測勘處處長）、李濟。還公布了《中國科學社各種獎金徵文辦法》9
條，與高女士獎金、何育傑獎金徵文辦法大致相同。規定了當年度各獎金名額
和各學科徵文寄送地址：化學和電工學寄送上海中國科學社，物理學寄送昆明
黃公東街十號國立北平研究院嚴濟慈，生物學寄送重慶北碚新橋中國科學社
生物所，地質學和考古學寄送昆明北門街 25 號地質調查所昆明辦事處楊鍾
健。獲獎結果將於 1941 年 9 月揭曉。〔註78〕可見，從 1940 年度開始，中國
科學社獎金已有五種之多，而且獎勵人數也遠超以前，如果全額獲選，將有 9
人之多，這將是一個值得注意的群體。

　　為了擴大影響，中國科學社還專門致函重慶盧於道、昆明嚴濟慈、貴陽朱
侶仟、桂林丁緒寶、蘭州壽天奉，分別寄送當年度徵文辦法三份，請他們分送
當地報館，「義務登載教育新聞欄內，以資傳播」。〔註79〕非常可惜，隨著抗戰
局勢的惡化，中國經濟出現嚴重問題，通貨膨脹，中國科學社各種獎金基金的
區區數目自然抵擋不住這樣的侵襲。中國科學社首次五種獎金同時運行的計
劃完全落空。僅有一些信函透露了獎金評審的些許信息：1941 年 9 月 5 日，

---

〔註77〕考古學獎金擴展到地質學，說明獎金委員會因有李濟這樣的人文歷史類考古
　　　　學者，獎金有可能也開始關注考古學的人文部分。
〔註78〕《中國科學社各種紀念獎金徵文辦法》，《社友》第 69 期，第 6 頁。
〔註79〕《中國科學社函覆川、滇、黔、桂、甘五處徵文辦法》（1940 年 11 月 30 日），
　　　　周桂發、楊家潤、張劍編注《中國科學社檔案資料整理與研究·書信選編》，
　　　　第 304 頁。

楊孝述致函楊肇燫，稱愛迪生電工獎金僅收到羅祖鑒《電波分析》一篇，已經鍾兆琳審查，請楊肇燫「再審閱以昭評責」，然後「再行會商，藉憑取捨」。同年 10 月 22 日，楊鍾健告知中國科學社他並未收到地質學和考古學應徵文字。〔註80〕其他物理、化學與生物學科毫無信息。由此，中國科學社的學術評議日漸消散，最終完全停止。

抗戰勝利後，這些獎勵基金成為廢紙，幾乎一錢不值。1946 年 5 月 20 日，理事會議決稱：「本社各種紀念獎基金，現因國幣貶值不便運用，應並歸總基金，比照《社友》六十九期所載各種紀念獎金辦法，保留原獎金名稱，如係私人所捐，可徵求捐款人同意，不同意者將該基金退還。」這是對此前中國科學社所有獎金的善後處理，具體有哪些併入中國科學社總基金，有哪些退還，也不得而知。〔註81〕

與此同時，即使在戰後這樣的多事之秋，中國科學社還是借助捐贈設立了裘氏父子理工著述獎金。1945 年裘維裕介紹其族人無錫巨紳裘可桴及其子外交家裘汾齡遺族裘復生、裘幼恒、裘毓莳、裘吳梅麗、裘達君等捐贈慶豐紗廠股票一千股（面值十萬元），指定生息充作「裘氏父子理工著述獎金」。當時由上海社友會接受，舉曹惠群、陳聘丞、沈璿、楊孝述、裘維裕、裘復生、楊肇燫七人組成獎金委員會，「暫行主持」。當年收到股息中儲券 90 萬元，「因戰局未靖，給獎困難，遂捐入與著述有關之明復圖書館為維持費」。次年又獲息法幣 5 萬元。1946 年 4 月 9 日，理事會、監事會聯席會議議決，追認上述七人為獎金委員會委員，並請裘維裕為召集人，討論徵文辦法等。到 1948 年 2 月，因利息「積有成數」，遂決定進行徵文，並公布了《中國科學社裘氏父子理工著述獎金辦法》。規定理工著述論文或著作可由各方推薦和公開徵求，以理工兩科輪流頒獎，獲獎作品發表時得在其顯著位置標明「本著述獲得某年份中國科學社裘氏父子紀念獎金」。1948 年度獎勵學科為電工科，徵文需在三月底前掛號寄送中國科學社，獎額一名，獎金一千萬元。〔註82〕

〔註80〕《中國科學社致楊肇燫》（1941 年 9 月 5 日）、《楊鍾健致中國科學社》（1941 年 10 月 22 日），周桂發、楊家潤、張劍編注《中國科學社檔案資料整理與研究・書信選編》，第 305～306 頁。

〔註81〕《理事會第 157 次會議記錄》（1946 年 5 月 20 日），上海檔案館藏檔案 Q546-1-66-163。

〔註82〕《理事會第 155 次會議（理監事會聯席會議）記錄》（1946 年 4 月 9 日），上海檔案館藏檔案 Q546-1-66-150；《本社裘氏父子紀念獎金徵求理工著述》，《社友》第 81 期，第 3 頁。

　　據報導，徵文以來，響應者不少。經獎金委員會初選三人，提交給周仁（中研院工學所所長）等相關專家審閱，再提交委員會審定，最終確定項斯循獲獎。因通貨膨脹，原獎金一千萬元已貶值不少，裘復生加捐兩千萬元共三千萬元，「當即匯交項君收訖」。項斯循畢業於交通大學電機系，時任職交通部平漢鐵路管理局長辛店機廠，獲獎論文為兩篇，分別為《Heroult 式電弧爐及其煉鋼法》《高周率誘導式電爐》。專家評閱意見如是說：

> 查項君之著作兩篇……文字通順，詞意暢達，對電爐之學理與構造，能扼要敘述，使讀者易於明瞭；在應用方面，更能本其經歷，提示綱領，俾從事電爐煉鋼之低級技術人員，得正確之依歸。雖無甚特殊之創見，然所依據之參考文獻，極為可靠，殊不乏有益於我國冶煉工業之處……〔註83〕

項斯循兩篇論文中一篇修改為《高周率感應式電爐》發表於《科學》第30卷第7期第215～216頁，注明「節自三十七年度裘氏紀念獎金原文」。

　　1948年5月頒發的裘氏父子理工著述獎金，是中國科學社學術評議與獎勵絕唱。另外，金叔初昆仲曾捐贈中國科學社「金太夫人紀念獎金」1000元，指明獎給生物研究所錢崇澍。〔註84〕由范旭東捐贈的范太夫人獎金（1929年捐贈基金一萬元），每年撥取1000元，分別獎勵中國科學社生物研究所和北平靜生生物調查所研究生各一人。該獎金由中基會設立管理，並非中國科學社設立，只是每年獎勵給生物所一名年青人而已。〔註85〕

　　世俗的學術評議與獎勵，有終身成就性質的榮譽性獎勵，如院士選舉；有對某項重要學術成就的物質獎勵，如諾貝爾獎金；有專門鼓勵青年學人從事學術研究的獎勵。中國科學社實際頒發的獎項中，除裘文中獲得的考古學獎金屬於獎勵某項重要學術成就（主要是北京人的發現與研究）外，全部屬於提攜年輕人的鼓勵性獎勵。從1925年就開始籌劃的具有終身成就榮譽性的「中國科學社（研究）獎章」，一直未能付諸實踐，這一情況的出現，除上面所提及的多種原因外，可能還與中國科學社在學術界的權威性不夠（特別是隨著各專門學會成立後）有關。當然，如是重要的獎項，以少數幾個權威學者來操作，本

---

〔註83〕《裘氏紀念獎金之收穫》，《社友》第84期，第2頁。

〔註84〕《理事會第147次會議記錄》（1940年11月15日），《社友》第69期，第2頁。

〔註85〕莊文亞編：《全國文化機關一覽》，世界書局，1934年，第168頁；胡宗剛編著《胡先驌先生年譜長編》江西教育出版社，2008年，第144頁；《范太夫人獎學金》，《科學》第19卷第3期，第422頁。

身就難以具有權威性。即使是考古學獎金,最初限於自然科學類別,獎金委員後來雖然推舉了李濟這樣的歷史類考古學專家和吳定良這樣的人類學家,還是未能找到實至名歸的年度「成就最卓著者」,將獎金順利頒發。這種「卓著者」遴選之難,可想而知。

## 四、評審人「良知」與年輕人學術成長「推進器」

中國科學社學術評議與獎勵所請評審專家都是當日學界真正的權威。將上面提及的各類獎金評審專家名單列表如表 3-2,數學胡敦復、錢寶琮、姜立夫、熊慶來、江澤涵、沈璿,物理胡剛復、顏任光、丁燮林、楊肇燫、葉企孫、吳有訓、嚴濟慈、吳大猷、裘維裕、蔡賓牟、葉蘊理、查謙,化學王璡、任鴻雋、曹惠群、宋梧生、曾昭掄、張準、莊長恭、吳憲、紀育灃、程瀛章,生物學伍連德、秉志、胡經甫、錢崇澍、李振翩、胡先驌、王家楫、盧於道,地學(包括地質學與地理學)丁文江、章鴻釗、翁文灝、李四光、謝家榮、胡煥庸、楊鍾健、張其昀,氣象學竺可楨,考古學與人類學李濟、吳定良,工程科學黃伯樵、鍾兆琳、薛紹清、陳聘丞、楊孝述、裘復生、顧毓琇。這些人大多是中國近代各門科學奠基人,胡敦復是中國數學會首任會長;胡剛復、顏任光對中國實驗物理學發展貢獻極大,當年北京大學物理系的顏任光與東南大學物理系的胡剛復有「南胡北顏」之稱;丁燮林、王璡分別是中研院首任物理所、化學所所長;因撲滅東北鼠疫而在國際上聲望極高的伍連德,曾候選諾貝爾生理與醫學獎;丁文江、章鴻釗是中國地質學奠基人。不少人還取得了卓越的科研成就,56 人中數學姜立夫,物理學葉企孫、吳有訓、嚴濟慈、吳大猷,化學曾昭掄、莊長恭、吳憲,生物學秉志、錢崇澍、胡先驌、王家楫,地質學翁文灝、李四光、謝家榮、楊鍾健,氣象學竺可楨,工程周仁,考古學李濟,人類學吳定良等 20 人當選 1948 年中研院首屆院士。首屆院士物理學 7 人、化學 4 人、生物(包括動植物)12 人、地質學 6 人、氣象學和人類學各 1 人,可見這個學術評審專家群體在近代科學各門學科中所佔據位置。另外,熊慶來、江澤涵、紀育灃、胡經甫等也曾名列院士遴選 150 位正式候選人,不少人後來當選學部委員。〔註86〕

---

〔註86〕 當然,以當選首屆中研院院士作為評判標準,在這裡有失公允。第一,這些獎金委員大多是各學科奠基人,院士遴選時奠基作用已過,在學術界聲名不彰;第二,院士選舉雖有奠基作用與科研成就兩個條件,但大多還是以科研成果為主(具體可參閱本書後面相關章節);第三,當選中研院院士中不少人是這些奠基人的學生輩,如數學方面五位院士中的華羅庚、陳省身、許寶騄是姜立夫、熊慶來的學生。

表 3-2　中國科學社各類獎金評審專家一覽表

| 獎　項 | 年　度 | 學　科 | 獎金委員會委員 | 備　註 |
|---|---|---|---|---|
| 高女士紀念獎金 | 1929 | 化學 | 王璡、曹惠群、宋梧生 | |
| | 1930 | 物理學 | 胡剛復、丁燮林、葉企孫 | 後加請吳有訓 |
| | 1931 | 生物學 | 秉志、胡經甫、錢崇澍 | |
| | 1932 | 地學 | 竺可楨、李四光、張其昀 | |
| | 1933 | 數學 | 胡敦復、錢寶琮、姜立夫 | |
| | 1934 | 化學 | 任鴻雋、張準、曾昭掄 | 任鴻雋退出，莊長恭代替 |
| | 1935 | 生物學 | 秉志、伍連德、錢崇澍 | |
| | 1936 | 地學 | 謝家榮、張其昀、胡煥庸 | |
| | 1939 | 數學 | 熊慶來、姜立夫、江澤涵 | |
| | 1940 | 化學 | 紀育灃、莊長恭、程瀛章 | |
| 考古學獎金 | 1930 | 考古學 | 翁文灝、丁文江、章鴻釗 | |
| | 1939 | 考古學 | 翁文灝、李濟、吳定良 | |
| | 1940 | 考古學與人類學 | 楊鍾健、謝家榮、李濟 | |
| 愛迪生獎金 | 1933 | 新發明 | 任鴻雋、顏任光、黃伯樵 | 吳憲、曾昭掄、李振翩評審 |
| | 1939 | 電工學 | 鍾兆琳、薛紹清、楊肇燫 | |
| 何育傑物理學獎金 | 1939 | 物理學 | 蔡賓牟、葉蘊理、查謙 | |
| | 1940 | 物理學 | 嚴濟慈、吳有訓、吳大猷 | |
| 梁紹桐生物學獎金 | 1940 | 生物學 | 王家楫、錢崇澍、盧於道 | |
| 裘氏父子著述獎金 | 1948 | 電工學 | 曹惠群、陳聘丞、沈璿、楊孝述、裘維裕、裘復生、楊肇燫 | 周仁等評審 |
| 中國科學社獎章 | 1938 | 物理科學 | 常設胡先驌、胡剛復、顧毓琇、黎照寰 | 特設李四光、張準、沈璿 |

　　具體的學術評閱中，他們並不以權威自居，知道自己並非全知全能，專業之外與普通人沒什麼兩樣。因此，對原子物理沒有研究的胡剛復、丁燮林、葉企孫推舉原子物理專家吳有訓審查戴晨論文；竺可楨、張其昀請李四光決定陳

國達地質研究論文的性質；曾昭掄不能確定各論文是否符合在《科學》上發表，需另請專家審查修改，「以免錯誤」；張準因自己在化學研究上並沒有特出的貢獻，因此請莊長恭具體決定論文等第；莊長恭雖對每篇論文都有所論列，但這些論文若要發表，必須請專家對論文進行修改。對愛迪生獎金應徵者王邦椿《豆腐培養基》，獎金委員任鴻雋、顏任光、黃伯樵不僅聘請化學家吳憲、曾昭掄，而且還專門邀請細菌學專家李振翩評審。充分尊重評審專家意見，專家意見說需要修正補充，就返回作者修改補充，並將修改稿再次請專家評閱。裘氏父子理工著述獎金委員雖然有 7 人之多，但他們還是要請專家周仁等審查。這些獎金委員們所面對的基本上是大學高年級或工作不久大學畢業生的習作或早期研究作品，多非精深的專業研究論文，即使後來應徵對象擴展到研究生或助教，應徵論文的水平還是可以想見，他們採取的卻是如此嚴謹的學術態度，可見學術在他們心目中地位和他們對學術的尊崇。

　　中國科學社的學術評議與獎勵，以現今的標準來看，程序並不規範。首先不是每個評審委員獨立評審，而是一個評審完成後，傳遞給下一個，這樣上一個人的評審結果自然會影響到下一個人的判斷。第二，沒有遵循學術評議基本的匿名原則，每篇應徵論文作者及其單位都是公開的，給「別有用心者」以可乘之機。正因為評審專家們心懷對學術尊崇，以他們的學術良知彌補了規則的不足，以學術為唯一標準，以公平、公正為原則，評選出實至名歸的成果。通過學術評議，選拔出真才實學的青年才俊，以促進科學發展，這是設立這些獎勵的「初心」，也是評審專家們的目標。

　　他們本著提升學術水準的原則，給有價值的應徵論文（無論是獲獎者、論文可以在《科學》發表者還是其他有價值的作品）都提出了非常中肯的修改意見，並將意見反饋給作者讓他們修改。於是，我們可以看到中國科學社與獎金應徵者這樣的通信：

　　　瑞湍先生鑒：

　　　　敝社上屆高女士紀念獎金徵文業經審查委員會評定揭曉，大著《新計算器圖形原理》一篇雖未能獲選，而立意新穎可取。惟全部尚欠完備，且間有舛誤，茲將是稿璧還，仍希繼續研究，以冀君更佳之結果。〔註87〕

〔註87〕《中國科學社致林瑞湍》（1935 年 6 月 5 日），周桂發、楊家潤、張劍編注《中國科學社檔案資料整理與研究・書信選編》，第 266 頁。

這是 1933 年度高女士紀念獎金（數學學科）評選結束後，1935 年 6 月，中國
科學社給應徵者林瑞淵的信件，在在體現獎勉後進的溫情。在保存的原始檔案
中，林瑞淵論文後專門注明「原稿退回，請仍繼續研究以致獲選」。對於何育
傑物理學獎金獲得者馬振玉，中國科學社也有如下的函件：

> 茲接何育傑教授物理學紀念獎金徵文委員會通知，本屆徵文業
> 已評定，由足下當選。惟關於文字方面尚有數點應請修正：（一）論
> 文題目似應改為《單晶鋁鎳之製備及其均勻熱電效應之研究》；（二）
> 插圖七之曲線不通過 O 點，又一邊通過軸線一邊逼近軸線，但照實
> 驗情形似應對稱，應加以說明或改正；（三）論文所用名詞應依照教
> 育部公布之物理學名詞，例如「公分」為「釐米」、「電動力」為「電
> 動勢」等。茲將文稿及插圖七奉上，希於最短期內修正寄還，以□
> □而便正式發表。〔註88〕

正是這樣的拳拳之心，引導著青年才俊們向著學術殿堂進發。

對年青的學者而言，獲獎不僅僅是研究成果獲得學界承認，更是對他們學
術人生道路選擇的極大鼓勵。高女士獎金的歷屆獲得者除 1930 年度的戴晨生
平不詳而外，其他各位都在各自領域做出了重要貢獻。

劉席珍（1905～1997），江蘇南京人。1929 年畢業於燕京大學化學系，繼
續攻讀研究生，1931 年獲碩士學位。翌年留美入密西根大學醫學院深造，獲
衛生科學碩士學位。回國後先後任廣西大學、福州協和大學等校教授，1950 年
調任南京藥學院（中國藥科大學）教授，從事與獲獎論文有關的生物化學研究
與教學。

陳國達（1912～2004），廣東新會人。1934 年中山大學地質系畢業，受洛
克菲勒基金會資助入北平研究院隨翁文灝讀研究生。翌年回廣州，任兩廣地質
調查所技士，並任教中山大學地質系。抗戰期間曾任江西省地質調查所技正，
戰後回中山大學任地質系主任。1952 年院系調整到中南礦冶學院，先後任系
主任、副院長等。1961 年創建中科院中南大地構造與地球化學研究室並任主
任。研究室後不斷改制調整，發展為長沙大地構造研究所，任所長。長期從事
地質理論研究，創立大地構造學說「地窪學說」，具有國際影響，1980 年當選
學部委員。

---

〔註88〕《中國科學社致馬振玉》（1940 年 4 月 8 日），周桂發、楊家潤、張劍編注《中
國科學社檔案資料整理與研究·書信選編》，第 292 頁。

　　李森林（1910～1996），湖南桂陽人。1936 年畢業於武漢大學數學系。曾任中學教員，1946 年任教廣西大學數學系。後調回湖南，任中南土木建築學院教授，隨學校調整任湖南工學院、湖南大學教授，合著有《泛函微分方程》等。他相當長時間離開科研環境，年近五旬才在近現代數學領域開拓，年近七旬還開闢新的領域，年過八旬仍能不斷有所創獲。

　　華國楨（1915～？），江蘇無錫人。1937 年畢業於浙江大學化學系，後留美入賓夕法尼亞大學燃料工程系。回國後曾任職中央大學、浙江大學、兵工署材料試驗處、大渡口鋼鐵廠。1946 年赴臺任職臺灣肥料公司，後歷任美援運用委員會技正，國際經濟合作發展委員會第一處副處長、處長，經濟建設委員會計劃處處長等。著有《臺灣肥料工業的成長》等。〔註89〕

　　閔嗣鶴（1913～1973），江西奉新人。1935 年畢業於北平師範大學數學系，任附中教員。1937 年任清華大學算學系助教。隨校遷昆明任西南聯大助教，師從華羅庚研究數論。1945 年考取中英庚款留英，1947 年獲牛津大學博士學位，赴美國普林斯頓高等研究院訪學。1948 年回國，任教清華大學數學系。1952 年院系調整，任北京大學數力系教授。與華羅庚一起培養了一批數論人才如陳景潤、王元、潘承洞等，促成解析數論中國學派的誕生。

　　王憲鍾（1918～1978），山東福山人。1936 年考入清華大學物理系，後轉入西南聯大數學系。1941 年畢業，隨陳省身讀研究生，1944 年獲碩士學位。翌年與胡世楨一同留英，在曼徹斯特大學研究拓撲學。1948 年獲博士學位回國，任中研院數學所副研究員。1949 年赴臺，復轉美國，先後任教路易斯安那州立大學、西雅圖華盛頓大學、西北大學、康奈爾大學等。在代數拓撲學、李群等方面成就卓著，1964 年當選中研院院士。

　　考古學獎金獲得者裴文中（1904～1982），河北豐潤人。1935 年赴法留學，專習史前考古學，1937 年獲巴黎大學博士學位。回國後任地質調查所新生代研究室負責人。1949 年後歷任文化部社會文化事業管理局博物館處處長、中科院古脊椎動物研究室研究員、古脊椎動物與古人類研究所古人類研究室主任、北京自然博物館館長等。中國舊石器考古學和第四紀哺乳動物學的奠基人、中國古人類學創始人之一，1955 年當選學部委員。

　　何育傑物理學紀念獎金第一屆徵文獲獎者馬振玉（1906～？），河北固安

---

〔註89〕竺可楨日記中曾有他獲得高女士獎金的記載，並說他是化學系三年級學生，江蘇無錫人。樊洪業主編《竺可楨全集》第 6 卷，第 77～78 頁。

人。1931 年畢業於燕京大學物理系，後讀研究生，1940 年獲碩士學位。1946
年任教河北醫學院，1982 年獲中國物理學會所頒「從事物理教學 50 週年」榮
譽獎。譯有海森堡《原子核物理學》等。

　　即使那些未能獲獎，但論文有價值得以登載《科學》者，也有不少人取得
了重要科研成就，如首屆何育傑物理學獎的燕京大學物理系助教葛庭燧和浙
江大學物理系助教錢人元。葛庭燧（1913～2000），山東蓬萊人。1940 年獲燕
京大學碩士學位，應吳有訓、葉企孫邀赴西南聯大任物理系教員。1941 年留
美，1943 年獲加州大學伯克利分校博士學位。在麻省理工學院光譜實驗室從
事研究，參與曼哈頓工程，進行「鈾及其化合物的光譜研究」，獲得美國政府
頒發獎章與獎狀。1945 年到芝加哥大學從事金屬內耗研究，成為內耗和滯彈
性領域奠基人。1949 年回國，先後在清華大學，中科院應用物理所、瀋陽金
屬所和合肥固體物理所從事科研工作，曾任中科院合肥分院副院長、固體物理
所所長等。1955 年當選學部委員。

　　錢人元（1917～2003），江蘇常熟人。1939 年畢業於浙江大學化學系，被
物理系主任王淦昌聘為助教，翌年轉入西南聯大任教。1943 年留美，先後在
加州理工大學、威斯康星大學、艾奧瓦州立大學學習研究，博採諸家之長。
1948 年回國，先後任廈門大學副教授、浙江大學副教授。1951 年調中科院物
理化學所任研究員。1953 年，轉向高分子物理研究，成為中國高分子物理研
究及教學開創者，曾任中科院化學所副所長、所長。1980 年當選學部委員。

　　高女士紀念獎金中也有這樣的人物。

　　方先之（1906～1968），浙江諸暨人。1925 年考入滬江大學生物系。1928
年入讀北京協和醫學院，1933 年畢業。歷任協和醫學院住院醫師、主治醫
師、講師、襄教授，1938 年留美習骨科，獲波士頓大學博士學位回國。1942
年在天津創辦天和醫院，越兩年創辦骨科醫院。1952～1968 年任天津人民
醫院骨科主任、天津醫學院教授。「文革」中遭受迫害，1968 年 6 月 29 日
去世。骨科專家和醫學教育家，首創骨關節結核病灶清除療法和中西醫結合
治療骨折。〔註 90〕

　　丁驌（William Su Ting，1913～2000），雲南曲靖人。1927 年考入輔仁大

<hr />

〔註 90〕與方先之一樣徵文刊登《科學》的陳毓麟，又名陳同素，1929 年從蘇州省立
　　　　第二工業專門學校入浙江大學工學院，1932 年畢業，留校任化學系助教兼高
　　　　農化學教員。後曾任職蘇州高級工業職業學校，1953 年調任杭州化學工業學
　　　　校（今浙江工業大學）籌備委員。

學，翌年轉入燕京大學，1933 年畢業。考取第二屆中英庚款，入格拉斯哥大學攻讀地理學，1937 年獲博士學位。輾轉回國，先後任教廣西大學、重慶大學、中央大學、中山大學。政權轉換之際，任教香港，1957 年轉美國任洛杉磯加州大學地質系教授。著有《地形學》《數量地理》等著作，對廬山第四紀冰川持反對態度。晚年致力於甲骨文研究，著有《夏商史研究》等。

嚴冰人（1916～1988），本名嚴秉淳，江蘇吳江人。1935 年省立蘇州中學畢業，考入交通大學化工系，1940 年畢業，任職資源委員會。1945 年受經濟部派遣赴美實習，1947 年回國，任南京化工廠工程室主任。1950 年任東吳大學教授兼化工系主任，1952 年院系調整任華東化工學院（今華東理工大學）教授，曾任有機化學教研室主任、化學製藥教研室主任等。專攻化學製藥，晚年從事計劃生育新藥研究，合編有《藥物合成反應》等。〔註91〕

許海津（1916～？），武漢大學數學系畢業，曾任大夏大學副教授，考取浙江大學數學系研究生，1948 年留美入耶魯大學。1958 年回國，任職中科院數學所，文革中遭受迫害。

龍季和（？～？），1933 年畢業於上海南洋模範中學，1935 年入讀清華大學算學系，1939 年畢業，任教西南聯大，後任教北京大學。院系調整後，任教北京工業學院、廣西大學等，曾任廣西大學數學系主任兼校工會主席、廣西數學學會第一屆理事長。著有《集論初步》等，譯有《富里哀級數》等。

更多的參與者也有相當的科研成就。

李榮夢（1912～1988），湖南長沙人。1932 年畢業於北洋工學院土木系。1935 年留美，1938 年獲得康奈爾大學博士學位。曾任西北工學院土木系及水利系教授、臺中海港總工程師及臺灣農田水利局總工程師、湖南沅資流域規劃委員會總工程師、長江流域規劃辦公室副總工程師、長江水利科學研究院副院長，長江工程大學副校長等。

謝明山（1911～1990），浙江鄞縣人。中央大學畢業後以英庚款第一名留學英國倫敦皇家理工學院，1939 年獲化工博士學位。回國後曾任西南聯大化工系主任等。1949 年去臺灣，曾任臺灣城業公司協理、臺灣大學化工系教授、中原理工學院院長、教育部次長、東海大學校長等。臺灣化工業元老，曾任臺灣化學工程學會理事長等。

林瑞湍，生平不詳，福建人。1938 年考入浙江大學數學系，畢業後曾執

---

〔註91〕感謝嚴陵女士提供相關資料。

教於貴州、福建等地。戰後赴馬來亞任教，著有《中國古籍數學化》等。

吳中樞（1912～1985），江蘇南通人。1931 年考入交通大學土木工程系，翌年肄業考入清華大學化學系，1936 年畢業。先後任教西北農學院、重慶大學、北方交通大學、天津大學、河北師範大學等，曾任化學系主任。合編《物理化學》教材等，譯有《無機化學》等，曾任河北省科協副主席。

錢憲倫（1907～1968），江蘇無錫人。畢業於之江大學，發表《人造纖維及合成纖維》《製造合成氨及硝酸的實驗及直觀教材》等，譯《蘇聯中學化學實驗室的組織經驗》《俄羅斯無機化學與物理化學發展簡史》等，曾任教西安交通大學化學教研室。1968 年 4 月 3 日與妻子袁雲文（1919～1968）、岳母張淑修（1884～1968）一起開煤氣自殺。

秦道堅（1912～1994），廣西桂林人。1928 年考入新成立的廣西大學，學校停辦後受馬君武提攜到大夏大學半工半讀。廣西大學復校後返校，1935 年畢業於化學系，留校任教。1937 年留美入路易斯安那州立大學攻讀糖業工程，獲化學碩士學位。1939 年轉俄勒岡州立大學研習食品工業和生物化學。翌年回國，任廣西大學教授兼化學工程系主任，後轉任浙江大學教授。1946 年赴臺，任糖業公司工程師。次年回大陸，任廣西大學化學系教授兼主任。1948 年再度赴臺，曾任化工廠廠長、東海大學化學系主任及訓導長等。1958 年任新加坡南洋大學化學系教授兼主任。1969 年回臺，任中國文化大學教授。著有《有機化學》《實用高等有機化學》等。

顧振軍（1915～2000），江蘇無錫人，1938 年畢業於浙江大學化工系，入兵工署材料試驗處工作。1941 年留美，先後入俄克拉荷馬大學、麻省理工學院，1945 年獲博士學位。1946 年回國，歷任浙江大學、大同大學、燕京大學、華東化工學院、上海交通大學教授。1958 年隨校遷西安，1976 年回任上海交通大學教授。中國電介質化學創始人，主要從事化學工程、電介質化學、高分子化學等教學與科研，著有《電介質化學》《聚合物在微電子技術中的應用》等。

余大猷（1910～？），江西婺源人。1935 年畢業於大夏大學化學系，入職商務印書館。1938 年從軍，曾任上尉書記，1940 年回母校任教，1946 年任貴陽師範學院副教授。1951 年參軍，任第二軍醫大學副教授兼化學教研室主任，1964 年升教授，1981 年離休。譯著有《定性分析化學》《無機定性分析化學》《醫用基礎化學》等。

向壽（1915～1993），江蘇江陰人。1937年畢業於浙江大學生物系，留校任教。次年轉江西獸醫專科學校，曾任校務委員會主任。1952年院系調整到江西農學院，曾任副院長等。著有《家畜生理學》《家畜生理生化學》等。

張果（1911～？），江蘇崑山人。1934年肄業於北平大學農學院生物系，隨朱洗從事實驗細胞學研究。戰後曾任臺灣海洋研究所駐滬工作站副研究員、北平研究院生理學研究所副研究員。1949年後，曾任中科院實驗生物所副研究員，上海細胞生物所副研究員、研究員等。

徐爾灝（1918～1970），江蘇江陰人。1939年畢業於中央大學地理系，留校任助教。1941年入中央氣象局從事天氣預報工作。1945年公費留英，1947年獲倫敦帝國理工學院碩士學位，入皇家科學研究院深造。1948年回國，任中央大學氣象系副教授。1949年後，歷任南京大學氣象系教授兼研究室主任、系主任、校務委員等，曾任國家科委氣象組副組長、中國氣象學會副理事長、《氣象學報》副主編等。文革中遭受迫害，1970年7月12日去世。

呂學禮（1919～1995），江蘇青浦人。1942年畢業於交通大學數學系，曾任中學教員，交通大學助教、講師。1954年調人民教育出版社，曾任編審、學術委員、課程教材研究所研究員、人教版九年義務教育初中數學系列教材主編、《數學通報》編委等。

徐桂芳（1912～2010），浙江永嘉人。1937年畢業於交通大學數學系，先後任教英士大學、浙江大學、北洋工學院等校。1946年回母校任教數學系。1956年隨校遷西安，創辦西安交通大學計算數學專業和應用數學系，曾任主任、校學術委員會副主任等。計算數學界元老，曾任《高等學校計算數學學報》編委等。

莫紹揆（1917～2011），廣西桂平人。1939年畢業於中央大學數學系，留校任助教。1941年任中山大學數學系講師。戰後回中央大學任講師。1947年赴瑞士留學，先後就讀洛桑大學、蘇黎世高等工業學校，從事數理邏輯研究。1950年回母校數學系任教，曾任數理邏輯教研室主任、中國邏輯學會副理事長等。

曾憲昌（1917～1993），湖北宜昌人。1940年畢業於武漢大學，留校任教。1948年留美，1950年獲哥倫比亞大學博士學位。翌年回國任教母校，籌建計算機科學系，曾任計算機軟件工程所所長。

　　魏保瑜（1913～1968），廣西桂林人，1936 年畢業於廣西大學數理學院，曾任中學教師。1938～1953 年任教廣西大學，先後任助教、講師、副教授、教授、中國數學會廣西分會理事長等。院系調整隨數學系調入中南礦冶學院。1956 年調北京郵電學院任數學教研室主任。

　　如果說獎金的獲得是科學共同體對年青科研工作者的承認，對這些青年科研人員來說是巨大的鼓勵，是使他們在未來的科學研究道路上披荊斬棘、奮勇前行的「推進器」。那麼，中國科學社獎金也為眾多的參與者提供了一個展示學術才能的舞臺，在撰寫應徵論文的過程中鍛鍊了他們的學術能力。

　　中國科學社設立與管理的這些獎金基本上屬於獎勵年輕人範疇，雖有「考古學獎金」評選年度考古學成就「最著者」，但僅頒獎一次，影響實在太小。中國科學社期望設立的、作為中國科學界最高權威性獎勵的「中國科學社獎章」，一直未能取得成效，這是中國科學社作為一個民間私立社團在中國社會所遭遇的窘境，它不能取得如美國科學促進會、英國皇家學會那樣具有評議獎勵全國學術的地位。與此相應的是，由政府設立的中研院評議會、教育部學術審議會獲得了本應由學術界自行管理的、具有全國性的學術評議與獎勵職能與權威，這在一定程度上也昭示了中國科學社作為一個綜合性民間學術社團在近代中國的歷史命運。

# 第四章　中央研究院評議會的「艱難困苦」

　　1928 年 11 月 9 日國民政府頒布的《國立中央研究院組織法》〔註1〕規定，作為國家最高學術機關，中研院除設立專門研究所進行科學研究外，還有「指導聯絡獎勵學術之研究」的任務。正如蔡元培所說：

　　　　對於向我們諮詢專門問題的人，我們當然有指導的責任；對於在學術界有重要發明或貢獻的本國學者，我們有時亦認為有獎勵的義務；對於和我們志同道合的研究機關，我們更覺得有聯絡的必要。〔註2〕

　　為擔當此「指導聯絡獎勵」任務，「組織法」第五條規定中研院成立評議會，「為全國最高學術評議機關」，由院長聘任國內專門學者 30 人組成，院長為議長，院所轄研究所所長為當然評議員。第七、八條還規定了評議員主要任務選舉名譽會員，包括國內個人名譽會員與團體會員、外國名譽會員。〔註3〕可見，評議會責任重大，其成立自然也應是中研院成立後最為緊要的工作。可因評議員選舉的困難等多種原因，評議會的設立卻遷延甚久，楊銓作為總幹事到被害身亡也沒有完成任務。丁文江繼任總幹事後，銳意進取，終於達成意願。

---

〔註1〕1928 年 11 月 9 日國民政府公布，1935 年 5 月 27 日、1936 年 11 月 6 日、1943 年 11 月 17 日、1947 年 3 月 13 日經過四次修正。

〔註2〕蔡元培：《中央研究院與中國科學研究概況》，中國蔡元培研究會編《蔡元培全集》第 8 卷，浙江教育出版社，1998 年，第 163～180 頁。

〔註3〕國立中央研究院文書處編：《國立中央研究院十七年度總報告》，國立中央研究院總辦事處發行，第 1～3 頁。

## 一、評議會創設的延宕與成立

中研院先於國民政府財政部、外交部等實務性機構被中樞提上議事日程，有論者認為是「政治鬥爭的產物」〔註4〕。但作為政治「裝飾品」〔註5〕，其籌備與設立卻很緩慢。1927 年 4 月 17 日，國民黨中央政治會議第 74 次會議提議設立中研院。5 月 9 日，第 90 次會議議決成立籌備處，推定蔡元培等人為籌備委員。初隸屬大學院，翌年 4 月獨立為國立中研院，並特任蔡元培為院長。5 月，啟用印信，籌備工作暫告一段落。6 月 9 日，蔡元培在上海亞東酒樓召集各機構負責人徐淵摩、丁燮林、陶孟和、竺可楨、李四光、楊端六、王季同、楊銓、高魯、周鯁生、宋梧生、周仁等 12 人，召開第一次院務會議，由此正式宣告成立。〔註6〕一個國家最高國立學術研究機構的籌備設立，延宕一年有餘；其成立大會在上海一個酒樓召開，這無論是對領導人蔡元培還是國民政府來說，都不是一件值得宣揚與高興的事情。由此可以度量國民政府對這樣一個沒有多少現實與實用價值的學術機構的重視程度。

中研院設立的困難重重似乎預示著評議會籌設的不順。中研院成立後，立馬積極籌備設立評議會。1928 年 6 月 30 日召開的第二次院務會議上，專門討論了評議會的問題，議決英文名為 National Research Council，與歐美各國的國家研究理事會相同，每年召開一次會議。〔註7〕同年 8 月 11 日第三次院務會議上，議決各學科人數分配及其候選人如表 4-1，「俟院長圈定」。

表 4-1 1928 年中央研究院評議會評議員候選人名單

| 學　科 | 人　數 | 候選人名單 |
|---|---|---|
| 數學 | 1 | 姜立夫、李儼、錢寶琮、周達、余【俞】大維 |

〔註4〕陳時偉認為中研院「在很大程度上是以蔣介石為代表的國民黨新貴與以蔡元培、李石曾、張靜江、吳稚暉為代表的國民黨元老……為了共同對付國民黨左派把持的武漢政權而達到的一種政治妥協」。蔡元培等加盟蔣介石集團從法統上鞏固了南京政權，蔣介石集團為酬謝蔡等而答應成立並非當務之急的中研院。參閱氏著《中央研究院與中國近代學術體制的職業化》（1927～1937），《中國學術》第 15 輯，第 185～186 頁。

〔註5〕曾任中研院總幹事、首屆中研院院士薩本棟對同是首屆中研院院士、農學家李先聞說過：「中央研究院是戰時的廢物，平時的花瓶」。李先聞認為這評價「一針見血」（李先聞《李先聞自述》，湖南教育出版社，2009 年，第 201 頁）。

〔註6〕國立中央研究院文書處編：《國立中央研究院十七年度總報告》，第 53 頁。

〔註7〕國立中央研究院文書處編：《國立中央研究院十七年度總報告》，第 55 頁。

| 天文及氣象 | 2 | 余青松、高平子、張雲（以上天文），蔣丙然（氣象） |
|---|---|---|
| 物理 | 2 | 饒毓泰、嚴濟慈、李書華、顏任光、葉企孫、朱物華、胡剛復 |
| 化學 | 3 | 李麟玉、孫學悟、趙石民、曹梁廈、吳憲、曾昭掄 |
| 地質與地理 | 3 | 翁文灝、朱騮先（以上地質，地理學人選暫缺） |
| 生物學 | 3 | 秉志、辛樹幟、鍾心煊、李石曾、汪敬熙、張巨伯 |
| 人類及考古 | 1 | 李濟、馬衡 |
| 社會科學 | 5 | 吳敬恒、胡適、陳寅恪、趙元任、顧頡剛、劉半農、林語堂（以上歷史語言），王世杰、燕樹棠（以上法學），任凱南（經濟），戴季陶（社會） |
| 工程學 | 4 | 李協、沈晤、彭濟群、周仁、李熙謀、孫昌克、朱廣才、石瑛、王寵佑、傅爾都【旳】、呂彥直 |
| 農林學 | 3 | 何尚平、譚熙鴻、過探先、陳煥鏞、常宗會、鄧植儀、葉雅各 |
| 醫學 | 3 | 劉瑞衡【恒】、顏福慶、褚民誼、金【經】利彬、谷鏡涵【汧】、Robert Ling |

資料來源：《國立中央研究院十七年度總報告》第 60～61 頁。

　　這個候選人名單與學科分類問題很多。僅就候選人名單來說，數學 5 人中李儼、錢寶琮以研究中國古算史聞名；周達僅是中國近代數學發展史上的過渡人物，根本不具備近代數學研究能力；俞大維雖先後獲得哈佛大學和柏林大學數學博士學位，也曾發表數學論文，但他志在軍政。其他沒有多少學術研究水平與能力的候選人還有不少，更重要的是，地質學候選人中居然因為政治原因沒有丁文江〔註8〕，社會科學又有吳稚暉、戴季陶這樣純粹政治人物。工程學科雖有 11 人之多，但真正有成就者僅李協、周仁、王寵佑等幾人而已；當時已有相當發展基礎的地質學、生物學候選人卻很少；農學和醫學名單問題也很多。當然，67 位候選人中也有不少真正的各學科帶頭人，姜立夫、李書華、葉企孫、吳憲、趙石民、李協、秉志、林可勝（Robert Ling）、陳煥鏞、翁文灝、朱家驊、張雲、王世杰、胡適、陳寅恪、趙元任、李濟等 17 人後來曾當選首屆評議會聘任評議員。

　　可能正是因為學科分類的不盡如人意與候選人名單的學術水準參差不齊，作為院長的蔡元培一直沒有對候選人予以「圈定」，評議會的設立也就繼

〔註8〕丁文江因曾擔任孫傳芳治下淞滬商埠督辦公署總辦被國民政府通緝暫避大連，本年 4 月回北平住李四光寓所，7 月受國民政府鐵道部和廣西當局之邀隻身前往廣西從事地質調查。參閱宋廣波編著《丁文江年譜》，黑龍江教育出版社，2009 年，第 323～325 頁。

續籌備。1929 年 1 月 13 日第四次院務會議推定王世杰、竺可楨、李四光起草評議會組織條例，評議員人選討論無定案。同年 2 月 16 日第五次院務會議討論「評議會組織章程案」時，議決「保留」。6 月 21 日的第六次院務會議，議決增派徐韋曼、宋梧生為起草委員，並推定徐韋曼負責召集開會，「限七月底以前完成之」。〔註 9〕9 月 8 日第七次院務會議議決，「先設本院評議會，其組織章程，由原起草委員會負責從速起草」。〔註 10〕決議案似乎是說「先斬後奏」，先將評議會成立，再頒布組織章程，因此要求起草委員會加快速度。1930年 1 月 4 日第九次院務會議，對起草委員會所草「組織章程」，議決「保留」。〔註 11〕其後，評議會的籌備完全處於停頓狀態，1931～1932 年的年度報告中說：「現以本院各所設備未充，永久院址亦未築成，故評議會之成立尚未進行。」〔註 12〕評議會沒有按照既定程序積極籌設，按照當時當事人的說法是由於中研院「創辦伊始，基根未固」；按後來研究者的說法，「終因關係複雜，牽涉太多，未能及時成立」。〔註 13〕後來蔡元培在紀念丁文江時說，「以關係複雜，七八年來，尚未組織」，佐證了研究者的結論。〔註 14〕可問題是，「關係複雜」的具體細節是啥，都在打啞謎，也就無法探知了。

其實，此時評議會未能成立，也與當時中國科學發展情狀有關。首先，除地質學、生物學等地方性科學本土化基本完成之外，其他學科數學、物理、化學等剛剛本土化起步，真正的研究成果還很少，各學科的真正「帶頭人」還未養成，各學科評議員自然難以選出，這從表 4-1 評議員候選人可以看出，一些學科根本找不到真正的領軍人物。第二，中研院剛剛成立，自身科研工作遠未展開，成立評議會與北京政府時期函夏考文苑、學術審定會等一樣，有「超前」的嫌疑。也就是說，此時評議會未能成立，也有科學發展內部的原因，也許還是更為本質的原因。

因中研院評議會未能及時成立，蔡元培 1930 年在中國科學社 15 週年紀念會上，曾要求中國科學社將社員按學科組織起來：「如是倘有一問題發生，

〔註 9〕國立中央研究院文書處編：《國立中央研究院十七年度總報告》，第 65、66、
　　　68 頁。

〔註 10〕《國立中央研究院院務月報》第 1 卷第 3 期（1929 年 9 月），第 27 頁。

〔註 11〕《國立中央研究院院務月報》第 1 卷第 7 期（1930 年 1 月），第 4 頁。

〔註 12〕國立中央研究院文書處編：《國立中央研究院二十年度總報告》，第 46 頁。

〔註 13〕中央研究院總辦事處秘書組編印：《中央研究院史初稿》，1988 年，第 167 頁。

〔註 14〕蔡元培：《丁在君先生對於中央研究院之貢獻》，《獨立評論》第 188 號（1936
　　　年 2 月 16 日）。

可以立即提交與之有關係之小組共同研究，……即可以得到全國科學家之注意研究，其收效必宏。」中研院設立各所，「本具此種志願。但因種種關係，不能見諸事實。吾覺這一件事，由科學社辦理最為適宜」。〔註15〕有鑒於中研院相關職能不能實現，蔡元培以為民間社團可能更為「適宜」，這自然是他與他的同仁們籌組評議會幾年不得成立的實踐經驗。

當然，評議會雖然沒有成立，但並不表明中研院沒有行使學術評議的職能。1931～1932年度，中研院也曾進行「各種創制之審查」「學術會議之召集」和一些技術諮詢工作。所謂「各種創制之審查」，主要是審查社會上一些所謂科學發明與科學創造，這應屬於學術評議：「年來國人對於科學之原理，機械之創造，頗欲有所發明。經本院分別審查者已有多起」。仔細分析這些審查，大多數是由於中國科學體制化當時沒有完成，本應由專門學術團體或機關擔當的責任，全歸屬到中研院了。例如，物理所承山東教育廳之請，審查某人所著《誘導生電原理之新創說》，結論為「所論列雖有缺陷，然悟及磁場與電流可以互易，縱非創見，亦有與安培氏暗合之處」。如此重複一百多年前安培的研究，實在是浪費人力物力。工程所審定某人發明紡紗機，這自然應該是專利機構的任務，而不是中研院學術評議功能所在。當然，如果從「諮詢」這一角度看，也未免不可。〔註16〕同樣，1932～1933年度工程所審查「液體發動機」一案，指出申請人僅誇耀「液體發動機」的優點，「未曾列舉足資討論之事實學理究何所據，無從研究」。但申請人鍥而不捨，先後又兩次提請審查，中研院無可奈何之下，只得如此說：「箋送『液體發動機』第三次審查報告，此後停止審查，請勿再耗彼此光陰。」〔註17〕這完全是遭遇「民科」，耗費了研究人員與文書處工作人員不少的精力與心力。

在這個過程中，蔣介石因蔡元培在政治上不與他合作，在中研院院址建設上「使絆子」，鬧成「院址之爭」，成為中研院發展歷程中典型的政治干涉學術事件（這可能是所謂的「關係複雜表現之一」）。〔註18〕這一事件促使蔡元培更清醒地認知蔣介石，更努力在中研院建章定制，為中研院的學術獨立奠定了相

〔註15〕《中國科學社十五周紀念匯誌》，《社友》第2號，第1頁。

〔註16〕國立中央研究院文書處編：《國立中央研究院二十年度總報告》，第51頁。

〔註17〕國立中央研究院文書處編：《國立中央研究院二十一年度總報告》，第353～354頁。

〔註18〕具體參閱拙文《學術與政治：1930年中央研究院院址之爭》，《學術月刊》2013年第4期。

對穩定的法理基礎。對中研院來說，已有的組織法與條例確立了其在研究所人事權上的獨立，但沒有規定院長出缺後的選舉與任命，也沒有院和研究所研究方向與規劃的決策機制；更為重要的是，中研院學術研究的獨立與自由沒有法理保證。評議會的成立，不僅可以滿足組織法所規定的「指導聯絡獎勵學術之研究」，而且只有設立評議會後，方可使中研院真正穩定，可以相對獨立於政府，「如院長繼任人選，由評議會推舉，即可保持學術相當之獨立性」。因此，楊銓被戕害後，蔡元培謹慎地尋找接班人，因他無為而治，中研院實行「內閣制」，總幹事作為「總理」辦理一切。〔註19〕在眾多的候選人中，他選擇了「精於科學而又長於辦事」「實為我國現代稀有人物」的丁文江。丁文江自然不負眾望。

1934年5月，丁文江到上海正式接任總幹事，認為中研院已「初具規模」，設立評議會不可再緩。於是積極著手進行，「與各關係方面商討，補充條文，規劃手續」。〔註20〕首先向政府建議修改《組織法》，共提出四點建議包括三個方面。

第一，首屆聘任評議員之選舉與聘任。「評議會為最高之學術評議機關，責任重大。評議員之人選，一方面應力從嚴格，一方面應力求普遍」，但依原規定，不免有「以院長一人取捨左右評議會全體之嫌疑」，且「國內專門學者散處各地，亦非院長個人耳目遍及」，因此首屆聘任評議員由國立研究院院長及國立大學校長組成委員會選舉，並由政府聘任，「不獨以顯其地位之隆重，亦所以求其分子之精湛」。當時全國有12所國立大學和2個國立研究院，「以十四國立最高學術機關開會推舉評議員三十人，當不至於有濫竽偏袒之弊」。〔註21〕可以說，《組織法》這一修訂，直接奠定了評議會的學術權威性與合理性，是未來評議會能正常運行並得到學術界尊崇的先決條件之一，也為中國學術評議體制化的完成奠定了基礎。

第二，學科分配。依各國研究機構評議員的組成以研究機構的學科分配，「以免有畸輕畸重之弊」，每科最多不超過3人，但「一科無相當人選時，得

〔註19〕中研院實行「內閣制」乃傅斯年語，也是實情。參閱李書華《李書華自述》，湖南教育出版社，2009年，第116頁。
〔註20〕蔡元培：《丁在君先生對於中央研究院之貢獻》，《獨立評論》第188號（1936年2月16日）。
〔註21〕正式公布的《國立中央研究院評議會條例》規定首屆聘任評議員由中研院院長及國立大學校長選舉，北平研究院院長李石曾沒有選舉權，當時國立大學也不止12所，出席選舉會議校長和校長代表有13人。

暫時從缺，亦可免濫竽充數之弊」。當時中研院有物理、化學、工程、地質、天文、氣象、歷史語言、心理、社會科學、動植物 10 個研究所，歷史語言分歷史、語言、人類和考古 4 個組，動植物分動物和植物兩個組，共 14 個學科，平均每科 2～3 人。但「各研究所科目不能永久不變，而目前國內各科目人材又未必與其科目之重要相稱，故僅定每科之最多人數，不復詳為分配，庶於合理支配之中，含有適合現在國情之意」。

　　第三，評議會職權。原組織法僅有選舉中研院名譽會員的規定，擴展為五個方面：決定中研院學術研究方針；促進國內外學術研究合作與互助；中研院院長出缺時推舉院長候補人，呈請國民政府遴選；選舉中研院名譽會員；接受國民政府委託之學術研究事項。〔註22〕

　　這些建議都為國民政府採納並審議通過。1935 年 5 月 27 日，國民政府公布《國立中央研究院評議會條例》，其中規定聘任評議員當選資格應滿足下述兩條之一：對於所專習之學術有特殊之著作或發明者；對於所專習之學術機關領導或主持在 5 年以上成績卓著者。聘任評議員任期 5 年，連選連任，到期 3 個月前由評議會選舉下屆評議員，辭職或出缺由評議會補選，任期以補足原任為限。聘任評議員選舉前應由國立大學及獨立學院各院系專任教授及副教授就相關學科加倍推舉候選人，候選人不以國立大學和獨立學院各院系教授為限。〔註23〕

　　由此，評議會的成立進入緊鑼密鼓的籌備階段。因時間關係，首屆評議會候選人不可能由教授們推舉，因為僅僅確定大學教授名單就耗時耗力，是一個大工程；從第二屆聘任評議員選舉的具體操作，教授初選也根本不可能在短期內完成。從竺可楨曾兩次致函丁文江推舉氣象學科候選人（見下文），工程科候選人由周仁推薦的事實可以推知這次候選人由中研院各所所長或相關學科主持人加倍推舉（第二屆聘任評議員選舉也有這個環節）。因資料原因，推舉候選人的具體過程與具體名單不得而知。

　　1935 年 6 月 19 日，中研院首屆聘任評議員選舉預備會議在南京中研院總辦事處舉行，當日出席者有院長蔡元培，國立大學校長北京大學蔣夢麟、北平大學徐誦明、北平師範大學李蒸、清華大學梅貽琦、山東大學趙畸、中央大學

---

〔註22〕國立中央研究院文書處編：《國立中央研究院首屆評議會第一次報告》（1937年 4 月），第 23～26 頁。

〔註23〕國立中央研究院文書處編：《國立中央研究院首屆評議會第一次報告》，第 10～11 頁。

羅家倫（陳劍修代）、武漢大學王星拱（周鯁生代）、四川大學王兆榮（陳大齊代）、同濟大學翁之龍、浙江大學郭任遠、中山大學鄒魯（居勵今代），列席中研院總幹事丁文江等 13 人。蔣夢麟認為心理學學科聘任評議員名額僅一人太少。丁文江解釋說，原本地質學、心理學各兩人，參考各方意見以為地質學兩人太少。與會各位若認為心理學太少，仍可以地質學、心理學各兩人。周鯁生認為心理學增加一人，動植物學兩科可減少一人。丁文江解釋動植物學各三人不能減少，因國內動植物研究機構多，大學相關科系也不少，而心理學僅中研院一個研究所，大學設系僅三四個。況且動物學包括生理學，植物學包括農學。最終國際上影響甚大的心理學家郭任遠認為心理學名額不必加增而論爭平息。〔註24〕會議議決聘任評議員學科分配物理（包括數學）3 人、化學 3 人、工程 3 人、動物（包括生理）3 人、植物（包括農學）3 人、地質 3 人、天文 1 人、氣象 1 人、心理 1 人、社會科學 3 人、歷史 3 人、語言 1 人、考古 1 人、人類學 1 人。並對候選人資格進一步細化：兩人學資相當，若一人為中研院成員，舉另一人；若一人為研究機關領導，舉之；若一人已改行不做研究，舉另一人；若一人在國外，舉在國內者。最後，蔡元培指定蔣夢麟、梅貽琦和周鯁生三人推舉 60 名聘任評議員候選人，以備第二天大會選舉。

　　蔣夢麟等三人不可能一晚上就能確定 60 名候選人名單及其略歷，他們推舉候選人時，每個學科都應有候選名單，由他們審定圈定而已。下為蔣夢麟等三人所推舉的正式候選人略歷、選舉時所獲票數及最終當選 30 人名單（括號中數字為候選人所得票數，下劃線者當選）：〔註25〕

　　**物理：**

　　李書華（12）：前任北京大學物理系教授，現任北平研究院副院長、中國物理學會會長。

　　吳有訓（4）：現任清華大學物理系主任。

　　姜立夫（10）：現任南開大學數學系主任。

〔註24〕《中央研究院首屆聘任評議員選舉會記錄》，《中央研究院官員任免》（1935 年 7 月 3 日到 1945 年 11 月 24 日），（臺北）「國史館」藏「國民政府」檔案，數字典藏號 001-032102-00028-017（下簡稱「國史館」藏），第 291～294 頁。

〔註25〕候選人及其候選理由見《國立中央研究院評議會第一屆聘任評議員候選人名單（略歷附）》，「國史館」藏第 301～318 頁；各位候選人所獲票數見同檔案第 299～300 頁。

葉企孫（8）：現任清華大學理學院院長、物理系教授。

饒毓泰（2）：現任北京大學物理系主任。

嚴濟慈（2）：現任北平研究院物理研究所主任。

**化學：**

吳憲（11）：現任北平協和醫學院生物化學系主任，最近四年著有論文十九篇。

侯德榜（11）：現任永利製城廠總工程師，著有英文《製城》出版於美國化學會叢刊。

曾昭掄（3）：現任北京大學化學系主任，著有論文十一篇。

趙承嘏（10）：前東南大學化學教授、北平協和醫學院研究員，現任北平研究院藥物研究所主任，最近四年著有論文十篇。

劉樹杞（2）：現任北京大學理學院院長、化學系教授，最近著有論文三篇。

薩本鐵（2）：現任清華大學化學系教授，著有論文十九篇。

**工程：**

王季同（2）：電機及機械工程，前任中央研究院研究員，現任通信研究員。

李協（12）：水利工程，前任河海工程學校教授，現任黃河水利委員會委員長。

凌〔註26〕鴻勳（10）：土木工程，前交通大學校長，現任株韶鐵路局局長。

唐炳源（7）：紡織工程，現任無錫慶豐紗廠廠長。

郭承恩（4）：電機工程，前任漢冶萍公司工程師及上海兵工廠廠長。

嚴恩棫（3）：礦冶工程，前漢冶萍公司化鐵股股長，現任中央研究院工程研究所研究員。

**動物：**

秉志（10）：前任東南大學、廈門大學生物系主任，靜生生物調

---

〔註26〕原文為「凌」。凌鴻勳對其名字常常被誤為「凌」，「通常是付之一笑，偶而也開玩笑地說：我不在乎這『一點』」。沈雲龍訪問，林能士、藍旭男記錄《凌鴻勳口述自傳》，湖南教育出版社，2011 年，第 1 頁。

查所所長，現任科學社生物研究所所長、動物學會會長，著有論文六十餘篇。

胡<u>林可勝</u>（10）：前任廈門大學、協和醫大教授、生理學會會長，現任協和醫大生理系主任，著有論文四十餘篇。

<u>胡經甫</u>（9）：前任江蘇昆蟲局技師、東吳大學生物系主任，現任燕京大學生物系主任、動物學會副會長，著有論文四十餘篇。

陳楨（4）：前任東南大學、北京師大教授，科學社生物研究所研究教授，現任清華大學生物系主任，著有論文五篇。

鄒樹文（2）：前任金陵大學教授、江蘇昆蟲局局長、浙江病蟲害防治所所長、皖贛農政辦事處主任，現任中大農學院院長，著有論文三篇。

經利彬（4）：前任北京大學、北京師大、中法大學教授，北平女子學院院長，現任北平研究院生理研究所所長，著有論文二十餘篇。

**植物：**

<u>胡先驌</u>（10）：前任東南大學生物系教授、科學社生物研究所研究教授，現任靜生生物調查所所長、植物學會會長，著有專刊論文三十餘篇。

<u>陳煥鏞</u>（8）：前任東南大學、金陵大學生物系教授，科學社生物研究所研究教授，中山大學植物系主任，現任中山大學農林植物研究所所長、植物學會副會長，著有專刊論文約二十篇。

錢崇澍（3）：前任金陵大學、東南大學、清華大學、廈門大學生物系教授，植物學會會長，現任科學社生物研究所植物部主任，著有論文約二十篇。

錢天鶴（5）：前任金陵大學園藝系、蠶桑系教授，浙江農業試驗處主任、中央研究院自然歷史博物館主任，現任實業部中央農業實驗所副所長。

<u>謝家聲</u>（11）：前任北京農專教務長、東南大學農科副科長、金陵大學農學院院長、廣西農林局副局長，現任實業部中央農業實驗所所長。

鍾心煊（2）：前任南開大學教授、廈門大學生物系教授兼理學院院長，現任武漢大學生物系教授，著有論文三篇。

**地質：**

丁文江（13）：前地質調查所所長，現任中央研究院總幹事，著有專刊二種論文九篇。

朱家驊（9）：前任兩廣地質調查所所長、地質學會會長。

翁文灝（13）：現任地質調查所所長，著有專刊一種論文重要者二十篇。

葉良輔（1）：現任中央研究院地質研究所研究員、代理所長，著有專刊二種論文十二篇。

楊鍾健（3）：現任地質調查所新生代地質研究室主任，著有專刊二種論文二十二篇。

謝家榮（0）：現任地質調查所技正、北京大學地質系教授，著有專刊二種論文四十篇。

**天文：**

張雲（10）：現任國立中山大學天文學教授兼天文台臺長，著有《變星研究法》及論文等。

高魯（3）：前任中央觀象台臺長、天文研究所所長，著有《星象統箋》等書。

**氣象：**

張其昀（7）：現任中央大學地理學系教授，曾編著人地學論叢（包括氣象學）等書二十餘種約百餘萬言。

蔣丙然（6）：前任教育部中央觀象臺技正、氣象科科長，現任青島觀象台臺長，著有論文五篇。

**心理：**

郭任遠（9）：前任復旦大學、中央大學心理學教授，現任浙江大學校長，著有論文十一篇。

陸志韋（4）：前任東南大學心理學教授，現任燕京大學心理學教授兼代校長，著有論文十篇。

**社會科學：**

王世杰（12）：前任北京大學、武漢大學法學系教授，現任教育部長，著有專刊三種論文約二十篇。

何廉（8）：現任南開大學經濟學院院長，著有關於統計及經濟論文多篇。

周鯁生（6）：前任北京大學現任武漢大學法學教授，著有專刊六種論文二十篇。

馬寅初（5）：現任立法院委員，著有專書及論文多篇。

陳達（6）：現任清華大學社會學教授，著有英文《中國之移民》由美國勞工局出版，及關於人口勞動問題論文多篇。

錢端升（2）：前任清華大學教授，現任中央大學教授，著有專刊三種論文多篇。

**歷史：**

朱希祖（6）：前任北京大學教授，現任中央大學歷史系主任，著有論文多篇。

胡適（12）：現任北京大學文學院院長，關於歷史者著有專刊一種論文數十篇。

陳寅恪（8）：現任清華大學歷史教授，著有論文四十餘篇。

陳垣（11）：前任燕京大學國學研究所所長，現任輔仁大學校長，著有專刊論文多篇。

蔣廷黻（1）：現任清華歷史系主任，專研究清代外交史，著有論文數十篇。

顧頡剛（1）：前任中山大學史學系主任，現任燕京大學史學系教授，著有專刊五冊論文多篇。

**語言：**

林語堂（3）：前任廈門大學教授，關於語言學者著有論文三十餘篇。

趙元任（10）：前任清華大學研究教授，現任中央研究院歷史語言研究所語言組主任，關於語言學者著有單刊二種論文十三種。

**考古：**

李濟（10）：前任南開大學教授、清華大學研究院講師，現任中央研究院歷史語言研究所考古組主任，著有專刊二種論文二十餘篇。

徐炳昶（3）：前任西北科學考查團團長、師範大學校長，著有
《西遊日記》，其論文散見《女師大季刊》。

**人類：**

吳定良（12）：現任中央研究院歷史語言研究所人類組主任，著
有論文二十餘篇。

梁思永（1）：前任哈佛燕京研究員，現任中央研究院研究員，
著有專刊一種論文二十餘篇。

　　6 月 20 日正式選舉，出席者新增國立大學校長交通大學黎照寰、暨南大
學沈鵬飛共 14 人有投票權，總幹事丁文江繼續列席，文書處主任王顯廷記
錄，郭任遠、居勵今為「檢票員」。蔣夢麟代表報告推舉候選人情況，指稱「本
席等三人見聞有限，關於人選難免遺漏，故須聲明所擬名單僅為選舉人參考，
選舉人盡可在名單以外自由推舉」。選舉過程中，物理組有人臨時推舉北京大
學物理系教授文元模，得一票；社會科學組周鯁生、陳達同為 6 票，第二次投
票，與會的周鯁生以 8 票當選。〔註 27〕

　　30 位聘任評議員，加上當然評議員 11 人院長蔡元培、物理所長丁燮林、
化學所長莊長恭、工程所長周仁、地質所長李四光、天文所長余青松、氣象所
長竺可楨、動植物所長王家楫、心理所長汪敬熙、史語所長傅斯年、社會科學
所長陶孟和，共 41 人組成首屆評議會，任期 1935 年 7 月 3 日～1940 年 7 月
2 日，議長蔡元培，選出各組主席，各分組名單如下（主席列第一）：

　　　　物理組：李書華、姜立夫、葉企孫、丁燮林

　　　　化學組：莊長恭、吳憲、侯德榜、趙承嘏

　　　　工程組：周仁、李協、凌鴻勳、唐炳源

　　　　動物組：王家楫、秉志、林可勝、胡經甫

　　　　植物組：謝家聲、胡先驌、陳煥鏞、王家楫（兼）

　　　　地質組：丁文江、翁文灝、朱家驊、李四光

　　　　天文氣象組：竺可楨、張雲、張其昀、余青松

　　　　心理組：汪敬熙、郭任遠、林可勝（兼）

　　　　社會科學組：王世杰、何廉、周鯁生、陶孟和

　　　　歷史組：胡適、陳垣、陳寅恪、傅斯年

---

〔註 27〕《中央研究院首屆聘任評議員選舉會記錄》，「國史館藏」第 297～300 頁。

語言考古人類組：李濟、吳定良、趙元任〔註28〕

可見，第一，王家楫兼動物組與植物組、林可勝兼動物組與心理組。也就是說，植物組開會時，作為動物學家的王家楫需出席會議；心理學組開會時，生理學家林可勝也要出席會議。因心理組僅汪敬熙、郭任遠兩人，專長腸道生理和神經生理的林可勝與會，自然有作用；植物組有評議員 3 人，研究動物的王家楫與會可能與他是中研院動植物所長有關（王家楫是 3 位植物組聘任評議員的晚輩）；語言考古人類組雖僅 3 人，但他們都是中研院科研人員。第二，若中研院所長學術水準與學術地位不夠，主席就由聘任評議員擔任，而且都是當選評議員票數最高者（上述各組除主席外完全以得票多少排序），因此物理組丁燮林科研水平與權威不夠，只能讓位於李書華（李書華回國後也沒有什麼科研成就，但他是北平研究院的實際主持人，學界地位高）；社會科學組陶孟和科研成就與地位都足以擔任主席，但王世杰不僅是法學權威，而且「學而優則仕」，已是教育部長，陶孟和只得讓位；傅斯年作為胡適學生，自然不能充當主席。唯一例外還是王家楫，他是秉志在南京「手把手」培養出來的第二代動物學家代表，老師面前做主席，難道是秉志讓賢？此前，丁文江曾意欲將秉志苦心苦力發展起來的中國科學社生物所與中研院動植物所合併，由王家楫任所長，理由是秉志「不易於行政」，似乎又不那麼簡單。〔註29〕

聘任評議員來自高校清華大學、中山大學、南開大學、協和醫學院各 2 人，中央大學、武漢大學、浙江大學、北京大學、燕京大學、輔仁大學各 1 人共 14 人；專門研究機構中研院 4 人、北平研究院 2 人，地質調查所、中央農業實驗所、中國科學社生物所、靜生生物調查所各 1 人共 10 人，企業永利公司、無錫慶豐紗廠各 1 人共 2 人，其他機構黃河水利委員會、株韶鐵路管理局各 1 人共 2 人，另有王世杰、朱家驊兩位已經完全從政的官僚。聘任評議員主要來自於高校和學術機構，具有相當的代表性，雖有王世杰、朱家驊這樣的純粹官僚，但王世杰的法學、朱家驊對地質事業的貢獻也有目共睹。

如果加上當然評議員 11 人，評議會中有中研院成員達到 15 人，超過1/3。因此有論者認為評議會雖然「具有學術上的權威性、學科上的全國性和代表上的廣泛性，不愧為『全國最高科學評議機關』」，但還是對當然評議員

〔註28〕國立中央研究院文書處編：《國立中央研究院首屆評議會第一次報告》，第 30～31 頁。
〔註29〕參閱拙著《賽先生在中國：中國科學社研究》，第 393～396 頁。

的任命和聘任評議員的專業僅僅限於中研院已設立研究所的學科提出了批評。〔註30〕其實，聘任評議員專業並不僅僅限於中研院已設立研究所學科，數學、農學、生理學這些中研院沒有的學科根據當時國內科學發展的情況也有姜立夫、謝家聲、林可勝這樣的相關學科領頭人入選。據朱家驊說，籌備評議會時，他「對於評議員只限於中央研究院已有的研究科目，其他學科的人員並不包括在內，頗有異議」，丁文江力勸他「不要再堅持，不必再擴大範圍，以免發生其他枝節」，「他的苦心孤詣，使我終予同意，並在中央政治會議予以支持」。〔註31〕可見，學科分布可能也是此前評議會一直不能成立的「關係複雜」表現之一。

　　1935年9月7日，中研院首屆評議會在南京雞鳴寺史語所舉行成立大會，宣告中研院成立整整七年後，「全國最高學術評議機關」評議會正式誕生，成為中研院也是中國科學體制化標誌性事件。評議會成立後，中國科學社機關刊物《科學》在「社論」欄發表文章予以評論，說評議員「除極少數非科學家外，餘皆為吾國科學界各方代表人物，極一時之選，評議會既告成立，實為該院最高策源機關，斯不僅關係該院前途之發展，亦吾國科學史上值得記載之一件大事」。〔註32〕蔡元培也說，評議會「凡國內重要的研究機關，如國立北平研究院、北平地質調查所、中央農業實驗所、全國經濟委員會、中國科學社、靜生生物調查所、黃海化學工業研究社，設有研究所的著名大學如北京、清華、協和、燕京、中央、中山、浙江、南開、武漢大學等，以及與科學研究有直接關係的教育部、交通部，無不網羅在內，本院和各研究機關因之而得到更進一步的聯絡，這是本院歷史中可以『特筆大書』的一件事」。他還對評議會寄予極大的期望，如果評議會運用得好，就算「找到了中國學術合作的樞紐」〔註33〕，奠定了中研院的「百年大計」。〔註34〕胡適也給予評議會極高評價，說評議會「把這個全國最大的科學研究機構重新建立在一個合理而

〔註30〕　徐明華：《中央研究院與中國科學研究的體制化》，《中央研究院近代史研究所集刊》第22期（下冊）。

〔註31〕　朱家驊：《丁文江與中央研究院》（1956年10月），王聿均等編《朱家驊先生言論集》，中央研究院近代史研究所，1977年，第749頁。

〔註32〕　觀化：《國立中央研究院評議會成立》，《科學》第19卷第6期，第826頁。

〔註33〕　蔡元培：《中央研究院與中國科學研究概況》，中國蔡元培研究會編《蔡元培全集》第8卷，第174頁。

〔註34〕　蔡元培：《丁在君先生對於中央研究院之貢獻》，《獨立評論》第188號（1936年2月16日）。

持久的基礎之上」。〔註 35〕朱家驊後來總結評議會的意義時，有進一步的延伸，「評議會的成立，是在君先生替中央研究院立下的百年大計，有了評議會，才有後來的院士會議，有了院士會議，研究院的體制才正式完成，這是我們同人所深深感謝的」。〔註 36〕

除選舉過程中臨時推舉的文元模外〔註 37〕，分析被推舉的 60 位候選人與當選 30 人，聯繫各學科當時和未來發展，可以探知當時學界的一些情狀，明晰學術評議與學術發展的關係。科學技術方面包括物理（含數學）、化學、工程、動物（含生理）、植物（含農學）、地質、天文、氣象和心理學 12 個學科共有候選人 42 名。來自大學 18 人，清華大學 4 人，北京大學 3 人，協和醫學院、燕京大學、中央大學、中山大學各 2 人，南開大學、武漢大學、浙江大學各 1 人。最終 9 人當選，協和醫學院、中山大學各有兩位，清華、南開、燕京大學、中央大學和浙江大學各一位，北京大學無一人當選，協和醫學院、中山大學候選人全部當選。從一個側面反映了當時大學各學科情狀，北京大學自然科學無論是數學、物理、化學還是生物，在當時並不處於前列，如物理系是中國成立最早的物理學系科，卻在 1920 年代末 1930 年代初期步入最衰弱時期，不僅不能與後起的清華大學物理系相提並論，與中央大學物理系也不可同日而語。〔註 38〕協和醫學院在生物化學和生理學方面、中山大學在植物學和天文學方面處於國內領先。後來 1948 年首屆中研院院士選舉中，18 位候選人中 8 人當選（劉樹杞去世），其中清華大學 3 人（吳有訓、葉企孫、陳楨）、北京大學 2 人（饒毓泰、曾昭掄）、協和醫學院 2 人（吳憲、林可勝）、南開大學 1 人（姜立夫）。〔註 39〕9 位當選評議員中僅 4 人榮膺院士，中央大學、中山大學和浙江大學當選評議員都落選院士。未當選評議員的 8 位候選人中有 4 人當選院士，從一個側面反映了這些候選人與當選者在後來的學術發展過程中學

〔註 35〕 胡適：《丁在君這個人》，《獨立評論》第 188 期（1936 年 2 月 16 日）。
〔註 36〕 朱家驊：《丁文江與中央研究院》，王聿均等編《朱家驊先生言論集》，第 749 頁。
〔註 37〕 文元模（1893～1947）：字范村，貴州貴陽人，畢業於東京帝國大學，後轉德國柏林大學研究，回國後曾任北京大學、輔仁大學教授等。對相對論在中國傳播貢獻甚大，譯有《從牛頓到愛因斯坦》《相對論及其推論》等。後落水成漢奸，先後任偽北大理學院院長、華北政務委員會教育總署督辦等。1947 年瘐死獄中。
〔註 38〕 參閱拙文《饒毓泰與北京大學物理系》，《科學文化評論》2015 年第 6 期。
〔註 39〕 值得指出的是，薩本鐵、陳煥鏞兩人在院士選舉過程中因「涉偽」被取消了候選資格。按照他們的學術成就，應該當選院士。

術貢獻、影響與地位的變化。

來自專門科研機構候選人共 17 人，中研院 5 人（王季同、嚴恩棫、丁文江、葉良輔、高魯）〔註40〕、北平研究院 4 人（李書華、嚴濟慈、趙承嘏、經利彬）、地質調查所 3 人（翁文灝、楊鍾健、謝家榮）、中國科學社生物研究所 2 人（秉志、錢崇澍）、中央農業實驗所 2 人（錢天鶴、謝家聲）、靜生生物調查所 1 人（胡先驌），僅 7 人當選，當選比例僅 41%，主要是中研院 5 位僅丁文江當選所致。北平研究院 2 人、其他機構各 1 人當選。中研院因有各所長和院長為當然評議員，聘任評議員名額自然不能過多。除兩大綜合性國立科研機構外，其他各機構各一人當選，說明當日這些專門科研機構（無論是國立還是私立）都有其相當地位與設立的理由，而且這些研究機構特別是生物學方面的中國科學社生物研究所、北平靜生生物調查所是中國生物學的研究重鎮，學術水準比中研院動植物所、大學生物系都高，更有學科的領軍人物如秉志、胡先驌等。1948 年首屆中研院院士選舉時，丁文江、王季同、高魯等已去世，其餘 14 人中李書華、嚴濟慈、翁文灝、楊鍾健、謝家榮、秉志、錢崇澍、胡先驌 8 人當選，與來自大學的候選人當選人數相同，但比例高於大學。值得注意的是，地質調查所和中國科學社生物所 5 位候選人都當選首屆中研院院士。當選評議員中趙承嘏、謝家聲未當選院士，其中趙承嘏因「涉偽」被取消候選資格。

來自工礦企業候選人 3 人，分別為永利製城廠（侯德榜）、無錫慶豐紗廠（唐炳源）、上海兵工廠（郭承恩）；政府部門 4 人，分別為黃河水利委員會（李協）、鐵道部（凌鴻勳）、交通部（朱家驊）、青島觀象臺（蔣丙然）。7 位中 5 人當選評議員，當選比例高於大學與科研機構。首屆中研院院士選舉時，李協、郭承恩已去世，侯德榜、凌鴻勳、朱家驊三人當選，比例達到 60%。

可見，作為執掌國家學術發展方向的中研院聘任評議員科學技術方面候選人主要由大學和研究機構學者組成。20 世紀以來，科學技術發展日新月異，學術界的更新換代也自然加快。自 1935 年首屆聘任評議員選舉到 1948 年首屆中研院院士選舉，不少學術界翹楚已經完成其所謂「奠基」作用，屬於「落伍的一代」，華羅庚、陳省身、許寶騄、吳大猷、殷宏章、馮德培、黃汲清等更多年輕一代走向學術舞臺。因此，42 位候選人除 6 人去世外，36 人中 19 人

---

〔註40〕高魯當時已離開中研院從政，且被「閒置」。但他候選理由主要是中研院經歷，因此姑且歸入中研院。

當選首屆中研院院士，比例還是相當高；當選評議員 21 人中除丁文江、李協去世外，19 人中 11 人當選院士。

從學科分析，物理組 6 位候選人，數學僅南開大學數學系創始人姜立夫，並成功當選，票數排名第二。當時已有 30 多所高校設立數學系，清華大學、北京大學、浙江大學和中央大學已日漸成為數學研究重鎮，熊慶來、楊武之、孫光遠、江澤涵、陳建功、蘇步青等已聲名鵲起，學界還是推舉姜立夫，說明了他在數學界的影響力與地位。姜立夫後來籌建中研院數學所併擔任所長，雖無特出科研成就，還是以 58 歲高齡當選中研院首屆院士，比同時當選的弟子陳省身整整大了 21 歲。

相較數學而言，當時物理學已經處於快速發展階段，成為中國科學中最有創造性、成果最為豐碩和完整的學科之一，吳有訓 X 線散射、趙忠堯硬 γ 線吸收、薩本棟三相電路、周培源磁性理論等「皆其犖犖大者」。嚴濟慈統計 1930 ～1935 年間，國內發表在美國《科學院月刊》《物理雜誌》、英國《自然》《物理學會會刊》、法國《科學院週刊》和德國《自然科學週刊》等著名雜誌論文有 53 篇之多。〔註41〕當日中國物理學學術水準與世界前沿距離之近由此可以想見。物理學 5 位候選人都當選首屆中研院院士，也說明物理學界已形成基本的共識。兩位當選者相差 4 票，選票分布還是比較分散，雖有共識，但並不集中。當選的李書華和葉企孫屬於學科奠基性人物，在學術成就上不能與未當選的吳有訓、饒毓泰、嚴濟慈同日而語。可見，物理組無論是數學還是物理，選舉標準是學術地位而不是學術成就，即當選評議員資格第二款「對於所專習之學術機關領導或主持在五年以上成績卓著者」。

化學除劉樹杞以北京大學理學院院長候選外，其他人在學術成就上都各有建樹，無論是以「侯氏製城法」聞名世界的侯德榜，在生物化學和營養學方面有世界性影響的吳憲，20 世紀為數不多具有世界性影響的有機化學和生理學家薩本鐵，還是中國有機化學奠基人曾昭掄、藥物化學宗師趙承嘏。1948 年中研院首屆院士選舉中，薩本鐵、趙承嘏都因「涉偽」被取消候選資格，薩本鐵更因此移居美國，勃發了學術生命第二春。〔註42〕三位當選者票數相

---

〔註41〕嚴濟慈：《二十年來中國物理學之進展》，《科學》第 19 卷第 11 期（1935）第 1708～1713 頁。作者包括在中國工作的外國學者如燕京大學物理系英國學者班威廉、徐家匯天文臺的法國學者雁月飛等。

〔註42〕關於薩本鐵情況，參閱張藜《薩本鐵的前半生》，《中國科技史雜誌》第 27 卷第 4 期（2006），第 287～304 頁。

對集中，表明投票人對化學科帶頭人已有共識。與物理組不同，化學組評議員選舉主要考量標準是評議員資格第一款「對於所專習之學術有特殊之著作或發明者」。

工程6位候選人除淩鴻勳、唐炳源出生於1890年代外，其他4人年齡都較大，王季同更是年逾花甲。這些人除淩鴻勳、李協外，很難說在工程學術上有特出貢獻，郭承恩、嚴恩棫曾長期供職漢冶萍公司，在電機工程和礦冶工程方面有所作為，唐炳源完全是一個實業家。〔註43〕1948年首屆院士選舉，李協、郭承恩去世，嚴恩棫賦閒，僅淩鴻勳當選。因整個社會工業化程度較低，工程學術不發達，首屆81位院士中，「只有化學工業公司、製藥廠研究所，及銀行顧問各一人；……可見得中國工商業和研究工作人員，很少取得聯絡」。〔註44〕除李協、淩鴻勳外，選出第三人似乎很困難，只能「矮子裏拔將軍」，唐炳源僅以簡單多數7票當選。

生物學作為地方性科學，在秉志、陳楨、胡先驌、錢崇澍、陳煥鏞等人領導下，當時已經成為顯學，在世界學術界也有其地位與影響，胡先驌曾說：

生物學……從事者眾，進步之速，非一般社會所能臆及者，如方炳文先生之於中國之爬崖魚，秦仁昌先生之於中國與喜馬拉耶之蕨類，歐陽翥、盧於道二先生之於神經學，林可勝、吳憲二先生之於動物生理，湯佩松先生之於植物生理，皆已世界知名矣。〔註45〕

他這裡點名的生物學家僅有林可勝、吳憲是候選人，其他人都是後起之秀。動物學6位候選人中有兩位是生理學者（林可勝、經利彬），鄒樹文專長於農作物病蟲害防治，在一定意義上應屬於農學，他們都是學有專長的學者和學術機構領導人，應該說都有當選評議員的資格與條件。當選三人票數不相上下，科研成果都非常突出，秉志論文60餘篇，林可勝、胡經甫各40餘篇，可見學術成就是最重要的條件。植物組6人中，錢天鶴和謝家聲屬於農學，錢天鶴後主

〔註43〕淩鴻勳後來回憶說，他公差到南京與丁文江聊天，丁文江告知他已被提名評議會數理組評議員。他說「提倡國家學術研究須要年高學粹的人，我以四十之年，並未做過若干研究工作，怎能當此」？丁文江於是向他和盤托出對中研院的種種看法與計劃。可惜，淩氏沒有記載「看法與計劃」。淩鴻勳自述，沈雲龍訪問，林能士、藍旭男記錄《淩鴻勳口述自傳》，第270頁。
〔註44〕夏鼐：《中央研究院第一屆院士的分析》，《觀察》5卷14期（1948），第3～5頁。
〔註45〕胡先驌：《中國科學發達之展望》，《科學》第20卷第10期（1936），第790～791頁。

要以農林官員為角色、謝家聲也無特出科研成就，他們主要以中央農業實驗所領導職務候選。相比胡先驌、陳煥鏞、錢崇澍長期扎根於科學研究，鍾心煊在科研上作為甚小。值得指出的是，作為以農立國的大國，當時農學水平也較高，稻麥育種成績可以與地質學媲美，「竟在日本之上」〔註46〕，但真正的科研中心並不是成立不久的中央農業實驗所，而是金陵大學農學院和中央大學農學院。因此，農學候選人大有可商榷之處，將真正代表鄒樹文推舉到動物學組，最終當選人謝家聲自然不能代表農學科研水平。當選三人中謝家聲得票最高，錢天鶴也得 5 票，說明投票人對在農村復興潮流中成立的中央農業實驗所所寄予的厚望。

地質學是最早本土化、當時最為發達的學科，胡先驌也極力推崇：「地質學之研究肇始最早，二十年來，日有長足之進行，尤以古生物學之研究蜚聲於世，北京人之發現，堪稱為中國科學界最大之貢獻焉。」〔註47〕6 位候選人除朱家驊外，都來自地質調查所或與地質調查所淵源極深，包括第一代的丁文江、翁文灝和第二代的謝家榮、楊鍾健、葉良輔，可以說集中了當時地質學精英。最終丁文江、翁文灝、朱家驊當選，丁文江、翁文灝全票當選，楊鍾健 3 票、葉良輔 1 票、謝家榮 0 票，說明地質學是最有共識的學科。當選者丁文江、朱家驊科研成就不能與落選的楊鍾健、謝家榮相提並論，地質學選舉標準是評議員資格第二款。

與其他學科相比，天文、氣象學在整個民國時期一直不很發達，1913 年設立中央觀象臺，代表兩個學科的體制化的起步。中研院成立之初，天文、氣象也在一起，後來才分開設立天文所與氣象所。張雲擔任系主任的中山大學數學天文系是民國時期最為重要的天文學人才培養機構，但畢業生不到半百，從事天文學工作者更是微乎其微。高魯雖在中國天文學奠基階段貢獻甚大，但此時已經完全脫離學術界，因此僅得 3 票。氣象學雖與國計民生關係極大，但早期主要集中在氣象觀測與天氣預報，真正的科學研究起步較晚，蔣丙然、竺可楨是奠基人，趙九章、涂長望等人此時正在成長中。蔣丙然、張其昀兩位候選人，因張其昀根本就不是氣象學家，讓投票的大學校長們很是頭痛，最終張其昀僅比蔣丙然多一票當選，在一定程度上說明他們的游移與不確定，也由此留下話柄。

〔註46〕胡先驌：《中國科學發達之展望》，《科學》第 20 卷第 10 期（1936），第 791 頁。
〔註47〕胡先驌：《中國科學發達之展望》，《科學》第 20 卷第 10 期（1936），第 790 頁。

正如蔣夢麟、周鯁生所認知，雖然僅有中央大學、清華大學、燕京大學、中山大學等少數幾所大學設立有心理學系，但心理學在當時還是有相當基礎，無論是以郭任遠、汪敬熙為代表的實驗心理學還是教育心理學、語言心理學、工業心理學等都有不少的研究成果與特出的學科奠基者。郭任遠以 9 票當選，不僅說明他的學術地位，更表明當時更看重以實驗為基礎的生理心理學。

人文社會科學包括社會科學、歷史、語言、考古和人類學共有候選人 18 人，其中來自大學 11 人，清華大學 3 人（陳達、陳寅恪、蔣廷黻）最多，中央大學 2 人（錢端升、朱希祖），南開、武大、北大、輔仁、燕京和廈門大學各一人〔註48〕，最終 5 人當選，清華、南開、武大、北大、輔仁各一人，沒有一所大學佔據特出地位。11 位候選人有 7 人後來當選首屆中研院院士，其中當選評議員 5 人中 4 人當選，未當選評議員的候選人也有陳達、錢端升和顧頡剛 3 人榮膺。來自研究機構候選人 5 人，中研院 4 人（全是史語所研究員），北平研究院 1 人。最終史語所 3 人當選評議員，4 位候選人全部當選首屆中研院院士。政府部門候選人兩人，1 人當選評議員，後來全部當選首屆中研院院士。

可見，第一，與科學技術方面研究機構候選人來源較多不同，人文社會科學候選人僅來自國立中研院和北平研究院。這與當時獨立的人文社會科學研究機構缺乏相關（唯一的中基會北平社會調查所還被丁文江合併到中研院）。第二，與科學技術方面中研院候選人當選比例較低相比（21 位聘任評議員僅丁文江來自中研院），人文社會科學中研院候選人當選比例極高，9 位聘任評議員中有 3 位來自中研院。第三，人文社會科學 18 位候選人 13 人後來當選首屆中研院院士，當選比例高達 72%；科學技術方面除去世 6 人外 36 人中 19 人當選，當選比例僅 53%；似乎表明人文社會科學方面人才的更替遠較科學技術方面低。

具體到各學科組，社會科學包括法學、經濟學、政治學和社會學四門學科，經濟學、政治學各有候選人兩名，法學、社會學各一人。這些人都是當時學科的帶頭人，無論是已經從政的王世杰、正預備從政的何廉，還是一直在政治與學界之間徘徊的馬寅初，在相關學科領域都有大成就，因此票選時陳達與參與投票的周鯁生票數相同（6 票），馬寅初也有 5 票之多，競爭十分

〔註48〕林語堂此時早已離開廈門大學，也離開後來供職的中研院，但其候選理由的學術成果在廈門大學取得，這裡與高魯一樣處理。

激烈。值得注意的是，候選 6 人中，只有當選評議員的何廉未能當選首屆中研院院士，可見何廉的從政對其學術發展有極大影響。歷史學 6 位候選人，既有老輩朱希祖、陳垣，也有胡適、陳寅恪和顧頡剛這樣的新派人物，最終陳寅恪僅比朱希祖多兩票當選，說明朱希祖在當時史學界的影響與學術地位。首屆中研院院士選舉時朱希祖已經去世，中國近代史學科奠基人蔣廷黻也未能當選院士，其他 4 人全部當選，其中胡適名列中國文史學。曾任職中研院總務處、以文學家名垂後世的林語堂以語言學候選評議員，自然不敵專事語言學研究的趙元任，但也得到 3 票，說明其語言學研究在當時還是有一定的影響。〔註49〕在巴黎大學習哲學的考古學候選人徐炳昶其實是一個歷史學家，後來也曾以歷史學家的身份正式候選首屆中研院院士，與科班出身的專業考古學家李濟自然不能相比。無論是李濟還是徐炳昶，這裡的考古學與第二、三章所提及與地質學相關的古人類考古學是有區別的。同樣的，人類學的候選人梁思永是考古學家，而吳定良為代表的人類學屬於體質人類學，科學性遠高於人文性，1948 年首屆院士選舉時被歸入「生物組」，說明當日在學科分類上還存在可以商榷的地方。

　　本屆聘任評議員確實是「極一時之選」，代表了當時學術界的最高水平，30 人中有李書華、姜立夫、葉企孫、吳憲、侯德榜、淩鴻勳、秉志、林可勝、胡先驌、翁文灝、朱家驊、王世杰、周鯁生、胡適、陳垣、陳寅恪、趙元任、李濟、吳定良等 19 人當選首屆中研院院士，考慮到 1948 年選舉時李協、丁文江已經去世，趙承嘏、胡經甫、陳煥鏞 1955 年當選中科院學部委員，何廉 1962 年當選第四屆中研院院士，僅唐炳源、謝家聲、張雲、張其昀、郭任遠等 5 人未能榮膺「院士」名號。天文學家張雲（1896～1958），廣東開平人，法國里昂大學天文學博士，中山大學天文學科開創人，主要從事物理變星、食變星的測光，造父變星的統計和脈動理論等方面研究，戰後訪問哈佛大學期間曾發現兩個新星。政權鼎革之際，定居香港。〔註50〕張雲當選評議員時，是中山大學天文學教授兼天文台臺長，確實是當時中國天文學代表人物，後繼續當選第二

〔註49〕胡適曾稱林語堂的語言學研究「近年大有進步」，一些「近作」「皆極有見解」，並專門邀約林語堂來討論他與夏劍丞相關古音的商討。曹伯言整理《胡適日記全集》第 5 冊，（臺北）聯經出版事業股份有限公司，2004 年，第 465 頁（1928 年 12 月 7 日）。

〔註50〕《科學家傳記大辭典》編輯組《中國現代科學家傳記》第 2 集，科學出版社，1991 年，第 294～298 頁。

屆評議員。曾在心理學發展史上掀起巨大波瀾的行為主義心理學家郭任遠具體分析見本書第七章相關部分，這裡不贅述。安徽無為人謝家聲（1887～1983），早期中國農業科學最重要的行政領導人之一，曾任金陵大學農學院院長、聯合國救濟總署農業部主任。1949 年去臺灣，後定居美國。〔註 51〕當選時擔任中央農業實驗所所長，以第二款資格獲選，也是實至名歸。相較而言，無錫慶豐紗廠廠長唐炳源、中央大學地理系教授張其昀，分別當選工程、氣象學科評議員就似乎有些「名不正言不順」了。唐炳源如何當選有待學界進一步努力，這裡據有限史料分析一下在當時和後來都曾引起非議的張其昀當選氣象學評議員一事。

浙江鄞縣人張其昀（1900～1985），中國人文地理開創者之一，1923 年畢業於南京高等師範學校，主修地理學，極受竺可楨賞識。畢業後入商務印書館任編輯，1927 年回母校（已改名中央大學）任教，1936 年應竺可楨邀任浙江大學教授。抗戰期間曾得蔣介石資助創辦《思想與時代》，影響甚大。1949 年去臺灣，歷任總裁辦公室秘書組長、國民黨中央宣傳部長、國民黨中央改造委員會委員兼秘書長、國民黨中央常務委員兼中央常委會秘書長、教育部長等。長期逡巡於政學之間，並不是一個純粹學人。對於他人文地理出身而當選為氣象學科評議員，有人認為是竺可楨竭力推薦的結果，並因此演化為氣象學南北之爭，以致於北派代表蔣丙然後人 50 多年後對此仍耿耿於懷，竺可楨學生陳學溶專門為文予以辯證，以為首屆聘任評議員由各國立大學校長及國立科研機構領導人選舉，竺可楨僅是中研院氣象所所長，與張其昀當選評議員沒有關係。〔註 52〕

其實，張其昀的當選，竺可楨確有「推薦之功」。正如前面所言，首屆聘任評議員候選人不是由大學教授們遴選，而是中研院各研究所所長或學科主持人推薦。1935 年 5 月 27 日，《國立中央研究院評議會條例》通過。6 月 12 日，竺可楨致函中研院總幹事丁文江，推薦蔣丙然、馬名海為評議會氣象學候選人：「本院評議會選舉在即，茲謹介薦蔣丙然、馬名海兩先生為評議會氣象組候選人，履歷附呈，謹祈惠賜提示為禱。」所附履歷如是說：蔣丙然履歷見

〔註 51〕《南京農業大學發展史》編委會編：《南京農業大學發展史·人物卷》，中國農業出版社，2012 年，第 45 頁。

〔註 52〕陳學溶：《我國氣象學界蔣、竺兩位老前輩之間的二三事》，載陳學溶《中國近現代氣象學界若干史蹟》，氣象出版社，2012 年，第 107～115 頁。

年報。馬名海，字仙嶠，河北濮陽人。美國威斯康星大學數學系畢業，曾任廣西大學理學院院長，現任廣西省政府氣象台臺長。〔註53〕

可見，竺可楨的推薦中完全沒有人文地理出身的張其昀位置。也不知丁文江是否「惠賜提示」，六天之後的 6 月 18 日，也就是選舉前一日，竺可楨再次致函丁文江，改變了推薦人：「茲謹介紹蔣丙然、張其昀兩先生為本院評議會氣象組候選人，附呈履歷，祇祈轉提為禱。」最終，數學出生、專門從事氣象工作的馬名海被剔除，加入毫無自然科學背景的張其昀，「惠賜提示」轉為「祈轉提」。新提供的兩位候選人履歷如是說：

> 蔣丙然履歷見年報，著作有：《理論氣象學》等書，及《中國十年來之氣候》（中文與德文）、《青島溫度之研究》（中文與法文）、《東亞颶風與低氣壓分區的研究》（中文與英文）、《遠東低氣壓與颶風》（中文與法文）、《雲與天氣》等論文。

> 張其昀，字曉峰，浙江鄞縣人。中央大學地理系教授，曾編著《人地學論叢》（包括氣候學）等書二十餘種，約百餘萬言。〔註54〕

前述候選人「略歷」根據竺可楨提供資料撰成，蔣丙然簡化為「著有論文五篇」，不僅完全丟棄「《理論氣象學》等書」，論文數量也省略了「等」；張其昀倒是完全照錄，幾乎一字不差。按照正常的「略歷」，蔣丙然至少應為「著有《理論氣象學》等書及論文五篇以上」。這個「略歷」自然不是蔣夢麟等三人一晚上就能草就的，應該是中研院工作人員早先擬好。

福建人蔣丙然（1883～1966），與他的同鄉高魯（1877～1947）被目為中國氣象學北派代表，中國氣象學開創者，1912 年獲得比利時雙博羅農業大學氣象學博士，應高魯邀出任中央觀象臺技正、氣象科科長，創建中國氣象學會，連任五屆會長，也曾任意大利氣象學會名譽副會長、國際天文聯合會委員等。〔註55〕無論是從學術研究水準還是對中國氣象學的影響來說，張其昀與蔣丙然相比，完全不可以道里計。如果說參與選舉的各位大學校長與蔡元培對蔣丙然、張其昀完全不瞭解，但竺可楨提供材料，無論是從經歷還是研究成果來說，當選都應該是蔣丙然，而不是張其昀。可最終選舉結果，就是

---

〔註53〕 樊洪業主編：《竺可楨全集》第 23 卷，上海科技教育出版社，2013 年，第 82 頁。

〔註54〕 樊洪業主編：《竺可楨全集》第 23 卷，第 93 頁。

〔註55〕 中國科學技術協會編《中國科學技術專家傳略‧理學編‧天文卷 1》，中國科學技術出版社，2005 年，第 12～22 頁。

兩次都被竺可楨推薦的氣象學奠基人輸給了與氣象學毫無關係的張其昀。據說，蔣丙然曾對竺可楨說：「我當選與否，不關重要，惟張並非氣象界中人，而竟當選氣象評議員，徒貽人笑柄。」〔註56〕張其昀當選確實是中研院發展史上的「一個笑柄」，也是民國學術發展歷程中學術評議的「奇葩」，其背後的原因值得探究。

選舉僅過20來天，1935年7月12日，當選聘任評議員胡先驌致函時任《科學》雜誌主編、他東南大學學生兼同鄉劉咸說：

> 中研院自丁在君繼任總幹事後，氣焰極盛，而傅斯年為人尤不可耐，趙元任、李濟之亦然。……彼等為人極其勢利，以張其昀近年甚活動，且在國防委員會任職，竟聘之為評議員，實則張並非氣象專家，所以聘之者，純為拉攏計也。在今日治學術而猶須倚賴勢力，至為可慨。〔註57〕

中研院評議會成立後，劉咸化名觀化在《科學》發表「社論」，除歡欣鼓舞予以褒獎之外，也提出了批評意見，點名指出傅斯年領導的史語所與中研院「實行科學研究」宗旨相悖，因「歷史」非科學。建議將史語所裁撤，其中的人類學、考古學擴充為人類學研究所、考古學研究所，語言學併入人類學研究所。〔註58〕此論一出，激起傅斯年等人的激烈反擊。傅斯年看到「社論」當日就找任鴻雋理論，「大罵了一回科學社」，並說劉咸「真正萬分混帳」，並因此「氣得兩三天不舒服」。〔註59〕傅斯年等與中國科學社進行交涉，要求處理劉咸並賠禮道歉。〔註60〕這是胡先驌致函劉咸的背景，加之此前丁文江曾欲以強力合併中國科學社生物研究所於中研院動植物所，激起中國科學社的極力反抗，因此信函中不免有不實誇大之詞，但張其昀非氣象學家而當選為評議會氣象學科唯一代表卻是不爭的事實。

---

〔註56〕陳學溶：《我國氣象學界蔣、竺兩位老前輩之間的二三事》，陳學溶《中國近現代氣象學界若干史蹟》第108頁。

〔註57〕周桂發、楊家潤、張劍編注：《中國科學社檔案整理與研究·書信選編》，第95頁。

〔註58〕觀化：《國立中央研究院評議會成立》，《科學》第19卷第6期（1935年），第827～828頁。

〔註59〕《傅斯年致李濟》（1935年6月），王汎森、潘光哲、吳政上主編《傅斯年遺札》（下簡稱《傅斯年遺札》）第2卷，中央研究院歷史語言研究所，2011年，第669頁。

〔註60〕在傅斯年等人的強力壓制之下，任鴻雋、秉志等只得通過蔡元培疏通，具體情形參閱拙著《賽先生在中國：中國科學社研究》第516～519頁。

　　這份私人函件透露出張其昀當選原因的蛛絲馬蹟，竺可楨之所以在推薦蔣丙然、馬名海之後改推蔣丙然與張其昀，實在可能有丁文江等人的「提示」。否則實在無法解釋竺可楨為何汲汲於會前一天改推與氣象學毫無關係的張其昀。蔣丙然後人說竺可楨曾向蔣丙然解釋落選一事，說張其昀當選「非干他事，乃張自己活動之結果」。〔註61〕蔣丙然後人這個說法並非「空穴來風」，張其昀的當選真正可能是中研院學人為加強與政府之間的關係，互相「運動」的結果。當然，具體情形還需相關史料的繼續發現與進一步研究。

　　九一八事變後成立的國防設計委員會成員，由當時蔣介石身邊「紅人」錢昌照推舉，張其昀與胡適、楊振聲、傅斯年等是教育文化方面人選，國防設計委員會多次資助張其昀進行地理考察。張其昀後來曾回憶說，他多次地理考察的報告，以論文方式陸續在《地理學報》發表，「頗受丁文江先生的器重。民國二十四年，國立中央研究院成立第一屆評議會，評議員由全國國立大學校長選舉產生，我那時僅三十五歲，是當選評議員中最年輕也是未曾出國留學的一位」。〔註62〕據他自己的說法，張其昀當選評議員似乎與丁文江的「器重」相關，而他自己對於當選也很「自負」，是最年輕且唯一未出國留學者。

　　無論如何，相比其他候選人或留學國外或獲得博士，在各所習專業上也已取得了不少成就，具有較高的學術地位，僅僅南京高師畢業的張其昀，當時除在地理學的普及上有所作為外，在學術研究上實在乏善可陳。因此，竺可楨如此推薦自己的學生，實在是「匪夷所思」。可以說，竺可楨是張其昀最終當選的「始作俑者」，無論是否受到丁文江等人的「提示」，他都脫不了「干係」。

　　因蔡元培與蔣介石在政治上由蜜月走向不合作、前任總幹事楊銓甚至與當局對立而遭殺身之禍，中研院與中央政府處於日益隔離狀況。丁文江就任總幹事後，千方百計加強與當局的聯繫。當時學界有所謂以中央大學（包括其前身南京高等師範學校、東南大學）為中心和以北京大學為中心的南北派系之爭，有鑒於北派當時的聲勢，秉志、胡先驌等南派人士曾有欲借助陳立夫、陳果夫兄弟勢力相抗衡的想法。〔註63〕其實，這種所謂派系在政治權力與強力面

〔註61〕陳學溶：《我國氣象學界蔣、竺兩位老前輩之間的二三事》，陳學溶《中國近現代氣象學界若干史蹟》第 108 頁。

〔註62〕張其昀：《自序》，《中華五千年史》第 1 冊《遠古史》，中國文化大學出版部，1961 年，第 4 頁。

〔註63〕參見秉志 1935 年 2 到 7 月、胡先驌 1935 年 7 月到 1936 年 2 月間致劉咸函件。周桂發、楊家潤、張劍編注《中國科學社檔案整理與研究‧書信選編》第 18～23、95～105 頁。

前都「不堪一擊」。因此，丁文江、傅斯年等所謂「北派」也需要借助「南派」張其昀與當局的密切關係來彌合中研院與政府的裂痕。張其昀的當選，在一定程度上也度量了當日學術與政治的關係，學術完全隔離政治僅僅是一種理想狀態與預想而已。〔註64〕

　　無論如何，首屆中研院聘任評議員的成功選舉與評議會的成立，宣告了以國家名義成立的學術評議與獎勵組織的正式誕生，也是中國各門科學有一定發展的顯現。

## 二、學術評議與獎勵制度建設的努力與無效

　　延宕七年之久才正式成立的中研院評議會，自然要迫不及待地實施它「指導聯絡獎勵學術之研究」的任務。1935 年 9 月 7 日宣告成立之後，立即召開第一次年會，國民黨中央執行委員會派考試院長戴季陶、國民政府派行政院長汪精衛「蒞會致訓」。出席會議包括議長蔡元培，當然評議員丁燮林、莊長恭、周仁、李四光（李捷代）、余青松、竺可楨、傅斯年（李濟代）、汪敬熙、陶孟和、王家楫，聘任評議員李書華、葉企孫、吳憲、趙承嘏、李協、凌鴻勳、唐炳源、秉志、胡經甫、胡先驌、丁文江、翁文灝、朱家驊、張雲、張其昀、郭任遠、王世杰、何廉、周鯁生、胡適、陳垣、陳寅恪、趙元任、李濟、吳定良等共 36 人。當然評議員僅李四光、傅斯年派代表，聘任評議員僅姜立夫、侯德榜、林可勝、謝家聲、陳煥鏞等 5 人（全是科學技術方面）未能與會，說明評議員們對第一次年會相當重視。

　　會議選舉丁文江為評議會秘書，主要分組審議評議員所提 7 個議案：

　　　（1）丁文江提：促進學術之研究與互助。

　　　（2）胡先驌提：提議呈請政府指撥專款設立國家科學研究補

　助金。

〔註64〕去臺後，張其昀還曾想以政治權勢染指中研院院長一職。1957 年朱家驊被蔣介石強令辭職後，評議會選舉新院長過程中，張其昀四處拉票，梅貽琦也被他「寄予厚望」，致使第三候選人難產。直到第四次投票時，梅貽琦改投李書華，才使李書華以 10 票成為第三候選人。胡適因「杯葛」蔣介石強令朱家驊辭職，不願就任院長。但梅貽琦告知，如果他不就任，另兩位候選人李濟、李書華也不會出任，評議會就要進行再次選舉，這將予張其昀以機會。不得已，胡適只得答應了蔣介石的任命。參閱《胡適致趙元任》（1957 年 12 月 15 日），潘光哲主編《胡適全集・胡適中文書信集》第 4 冊，中央研究院近代史研究所，2018 年，第 395～396 頁。

（3）李協提：請利用天津中國第一水工試驗所以作水利之研究。

（4）淩鴻勛提：為聯絡國內有工程材料試驗設備之各學術團體機關謀合作互助，擬由中央研究院統籌交付工程所辦理，以策事功。

（5）李協提：在西安設立一等測候所。

（6）胡先驌提：由中央研究院諮請交通部減輕我國各研究機關寄往國內外博物學物品寄費。

（7）胡經甫提：提倡昆蟲學研究草案。〔註65〕

上述 7 個議案，屬於指導學術研究的有第 3、5、7 三個議案，屬於「聯絡」進行合作學術研究的包括第 1、4、6 三個議案，胡先驌所提第二個議案設立基金鼓勵研究，屬於學術獎勵。所提議案除相關全局者外，基本上都集中在評議員自己的學科範圍內，如李協（提案3）、淩鴻勛（提案4）、胡經甫（提案7）的提案，也有繫情於桑梓如李協（提案5）。會議決定王世杰（主席）、陶孟和、胡先驌、唐炳源、趙承嘏、翁文灝、陳垣、葉企孫審查第 1、2 案，淩鴻勛（主席）、李協、周仁審查第 3、4 案，竺可楨（主席）、余青松、張雲、李協審查第 5 案，朱家驊（主席）、郭任遠、秉志審查第 6 案，秉志（秉志）、王家楫、胡經甫、胡先驌審查第 7 案。最終每個議案都原則通過，並議決了實施辦法或方案。丁文江提案具有標誌性意義，他提案時說：

年來國內之科學研究機關，設立日多：屬於中央政府者，除中央研究院外，有北平研究院、實業部之地質調查所、農業實驗所、工業試驗所，經濟委員會之蠶絲改良會、棉產改進所、茶葉改良所、西北畜牧改良所、衛生實驗處，參謀部與兵工署之試驗室等。其他各大學及私立學術機關，尚不在此列。為增加工作效能計，自應有相當之聯絡，以期消極的免除無意識之重複，積極的取得有計劃之合作。……為此提議，本會決定下列原則：

（一）凡有常規的任務，如氣象觀測、地磁地質測量等，絕對不應重複。

（二）凡研究吾國原料物產以謀發展實業之工作，應互相聯絡，

---

〔註65〕國立中央研究院文書處：《國立中央研究院首屆評議會第一次報告》，第 32～33 頁。

在可能範圍內免除重複。

（三）凡純粹科學，不妨重複。〔註66〕

丁文江所提三個原則，在當時學界已有普遍的實行，如標本採集上大學與研究機構的合作，地磁測量中外合作等。丁文江的議案從制度上更加肯定了學術機構之間在研究上的合作，避免重複研究耗費不多的財力與物力。評議會決議時將第一條「絕對」刪去，由評議會各組委員先行調查各研究機關現狀，設法接洽以便實行。對於這一點蔡元培也非常贊同，他認為屬於常規或永久性質的研究，中央研究院不僅要努力從事，而且要利用其特殊地位，使做這種研究的機關「互相聯絡、互相扶助」，「彼此分工合作則可，重複衝突就不免於浪費精力和物力」；利用科學方法研究本國原料及生產，以解決各種實際問題，「亦應當合作，並在可能範圍內免除重複」；純粹科學研究及與文化有關的歷史、語言、人種和考古學，「則不妨重複」。〔註67〕到 1935 年 11 月，中央研究院與各機關已有相當的合作，如在海洋研究方面，與北平研究院、中國科學社、靜生生物調查所、經濟委員會、資源委員會、實業部、海軍部海道測量局、第三艦隊、中國動物學會、中華海產生物學會、青島市政府、青島觀象臺、膠濟路委員會、威海衛管理公署、福建省政府、山東大學、廈門大學、天津水產學校、吳淞水產學校、集美水產學校等機關合作，「這是中國科學界向來少有的大規模的集團組織」。在氣象研究方面，中研院氣象所與各省政府、歐亞航空公司、中國航空公司等合作設立測候所，召集全國氣象學會議，統一與協調相關氣象事業。在生物學研究方面，與中國科學社生物所、靜生生物調查所、北平研究院生物所分工合作，「大概本院動植物研究所注重於沿海的生物分類，中國科學社注重於長江流域生物的分類，北平研究院和靜生生物調查所大多注重於中國北部的生物分類」。棉紡織染研究方面，與經濟委員會棉業統制委員會合作辦理棉紡織染實驗館。〔註68〕

胡先驌所提「設立國家科學研究補助金」，鼓勵青年從事科學研究。他提案時說：

---

〔註66〕國立中央研究院文書處：《國立中央研究院首屆評議會第一次報告》，第 101 頁。

〔註67〕蔡元培：《中央研究院與中國科學研究概況》，中國蔡元培研究會編《蔡元培全集》第 8 卷，第 172～173 頁。

〔註68〕蔡元培：《中央研究院與中國科學研究概況》，中國蔡元培研究會編《蔡元培全集》第 8 卷，第 175～177 頁。

近年國內科學研究機關漸多，從事科學研究而卓有成績之青年學者亦眾。此類學者除在各大學及研究機關服務外，多數限於經濟不能從事科學研究。查歐美各國多設有國立研究評議會，而會中復設有研究補助金額，與青年科學家以經濟上之補助與精神上之鼓勵，用意至善也。至吾國則除以退還庚子賠款所辦之數基金會外，國家別無此項事業，殊非國家提倡科學研究作育人才之道：應請中央研究院呈請政府每年撥款十萬元，設立國家科學研究補助金，由中央研究院評議會主持，聘請國內科學專家任審核之責。凡大學畢業生成績優異、畢業後曾在各研究機關從事研究二年以上成績卓越者，得由主管機關或各大學研究院介紹陳請研究補助金，在國內或國外從事研究。此項研究補助金名額暫定一百名，自然科學、應用科學、社會科學各居三分之一。補助金分甲乙丙三等，甲等每年一千五百元，乙等一千元，丙等五百元，甲乙丙三等各居名額三分之一。研究機關及研究題目，得由中央研究院評議會指定。如此則從事科學研究者可多得經濟上之援助，有裨於吾國科學研究者必非淺鮮矣。〔註69〕

設立科學研究補助金目的是獎勵青年學者從事科學研究，給予他們物質與精神上的鼓勵。評議會議決時，以「惟事涉經費，應由本院與政府主管機關商酌辦理」。〔註70〕因為牽涉經費，中研院不能作為主體向國民政府請款設立，需與政府主管機關「商酌辦理」，這是為何？直屬於國民政府的中研院與行政院地位並列，因此不能降低身份向行政院申請經費？評議會擬具原則 6 條，1935 年 10 月 8 日函請教育部，提請行政院會議通過，將補助金列入下一年度預算。評議會所擬定的 6 項原則，可以看做是南京國民政府相關科學研究補助的最早條文，全文如下：

一、國民政府每年撥款十萬元，設立科學研究補助金，為獎勵研究科學之用。

二、補助金名額，每年定為八十至一百名，其詳細科目，由國立中央研究院評議會定之。

---

〔註69〕國立中央研究院文書處：《國立中央研究院首屆評議會第一次報告》，第 102 頁。

〔註70〕國立中央研究院文書處：《國立中央研究院首屆評議會第一次報告》，第 34 頁。

三、補助金之管理及支配，由國立中央研究院評議會主持之。

四、凡在國立大學或教育部立案之私立大學畢業生及在教育部認可之外國大學畢業生，皆可請求補助金。

五、補助金之授予，須經公開考試，其詳細辦法由國立中央研究院評議會定之。

六、受補助者之研究問題及機關，由中央研究院評議會決定，但不以中央研究院各所為限。〔註71〕

由教育部提請行政院通過，這樣教育部成為該提案的實際推動者。由「原則」可見，教育部推動得來的「補助金」完全由中研院評議會支配，與教育部一點關係也沒有，可以想見這一提案的最終命運。無論如何，從原則可以看出，如果這一制度確立，將具有相當的學術獨立性，因為評議會是一個相對獨立的機構，這將為未來政府科學資助打下良好的制度基礎。可惜這一由政府撥專款設立基金資助年輕學者從事科學研究的議案最終不了了之。

評議會作為國家最高學術聯絡、評議與獎勵機構，評議員有規劃國家學術發展方向與戰略的權力，同時也是他們為國家學術發展應當承擔的義務。7個議案，胡先驌、李協各提兩個，丁文江、淩鴻勳、胡經甫各提一個，出席會議的36位評議員僅5人有提案，說明評議員第一次行使權力與承擔義務並不積極，他們正在慢慢地瞭解、理解與熟悉。

首屆評議會第二次年會1936年4月16日在南京舉行，因丁文江逝世，選舉翁文灝為秘書，選舉葉良輔替補為地質組聘任評議員。本次會議主要討論審議評議員們所提13個議案及蔡元培報告《國立中央研究院進行工作大綱》。13個提案具體如下：

（1）翁文灝提，丁燮林、陶孟和副署：中國科學研究應對於國家及社會實際急需之問題特為注重。

（2）胡先驌提，秉志、張其昀、謝家聲、王家楫副署：請由中央研究院與國內各研究機關商洽積極從事與國防及生產有關之科學研究。

（3）翁文灝提，丁燮林、陶孟和副署：中央研究院評議會對於國內外科學工作之合作應更為努力促進。

---

〔註71〕國立中央研究院文書處：《國立中央研究院首屆評議會第一次報告》，第35頁。

（4）胡先驌提，秉志、張其昀、謝家聲、王家楫副署：請與各研究機關商洽為公開各研究室及圖書室以獎勵科學研究。

（5）胡先驌提，秉志、張其昀、謝家聲、王家楫副署：請中央研究院物理化學工程各研究所與政府或大商號聯合組織科學儀器製造所。

（6）翁文灝提，丁燮林、陶孟和副署：中央研究院評議會對於國人科學研究成績特著者應酌為表揚。

（7）余青松提，丁燮林、竺可楨副署：擬請評議會加入國際科學研究會議。

（8）丁燮林提，陶孟和、汪敬熙副署：發刊英文研究論文目錄附加摘要以廣宣傳。

（9）余青松提，丁燮林、竺可楨副署：規定觀測 1941 年日全食經費。

（10）余青松提，丁燮林、竺可楨副署：請評議會籌劃我國加入國際天文學會會費來源。

（11）莊長恭、趙承嘏提，汪敬熙副署：組織化學研究論著索引編纂委員會。

（12）陶孟和、李四光提，胡適、丁燮林副署：國立中央研究院楊銓丁文江獎金章程。

（13）胡適提，李濟、傅斯年、汪敬熙、趙元任、陶孟和副署臨時提案：擬編纂各組專門著作目錄辦法。〔註72〕

提案有相關全局性科研與應用生產密切結合、科學合作等，也有非常具體的經費籌措，還有有利於科學研究的圖書儀器開放、科學儀器製造、論著目錄索引編制、加入國際學術團體等，更要求對科研成就卓著者給予獎勵。也就是說，從議案來看，評議會不僅有科學評議、獎勵的功能，更重要的是聯絡學界進行合作、擬定科學發展方向也成為其關注的重點。〔註73〕值得注意的是，13個議案中有3個相關學術研究的論著摘要、目錄索引，可見當日正處於發展階

---

〔註72〕國立中央研究院文書處：《國立中央研究院首屆評議會第一次報告》，第41～42頁。

〔註73〕評議會成立後評議員積極提案要求學術研究與解決國家實際急需問題相結合這一問題，段異兵、樊洪業有專文討論（《1935年中央研究院使命的轉變》，《自然辯證法通訊》2000年第5期），這裡就不贅述。

段、日益興盛的學術研究對此的需求與寄望。當然，對於本書主題而言，更需要關注的學術評議與獎勵議案。胡先驌上次會議提出獎勵青年學者從事科研之後，本次會議翁文灝提出設立國家獎勵基金，說明學術評議與獎勵也一直是評議會所著力追求的目標。翁文灝提案時說：

> 科學工作既極專門，其所成就往往僅為少數人所熟知，而為一般社會所茫然莫解。然中國在此萌芽方始時期，實更應積極提倡，使青年之士，知研究可以成名，因以益感興奮，使全國上下，知研究已有成功，因以益願鼓勵。凡此所為，決非僅為私人之虛榮，而實特重國家促進研究之公策。

翁文灝此議案的提出及其具體設想，不知是否與中國地質學會學術評議與獎勵具體施行的效果與影響有關。無論如何，在翁文灝等看來，科學研究是寂寞的事業，通過設立基金獎勵不僅可以擴大社會影響，使社會瞭解科學研究，而且可以吸引青年，使他們知道科學研究也「可以成名」，從而擴大研究隊伍與基礎，使全國上下形成獎勵科學研究的風氣與氛圍，「知研究已有成功，因以益願鼓勵」。為此，他們擬定辦法三條：（一）政府撥給專款或收受私人捐款設立獎勵金，擇優給獎；（二）遇有本國人士受外國科學機關或大學名譽獎勵，由評議會「為之在國內發表，並說明其人之研究成績」；（三）凡國內人士對於科學事業著有特別成績，「在中國科學史中足紀念者」，身故時由評議會指定專人撰寫紀念文章，並由評議會發表。〔註74〕可見，按照他們的設想，設立獎勵基金僅僅是對科學研究卓越者獎勵的一個方法而已，更為重要的是，通過各種文字在全社會宣揚、記載那些取得成就並在國內外有巨大影響的科學家，進一步擴大載入史冊的科學家社會影響。

評議會通過議案後，對於第一個辦法，1936 年 5 月 1 日呈國民政府請撥專款或接受私人捐款設立獎金，「至其詳細辦法，擬俟款項籌定後，由本院再行呈請核准施行」。6 月 22 日，行政院致國民政府文官處函稱，教育部以為「科學之研究與發明，為現代國家生存進展之始基，我國需要尤切，對於國人科學研究成績特著者允宜獎勵，中央研究院評議會請撥專款，設立獎勵金一節，似屬可行。惟關於是項專款，在二十五年度國家預算內未經列入，擬請鈞院轉呈國府準中央研究院酌擬該款數目，列入二十六年度國家概算，以便

---

〔註74〕國立中央研究院文書處：《國立中央研究院首屆評議會第一次報告》，第 119 頁。

進行。」〔註75〕對中研院通過教育部所提議案行政院予以支持，請國民政府文官處轉呈國民政府，讓中研院擬定預算列入 1937 年度國家預算。國民政府文官處函轉中研院，蔡元培指派李四光、陶孟和、周仁、傅斯年、汪敬熙五位所長組成「國家科學獎勵金辦法起草委員會」，擬定辦法 20 條，於 11 月 26 日呈請國民政府審議，經中央政治委員會教育專門委員會審查，認為該項暫行辦法大綱，「大體尚無不合」，「少數部分略須修正」。復經中央政治委員會討論，陳立夫對於原案中第七條、第十二條被選人資格限制，「謂宜顧及有專門研究而未經學校之人才」；戴季陶主張不必明定資格限制。因時間關係，會商修訂於下次年會「報告中另行敘述」。中央政治委員會教育專門委員會審查後的《國家科學獎勵金暫行辦法大綱修正草案》全文如下：

（一）總則

一、國家科學獎勵金（以下簡稱獎勵金）每年暫定為五萬元，列入國家教育文化費預算內支付。

二、獎勵金分為甲乙二種：甲種為獎勵在科學上有重大成就之學者而設，乙種為培養科學人材而設。

三、關於獎勵金一切事宜，由教育部委託國立中央研究院評議會（以下簡稱評議會）主持之。

四、評議會組織「國家科學獎勵金委員會」（以下簡稱委員會），由評議會議長指定評議員五人至七人為委員，並指定委員中一人為委員長。遇必要時，得聘請專門學者為臨時審查委員。

（二）甲種獎勵金

五、甲種獎勵金每年暫定一萬元獎給一人。

六、甲種獎勵金每年給獎一次，如無適當人選則不給獎，該項獎勵金即劃入當年度乙種獎勵金，由委員會決定分配之。

七、甲種獎勵金之被選人，應具備下列之資格：

（甲）曾在一種學科內繼續研究至少在十年以上；

（乙）研究成績對於人類知識進步確有重大貢獻者。

八、甲種獎勵金之被選人，由委員會推舉於評議會。

---

〔註75〕《行政院致國民政府文官處函》（1936 年 6 月 22 日），《國家科學獎勵金暫行辦法》，（臺北）「國史館」藏國民政府檔案，數位典藏號 001-090003-00004-003。

九、甲種獎勵金之被選人，由評議會投票選舉，至少得出席評議員三分之二之同意票，方得當選。

十、甲種獎勵金當選人，除獎金外，並由教育部呈請國民政府給予獎狀及金質獎章一枚。

### （三）乙種獎勵金

十一、乙種獎勵金，每年暫定為三萬九千元，平均獎給十三人，每人三千元。受獎人繼續領受獎金二年，二年期滿後，如工作成績優良，得再被選領受獎金一年。三年期滿後，如工作成績優良，得由教育部給予銀質獎章一枚。

十二、乙種獎金之被選人，應具備下列之資格：

（甲）至少已在公立或已立案之私立大學或獨立學院畢業後兩年，且已有優良工作發表者；

（乙）受獎時在國內重要學術研究機關或公立或已立案之私立大學或獨立學院研究所繼續擔任學術研究者。

十三、乙種獎勵金受獎人之名額分配如下：

（甲）自然科學五名；

（乙）應用科學四名；

（丙）社會科學及人文科學四名。

十四、乙種獎勵金應盡先給與研究國家社會實用問題之學者。

十五、乙種獎勵金之被選人，先由委員會函請國內各種重要學術研究機關及各公立或已立案之私立大學或獨立學院研究所推薦之，然後再由委員會推舉於評議會。

十六、乙種獎勵金之被選人，由評議會設票選舉，至少得出席評議員過半數之同意票，方得當選。

十七、乙種獎勵金當選人當選後，每半年須以書面向委員會報告成績一次，並須具備正式證明文件。

### （四）附則

十八、委員會之經費，由獎勵金餘額一千元內支出之。

十九、私人或團體為特殊科學研究問題而捐助獎金時，得委託獎勵金委員會辦理之。

　　二十、本暫行辦法大綱自國民政府核准之日起施行。〔註76〕

　　值得注意的是：第一，國家科學獎勵金的評選與發放，由教育部委託中研院評議會主持。中研院若因直隸於國民政府不能向行政院申請經費，但為什麼不能直接主持國家科學獎勵金的學術評議工作，反而要受教育部委託？如此受制於教育部，不知原因何在？為後來的發展變化似乎埋下了「伏筆」。第二，國家科學獎勵金重點是培養後備人才，5萬元中3.9萬元用於青年人，對真正有科學成就者即甲種獎勵金每年僅有一人，而且還可以「空缺」，並將經費轉入年輕人的獎勵，自然也可以看出甲種獎勵金獲得者地位相當尊隆。當然，對年輕人的要求也非常苛刻，「每半年須以書面向委員會報告成績一次」，「二年期滿後，如工作成績優良，得再被選領受獎金一年」，相當於每半年小考一次，兩年大考一次。乙種獎勵金的設立，在相當意義上可以說繼承了上屆胡先驌所提資助青年研究的「研究補助金」。也就是說，「國家科學獎勵金」有兩個作用，一是對研究卓著的已有成果的獎勵即甲種獎勵金，一是對將來研究的資助即乙種獎勵金，可謂「資助與獎勵」雙管齊下，以一種基金兼具兩種功能，可謂考慮周全。非常可惜的是，這一獎勵機制並沒有什麼實質性運作與效果，完全停留於紙面。對於評議會議案雖多，但沒有多少成效，1937年年會前，傅斯年致函翁文灝稱：「此次開會，不在議案多，『議而不決，決而不行』，皆無甚多意義。此次開會應實實在在做幾件事耳。」〔註77〕對於翁文灝提案中的另外兩條，決定由評議會「分函各組評議員，在本組範圍內隨時注意，報告本會，以便酌辦」。〔註78〕

　　與國家獎勵金的設立中研院完全處於被動狀態不同，楊銓、丁文江獎金中研院可以完全自己做主。評議會原則通過陶孟和、李四光所提議案，議決其詳細辦法由中研院酌定。同年5月27日，第18次院務會議就原提案略加修正，決定楊銓獎金獎勵範圍包括歷史、考古、民族、語言、社會學、經濟、政治、法律等八個學科，丁文江獎金獎勵範圍包括數學、物理、化學、天文、地質、自然地理、生物等七個學科。〔註79〕在具體的實施過程中，章程等又有所修訂，楊銓獎金1936年開始運行，翌年正式頒獎，丁文江1939年正式頒發。此後，中研院還設立有李俊承、蟻光炎獎金等。李方桂、李卓敏、巫寶三、梁慶

---

〔註76〕國立中央研究院文書處：《國立中央研究院首屆評議會第一次報告》，第91～93頁。

〔註77〕《傅斯年致翁文灝》（1937年3月25日），《傅斯年遺札》第2卷，第795頁。

〔註78〕國立中央研究院文書處：《國立中央研究院首屆評議會第一次報告》，第93頁。

〔註79〕國立中央研究院文書處：《國立中央研究院首屆評議會第一次報告》，第98頁。

椿、勞幹、王振鐸、全漢昇、張之毅、傅樂煥、周法高、董同龢等曾獲楊銓獎金，吳大猷、計榮森、陳省身、湯佩松、赫崇本、俞啟葆、許德佑、郭曉嵐、盧衍豪等曾獲丁文江獎金。〔註80〕

　　蔡元培開會所做報告《國立中央研究院進行工作大綱》，被評議會作為臨時議案予以充分討論通過，在一定意義上可以說是中研院學術發展的總體戰略規劃。結合中研院成立七八年以來的工作經驗，「追維本院創設時所具之理想」，更按照組織法「所付給之職責」，將中研院工作列為五項，總體思想是純粹科學與應用科學雙翼起飛，「一面權衡各項科學問題之輕重，以定進行之程序，一面充分顧及所謂『學院的自由』」：

> 　　科學問題之研究，無論其屬於實驗科學或記錄科學或人文科學，僅應以其問題自身之重要性，定工作程序之先後，未可泛然淺然，但以立見功效及直接應用等標準約束之。蓋若干應用最廣、收經濟價值最大之技術事業，其所憑藉之最初步科學研究，表面上每屬於純粹科學之微細題目。即若干科學研究毫無經濟價值且無應用可言者，如不少人文科學之問題，果能以事理之真布之世人，開拓知識之領域，增加對於人文進化之瞭解，其影響縱屬遲緩而間接，其功效有時仍極巨大。故本院各所之實踐純粹的研究者，其用意不外求於科學進展之大路上盡其能力，因以提高國內學術之水準，並祈冀我國在國際間得逐漸的列於進步的學術之林也。……西洋所謂「學院的自由」，即憑研究者自己之興趣與見解決定動向，不受他人之限制之原則，仍應於合理範圍內充分尊重之。蓋學院自由正是學術進步之基礎也。〔註81〕

　　不以「功用」為標準影響學術研究，全憑研究者自己的興趣與見解，這就是學術進步基礎「學院自由」的真諦。與首次年會僅有少數評議員貢獻意見不一樣，本次年會評議員們積極行動，有蔡元培、翁文灝、胡先驌、余青松、丁燮林、莊長恭、趙承嘏、陶孟和、李四光、胡適等10人提案，更有丁燮林、陶孟和、秉志、張其昀、謝家聲、王家楫、竺可楨、汪敬熙、李濟、傅斯年、趙元任等11人副署，近一半與會者充分表達了他們的意願與意見。

---

〔註80〕中研院各項獎金的設立及其評審等具體情形，參閱郭金海《民國時期中央研究院學術獎金的評獎活動》，《民國檔案》2016年第4期，第67~76頁。

〔註81〕國立中央研究院文書處：《國立中央研究院首屆評議會第一次報告》，第108~109頁。

　　首屆評議會第三次年會 1937 年 5 月 3～4 日在南京舉行，王世杰日記說：「評議員四十人，散於各地，幾全數出席。蔡孑民先生高年久病，以竟完全康復，來京主席。此項團體，在吾國尚為創見，其未來之發展，甚值注意。」〔註82〕其實，出席評議員僅 34 人，翁文灝、郭任遠、李濟在國外，在國內的莊長恭、秉志、張雲、唐炳源也請假。會議正式提案 8 件、臨時提案 4 件，分別為：

　　（1）翁文灝提，丁燮林、傅斯年副署：請由中央研究院提議全國學術研究機關於相當時間內制訂三年工作計劃，由院彙集，並酌量通告。

　　（2）陶孟和提，丁燮林、李四光副署：派遣研究人員出洋遊學。

　　（3）張雲提，王家楫、汪敬熙副署：網羅全國專材，增進學術研究效能。

　　（4）趙承嘏提，林可勝、汪敬熙副署：由本會函教育部及派遣留學各機關，於分配名額時請注意幾種特別情形。

　　（5）周仁提，陶孟和、丁燮林副署：由中央研究院建議國府從速資遣特出之專門人才赴國外實習或研究，再加深造並限期回國以備重用。

　　（6）趙元任提，汪敬熙、丁燮林副署：全國研究機關實驗室普遍性設備之調查及合作。

　　（7）李協提，李四光、葉良輔副署：請吾國地質學專家注重實用地質學之研究。

　　（8）李協提，傅斯年、李四光副署：請建議國民政府籌備大規模材料試驗場。

　　（9）傅斯年提，胡適、趙元任、吳定良、陶孟和、陳寅恪副署：規定參加國際學術團體及國際學術會議之原則。

　　（10）胡適提，傅斯年、陶孟和、吳定良、趙元任、陳寅恪副署：調查國內學術研究機關工作之進一步辦法。

　　（11）朱家驊提，傅斯年、周仁、陶孟和、王家楫、丁燮林副署：擬請政府於民國三十年召集第七屆太平洋科學會議。

　　（12）余青松提，朱家驊、竺可楨、丁燮林、趙元任、汪敬熙

〔註82〕林美莉編輯、校訂：《王世杰日記》，中央研究院近代史研究所，2012 年，第16 頁。

副署：民國三十年適值國際天文協會第七屆會期，擬乘該年觀測我
國日全食機會請該會會員來華開會。〔註83〕

另外，將院長蔡元培的諮詢案「關於國家科學獎勵金暫行辦法」也作為議案提請審議。

出國留學特別是學習專門之學成為提案焦點，正式提案 8 件中有 3 件聚焦留學教育，可見當時對派出留學生事務的重視。議案分三組討論審查，第一組審查有關「調整學術研究事項」議案，包括蔡元培諮詢案和第 1、3、7、10 提案，審查人有胡適（主席）、朱家驊、李四光、汪敬熙、何廉、林可勝、胡先驌、莊長恭、陳寅恪、張其昀、張雲、傅斯年、葉企孫；第二組審查有關「高等研究及國際學術合作」議案，包括第 2、4、5、9、11、12 提案，審查人有王世杰（主席）、王家楫、吳定良、李書華、竺可楨、秉志、周鯁生、姜立夫、陶孟和、陳垣、葉良輔、趙承嘏；第三組審查有關「學術研究設備」議案，包括第 6、8 提案，審查人有李協（主席）、丁燮林、余青松、吳憲、周仁、胡經甫、侯德榜、唐炳源、陳煥鏞、凌鴻勳、趙元任、謝家榮。〔註84〕

這些提案基本上都原則通過，有些提案被修正，第一提案修正如下：第一，由中研院通函各學術機關，徵求最近三年內之工作計劃，開列所研究課題、課題負責人、研究途徑及預期結果；第二，中研院收到計劃後指定專人整理，分類刊印成冊，以供公私各機關參考。第十議案修正如下：第一，由評議員分別調查國內學術研究事業，作為制訂全國學術上合作互助方案的基礎，必要時每組主席陳準議長約請會外專門學者一二人參加；第二，暫以國內研究機構及大學研究工作為限；第三，調查研究工作的性質、各機關工作範圍的分布、工作人才、工作設備；第四，調查結果報告評議會，未經評議會同意，不得自行發表。另外，議決李方桂《龍州泰語》獲得首屆楊銓獎金，姜立夫、葉企孫、趙承嘏、李四光、翁文灝、胡經甫、林可勝等為丁文江獎金審查委員會委員。〔註85〕

對於蔡元培的「國家科學獎勵金暫行辦法大綱」諮詢案，主要就上次年會後中央政治會議教育專門委員會審查後的《國家科學獎勵金暫行辦法大綱修正

---

〔註83〕國立中央研究院文書處：《國立中央研究院首屆評議會第二次報告》（1938 年 5 月），第 7〜8 頁。

〔註84〕國立中央研究院文書處：《國立中央研究院首屆評議會第二次報告》，第 61 頁。

〔註85〕國立中央研究院文書處：《國立中央研究院首屆評議會第二次報告》，第 63〜64 頁。

草案》中候選人資格等作出修正，如第 7 條甲種獎金候選人修正為「凡曾在一種學科內繼續作長期研究，而其研究成績對於人類之知識進步確有重大貢獻者」；第 11 條「三年期滿後，如工作成績優良，得由教育部給予銀質獎章一枚」刪去；第 12 條改為「凡在國內重要學術研究機關或公立或已立案之私立大學或獨立學院之研究所擔任學術之工作而有優良之成績者，得為乙種獎金之被選人」；第 14 條刪去。〔註86〕這樣修訂之後的「辦法大綱」共 19 條，將甲種獎勵金獲得者連續工作十年以上、乙種獎勵金獲得者工作兩年以上的年限取消，同時取消乙種獎勵金向實際研究者傾斜的條文，可見這修訂並沒有按照陳立夫、戴季陶的意見，更看重研究成果與成就。1937 年 5 月 27 日，中研院將修正後的「草案」報送給國民政府文官處。此後如泥牛入海，不見了蹤影。

　　由前三次評議會年會可以看出，評議會在行使其指導聯絡學術研究的同時，也一直致力於學術評議與獎勵職能的實現，力圖在國家學術評議與獎勵制度的建設上有所作為。從第一次年會胡先驌提出設立「國家科學研究補助金」到第二次年會翁文灝提出設立「國家科學獎勵金」，從資助科學研究到資助研究與獎勵科研成果並舉，具備一個比較完整的國家學術評議與獎勵體系。因其重要性，第三次年會蔡元培專門提出諮詢，可見評議會對此的重視與傾心。非常可惜的是，「草案」與「條文」在中研院、教育部、行政院、國民政府文官處來來往往，幾經周折，不見多少效果，最終沒有下文。中研院在學術評議與獎勵功能上的努力與無效，在在反映了它作為一個純粹學術機構在政治運轉中的無力與無效，無論是資助科學研究還是獎勵學術成果都要受教育部的委託，在教育部的陰影下工作。非常弔詭的是，中研院上述學術評議與獎勵努力不見絲毫成效，其功能卻在抗戰期間由深深介入其間的教育部成立的學術審議委員會實現。

　　首屆評議會第四次年會因抗戰內遷，1939 年 3 月 13～14 日才在昆明雲南大學舉行，到淩鴻勳、謝家聲、姜立夫、葉企孫、陳寅恪、張雲等 22 人（剛好過半數，否則無效），困局香港的蔡元培因病後體弱，無法到昆明主持，臨時推舉王世杰為主席，評議員李協去世，茅以升以 12 票當選替補。〔註87〕因時勢變易，評議員們關注重心也發生了改變，會議共審查 12 個議案：

---

〔註86〕國立中央研究院文書處：《國立中央研究院首屆評議會第二次報告》，第 64 頁。
〔註87〕樊洪業主編：《竺可楨全集》第 7 卷，上海科技教育出版社，2005 年，第 47
　　　～48 頁。

（1）任鴻雋〔註88〕提，朱家驊、翁文灝、傅斯年、王家楫副署：西南各省本院應設置永久之研究機關，以求文化之平均發展而利內地之開發。

（2）任鴻雋提，朱家驊、翁文灝、王家楫、葉企孫副署：本院理化工研究所應與政府及社會之實業機關切實合作以增加效能。

（3）任鴻雋提：聯絡各學術機關擬定戰時工作計劃。

（4）任鴻雋提，張其昀副署：建議政府修改中研院組織法，規定中研院總幹事為當然評議員。

（5）葉企孫提，任鴻雋副署：請聯合昆明各學術機關就昆明郊外籌設聯合圖書館以利研究及兼顧文獻保全。

（6）傅斯年提，吳定良、陳寅恪副署：中研院評議會與教育部學術審議機關矛盾。

（7）傅斯年提，吳定良、陳寅恪副署：請決定歷史語言研究所今後進行之方針。

（8）胡先驌提：統制科學研究。

（9）傅斯年提，葉企孫、汪敬熙、李書華、吳定良、翁文灝副署：請由本會發起，會同教育部、經濟部檢討全國研究事項之方針及其分工合作之辦法。

（10）工程研究所提：工程研究所欲擴充鋼鐵試驗工作，請呈請國府指撥的款俾得早日進行。

（11）請中央研究院撥專款六萬元，俾得早日進行光學玻璃之研究案。

（12）本院社會科學研究所經費應請予以確定以利工作案。

〔註89〕

　　第11、12兩議案提案人不明，從議案內容看應為工程所、社會科學所或與之相關的評議員周仁、陶孟和所提。中國科學社靈魂、曾任中基會董事兼幹事長的新任中研院總幹事兼化學所所長任鴻雋非常積極，一人提出了4個議案，史語所所長傅斯年也提出3個議案，胡先驌還是一貫的積極，單獨提

〔註88〕任鴻雋此時任中研院總幹事兼化學研究所所長，為當然評議員。

〔註89〕《國立中央研究院首屆評議會第三次報告》，中國第二歷史檔案館藏，中央研究院檔案-393(2)-125(1)。

出「統制科學研究」的議案。胡先驌議案評議員可能有「異議」，居然無人副署，相同待遇還有任鴻雋第 3 案。面臨新形勢與新局面，評議員們的議案更關注實際，各議案都有相當的討論與決議。第 1 案決議：本院在抗戰期間暫遷西南，益感西南各省學術研究之重要，應趁此時機，促進西南永久研究機關之基礎。第 3、8、9 案合併討論，決議：（一）評議會商同教育、經濟兩部，聯絡各研究機關，擬定戰時工作方針及分工合作辦法；（二）此事應由評議會主持辦理，毋庸另設委員會。第 10～12 三案合併討論，決議：（一）理化工三所之一部分工作具有應用性質的，擴充經費原非中研院預算所能擔負，應由評議會發起計劃，專設工程試驗機關另籌經費以圖進展；（二）前項計劃之制訂，由評議會相關各組會同辦理；（三）社會科學研究所經費請中研院設法確定。〔註90〕

當然，在學術評議與獎勵方面，傅斯年等人已感到教育部的「異動」，第 6 議案如是說：

> 自《中央研究院組織法》第一條「國立中央研究院直隸於國民政府，為中華民國最高學術研究機關」及《中央研究院評議會條例》第五條「評議會之職權如左：一決定中央研究院研究學術之方針，二促進國內外學術研究之合作與互助」觀之，本會之組織原含有所謂研究參議會之意義，當然有統制全國學術研究之職責。惟教育部行將設立學術審議機關總辦全國學術行政事宜，是本會與該機關之間不無彼此相關處，此二者應如何分工合作以相聯繫。〔註91〕

可見，對於中研院一直未能有效行使其學術評議與獎勵職責，評議員諸公們面對教育部的此時的「積極進取」還是有相當的警覺性，但時勢畢竟不可阻擋，教育部成立學術審議會攘奪中研院評議會的學術評議與獎勵職能，大張旗鼓地進行學術獎勵的同時，中研院評議會卻迎來最為緊要的第二屆聘任評議員的選舉即評議會的第一次換屆。

## 三、第二屆評議員選舉及其「學術政治」

相較於首屆評議員臨時由中研院各所長及相關學科領導人提名候選人、

---

〔註90〕 《國立中央研究院首屆評議會第三次報告》，中國第二歷史檔案館藏，中央研究院檔案-393(2)-125(1)。

〔註91〕 《國立中央研究院首屆評議會第三次報告》，中國第二歷史檔案館藏，中央研究院檔案-393(2)-125(1)。

蔡元培與國立大學校長選舉，第三屆評議員由院士推舉候選人並由院士選舉並最終制度化不同，第二屆評議會聘任評議員選舉屬於過渡性質，按照評議會章程先由國立大學和獨立學院專任教授和副教授，以記名方式在全國範圍內（包括國立、私立大學與專門科研機關）就本學科加倍選舉候選人（每人僅投票本學科，獲得每學科總票數 1/4 以上者合格），然後由首屆評議會分組審查初選候選人資格確定 60 名正式候選人，最終選舉 30 位聘任評議員與當然評議員組成第二屆評議會。〔註 92〕可見，第二屆評議員選舉有教授初選階段，具有相當典型的學術選舉考察意義。〔註 93〕

正如前面所言，第一屆評議會選舉有失誤。1940 年 1 月 4 日，傅斯年致函翁文灝討論第二屆評議員候選人名單時曾說：「現任評議員，除上次選舉時有二人資格不合者外〔工程之唐炳源（彼非工程學家）、氣象之張其昀（彼與氣象學無涉）〕，其餘資格既合，似應一律加入。」〔註 94〕前面已初步分析張其昀當選的一些情況，這裡稍微探討一下唐炳源當選原因。

唐炳源（1898～1971），字星海，時任無錫慶豐紗廠總經理。清華學校畢業後留美入麻省理工學院攻讀紡織工程，1923 年獲學士學位回國，協助父親打理唐家產業，一直在實業界摸爬滾打，與學術界幾乎沒有關係。對於他當選為評議員內情，不得而知，但在醞釀第二屆評議員候選人時，傅斯年的信函中稍露一些「痕跡」。1939 年 11 月 15 日，傅斯年致函翁文灝，對已有「第二屆評議員候選人參考名單草案」提出意見，對於周仁（字子競）擬定的工程學科人員發表意見後說：

> 蓋子競才力品行，雖具是上等人，然有一大缺陷，即絕對固執己見（事無大小）也。且子競在工程一個題目中不能分辯【辨】何者為事業，何者為學術，故子競在院十年，所作皆是事業而非學術也。弟亦曾與談及此點，遭其嗤鼻。平情而論，在中國談工程學術本不甚易，不可率爾。然買上幾千錠子紡紗，或廣造多量槍彈，終

〔註 92〕《國立中央研究院評議會條例》《國立中央研究院評議會選舉規程》，國立中央研究院文書處編《國立中央研究院首屆評議會第一次報告》，第 10～16 頁。

〔註 93〕郭金海對第二屆聘任評議員的選舉已有比較詳細縝密的研究（參見氏著《院士制度在中國的創立與重建》，第 60～83 頁）。但因考察維度不同，仍有未發之覆與可商榷之處。

〔註 94〕《傅斯年致翁文灝》（1940 年 1 月 4 日），《傅斯年遺札》第 2 卷，第 1060 頁。

不可以為即與「導淮」造「錢江橋」同等，至少後者要比前者多用
些腦筋，多作些測驗，多算些算術！然自子竟觀之，皆一列也，故
上次舉了唐炳源，這次又要舉繆嘉銘等。〔註95〕

可見，傅斯年將唐炳源的當選歸結為中研院工程所所長周仁，因為他分
不清工程學科的「事業與學術」，因此首屆推舉實業界的唐炳源，第二屆也推
舉辦實業的繆嘉銘（雲臺）這樣與工程學術完全無關的人選。

有鑒於首屆評議員選舉的「失誤」，第二屆選舉必須慎之又慎。首屆評議
會第四次年會上，第二屆聘任評議員的選舉成為重要議題，成立了以評議會秘
書翁文灝為主任的選舉籌備委員會，委員有院外王世杰、朱家驊、葉企孫和院
內任鴻雋（總幹事兼化學所所長）、傅斯年（史語所所長）、陶孟和（社會科學
所所長）。由此，第二屆聘任評議員選舉正式拉開帷幕。

1939 年 3 月 16 日，籌委會召開第一次會議，傅斯年提出要為教授們的選
舉擬定一個候選人的「單子」。他後來在致翁文灝的信函中申述了理由：

（一）大學教授不能假定其多數能於投票時有正確之判斷，故
投票前之「教育」實不可免，此為一切選舉制度下應有之工作，政
治愈民治者，愈須有此作用，非意圖操縱也。故此一單之作用有三：
（1）提醒，（2）示標準，（3）免分散，分散則復選時大困難矣。故
但須聲明其僅供參考，即無操縱之嫌，推薦之疑。（二）假如初選時，
各大學教授投得亂七八糟，評議會投票時即甚感困難，不怕不稱者
得票多，而怕稱職者得票少……果任大學教授之胡亂選，則評議員
只能於其胡亂選之結果內勉求其差少不妥者，則下屆評議會當大劣
於此屆，此豈國家之幸歟？〔註96〕

傅斯年這一「動作」，無論他自己如何辯解，即使聲明「僅供參考」，「無
操縱之嫌，推薦之疑」，仍難免「意圖操縱」的嫌疑。至於說「此為一切選舉
制度下應有之工作」純粹是他個人的「臆想」與「妄言」。他從政治的高度看
待選舉，以為國立大學和獨立學院的教授們都是「扶不起的阿斗」，需要「教
育」並給他們指明方向。如果說人數眾多的大學教授們對本學科有資格當選評

〔註95〕《傅斯年致翁文灝》（1939 年 11 月 15 日），《傅斯年遺札》第 2 冊，第 1041
～1042 頁。
〔註96〕《傅斯年致翁文灝》（1939 年 11 月 15 日），《傅斯年遺札》第 2 卷，第 1044
頁。

議員的人選都無法判斷，中研院指定的區區幾位參考名單擬定者又怎能確定誰能成為合適的候選人？誰又能保證他們不是「扶不起的阿斗」？無論如何，他從保證當選評議員水平的角度出發，提出這樣一個策略似乎也無可厚非，畢竟他的擔心可能出現，特別是「不怕不稱者得票多，而怕稱職者得票少」，即真正的稱職者不被選出。

在傅斯年看來，中研院擬定的候選人名單是選舉成功的基礎，因此擬定候選人參考名單不言而喻成為「重中之重」，必須慎之又慎。他認為名單「既拿出去，必須像個樣子，雖曰只供參考，究須鄭重其事，使投票人（即大學教授）中，有常識者多數佩服」，否則，「有單反不如無單」。〔註97〕9 月 20 日，籌委會開第二次會議（因人數不足改為談話會），推定各學科組候選人擬定者名單，物理組葉企孫、化學組任鴻雋、工程組周仁、動物組林可勝、植物組王家楫、地質組翁文灝、天文氣象合組竺可楨、心理組汪敬熙、社會科學組陶孟和、歷史組傅斯年、語言考古人類合組李濟。〔註98〕確定上屆評議員「仍可為本屆評議員之候選人」，提請教授們「應注意國內各研究機關合格人員」，「注意在目前所有科目內，評議會應有代表全國學術之意義」等五條選舉要點。〔註99〕各學科組候選人推舉者，除院外的葉企孫、林可勝、翁文灝外，都是中研院研究所所長或研究組主任。

11 月 4 日，傅斯年向翁文灝報告他與陳寅恪商量提出的歷史組名單和李濟擬訂、他補充的語言考古人類合組名單。歷史組除首屆聘任評議員胡適、陳垣、陳寅恪外，另舉朱希祖、張爾田、湯用彤、顧頡剛、金毓黻等 5 人〔註100〕，並附有候選理由。對歷史學科名單，他評論說：

> 此單如不限人數，而求其 exhaustive，此外實更想不到人矣。今日作文史雜學者多，而真於史學有貢獻且年資較為先進者不過爾爾也。如必縮為三人，則只有前三人最適宜，余陪榜耳。

〔註97〕《傅斯年致翁文灝》（1939 年 11 月 15 日），《傅斯年遺札》第 2 卷，第 1044～1045 頁。

〔註98〕《翁文灝致傅斯年》（1939 年 11 月 11 日），（臺北）中研院史語所傅斯年圖書館藏，傅斯年檔案-昆 10-15。感謝中研院近史所張寧研究員及其助理盤惠秦同學幫忙查閱相關檔案。

〔註99〕《翁文灝致傅斯年》（1939 年 10 月 17 日），李學通編《翁文灝往來函電集（1909～1949）：從地學家到民國行政院院長》（下簡稱《翁文灝往來函電集》），團結出版社，2020 年，第 61 頁。

〔註100〕原稿還有蔣廷黻，被圈刪。

　　傅斯年的評論源於陳寅恪。11 月 2 日，陳寅恪曾致函傅斯年，對於傅斯年擬定的人選，表示「全同意」，並說「或再加入姚公如何，乞酌定」。對於這些人選，陳寅恪有評論：「其實除本屆評議員外，其餘大概是陪榜性質（昔時考貢生照例有陪榜者），似多數人可以，在外行看來，以為人材濟濟，對於宣傳上或有用處也。」可見，傅斯年推舉標準有兩個，一是在學術上有成就，二是「年資先進」。陳寅恪提出時任西南聯大歷史系主任姚從吾（1894～1970）作為候選人，未被傅斯年採納。無論是陳寅恪還是傅斯年，都以為當時眾多的歷史從業者除首屆三人外，其他人都「不足掛齒」。對於李濟所開名單，傅斯年以為是「內舉自避之單」，逕自加以補充，「皆求其 Exhaustive 也」。〔註 101〕

　　11 月 11 日，翁文灝致函傅斯年，告知評議員候選名單除動物和心理組外，其他 9 個組都已收到。因名單問題很多，「有許多事須切實商酌，特密函奉達」。第一，參考名單應儘量擴大，「此項名單原係備供選舉人參考之用，最好能將各該科目之所有合格人員擇尤【優】儘量羅列，以示大公，並可供選舉人之充分參考。若僅將上屆評議員列為本屆候選人，不加增添，似易引起外間煩言」。因此，植物組王家楫僅提出上屆評議員名單不合格，要求他繼續補充新人。第二，任鴻雋所提王璡與周仁所提繆雲臺，「均有考慮之餘地，繆君在事業上誠為一重要人物，但加入評議員似覺意義不同，誠恐他人易有異議」。但他「不便逕函表示」，請傅斯年晤見時「婉轉相商」，「此事籌委會負有責任，且於整個參考名單之信用有關，故不能不加以慎重」。第三，動物組林可勝「近來從事救護事業，對於動物學專家之工作與地址，多未能詳，無從推薦」，改由王家楫推舉。葉企孫擬定名單，遺漏吳有訓，「函請考慮，並盼其加推相宜者數人」，地質名單已函請李四光提意見。〔註 102〕

　　對這個名單，傅斯年也極為不滿，他看後致函翁文灝，除翁文灝「所示諸不妥處」外，「分組說之」。物理組葉企孫僅提出王守競、李書華、顏任光、嚴濟慈 4 人。〔註 103〕傅斯年認為葉企孫遺漏吳有訓，原因是任鴻雋告訴葉企孫

〔註 101〕　《傅斯年致翁文灝函》（1939 年 11 月 4 日），（臺北）中研院史語所傅斯年圖書館藏，傅斯年檔案-昆 10-41。檔案中附有陳寅恪信函。

〔註 102〕　《翁文灝致傅斯年函》（1939 年 11 月 11 日），（臺北）中研院史語所傅斯年圖書館藏，傅斯年檔案-昆 10-15。

〔註 103〕　《第二屆評議員候選人參考名單草案》，（臺北）中研院史語所傅斯年圖書館藏，傅斯年檔案-昆 10-1。

候選人「『非大學教授』為限」，但任鴻雋自己的名單中有大學教授王璡。他已告知葉企孫標準，「弟意企孫辦此事，必能認真檢討資格，輕重考慮得宜，故物理組無問題也」。葉企孫名單都「非大學教授」，可能確實受任鴻雋「誤導」。但葉企孫作為籌委會成員，有選舉標準「五要點」，本不該如此被輕易誤導。傅斯年看重的葉企孫所提物理組名單，確實「堪憂」，無論從哪個方面看都「不合格」，除嚴濟慈外其他人並無突出學術成就，王守競、顏任光都已離開學術界，而且缺少數學代表。

化學組任鴻雋提出莊長恭、趙承嘏、侯德榜、孫學悟、吳學周、王璡6人。傅斯年認為問題很大，可以說「無一是處」。任鴻雋開單似乎有兩個主義，一是「『非大學教授』為限，然又有一名大學教授」王璡；第二，「在西南為國家服務者，（叔永云，如吳憲在協和舒服，不如多選為國服務者，此原則弟甚贊成。）然又有趙承嘏（在國聯作事，住日內瓦）」。化學科下各部分分配似乎也「失當」，生物化學莊長恭、趙承嘏，工業化學侯德榜、孫學悟，「其他無焉，似可補也」；侯德榜、孫學悟究竟屬於化學還是工程也有疑問；吳學周「很Promising，然資歷尚淺，既在院服務，似可慎重」。並提出自己的一些人選，如「像樣子的大學教授」薩本鐵、楊石先。當然，他也謙虛「弟是外行，不便多說」。從學術成就來看，任鴻雋所提名單除王璡外，其他人都實至名歸，被傅斯年非議的首屆聘任評議員趙承嘏1948年院士選舉中因有「附偽」嫌疑被排除在正式候選人外，但其成就舉世聞名（參閱第七章相關內容）。莊長恭、侯德榜、孫學悟、吳學周後來都正式候選首屆院士，除孫學悟外都當選，同時榮膺化學科院士的還有吳憲與曾昭掄。可見，任鴻雋名單除曾昭掄外（如上所言吳憲是故意不提），囊括了首屆中研院化學科及工程化學院士，相比葉企孫物理組名單更為合情合理。傅斯年所提薩本鐵學術成就突出，也是首屆評議員候選人，但此時任教淪陷區北平輔仁大學，按照任鴻雋的原則自然不能提出。傅斯年自己「甚贊成」任鴻雋的標準，卻提名薩本鐵，可謂前後矛盾。南開大學教授楊石先時任西南聯大化學系主任，後來未能正式候選首屆院士，學術成就當時並沒有得到公認。傅斯年對化學科學的認知也有偏差，如莊長恭是中國有機化學奠基人，不能完全以生物化學家界定之，吳學周是物理化學家，王璡是中國分析化學開創者之一，不能說任鴻雋的名單僅有生物化學和工業化學，「其他無焉」。可見，對於此時同為中研院同僚的前輩任鴻雋，傅斯年因多種

原因有「偏見」或「成見」。〔註104〕值得注意的是，無論是任鴻雋還是傅斯年，都沒有提名首屆評議會候選人、長期擔任北京大學化學系主任、時任西南聯大化學系教授、中國有機化學奠基人之一曾昭掄。

工程組周仁推舉淩鴻勳、繆雲臺、嚴恩棫、李承幹、莊前鼎 5 人。傅斯年以為「使人歎氣」，「全部名單中，弟以為此一組最不妥」。繆雲臺如果候選，「直將成笑柄」；嚴恩棫他「全不知」；李承幹「人品勞績，俱是中國頭等人物，然兵工廠不即是工程學」；莊前鼎「學問、事業全無貢獻，只是與顧毓琇同其熱衷奔走而已」。「總而言之，子競開此單時，專以其個人之接觸為限」。他提出須愷、茅以升作為候選人。擺出如此之多意見後，傅斯年還說「然弟於工程一事，太外行，不敢說」。其實，1939 年首屆評議會第四次年會上已選舉茅以升接替去世的李協，茅以升屬於當然候選人，不需要提出。「情急之下」，傅斯年似乎忘記了。

植物動物兩組，「門戶之見甚深，單子能否壓眾望，未可知也」。因植物組王家楫僅推舉上屆評議員謝家聲、胡先驌、陳煥鏞三人，動物組名單還未開出，因此他只是擔心。天文組竺可楨推舉張雲、張鈺哲兩人，「二張近來俱久無文章發表矣」。氣象組竺可楨推舉呂炯、黃廈千、趙九章、涂長望，傅斯年以為趙九章、涂長望「似資格尚淺」。即使對翁文灝擬定的地質組人選也不是全無看法，「本院地質研究所中似無人，有人合格否，乞一留意」。最後總結說：

> 總括言之，以上所舉有小問題可不計者，然化、工二組實有大問題，不止二人之不妥。而動植物又未可懸知。此一單子，如拿出去不像樣子，反不如不拿。去二人三人並不費事……所難者某某組之全部像樣子，有代表性，少致人譏之單子，有誰去作也。〔註105〕

傅斯年對數理組與生物組已有各學科候選人做了全面的評述，可見其跨界之大，似乎是「全能全知」式樣人物。當然，其間有不少的推測性言語與「道聽途說」，如當時趙承嘏在上海艱難維持北平研究院藥物所，根本沒有去日內瓦為國聯工作而「舒服」；莊前鼎在清華大學辦理航空研究所「聞無一竅妙」，

---

〔註104〕除前述《科學》社論事件外，對於任鴻雋等主持的中國科學社對中國近代學術發展的影響，作為後輩的傅斯年一直心有不滿，早在 1929 年 4 月，他曾致函蔡元培，認為大批中國科學社成員進入中研院，把中研院「愈弄愈成衙門」。參閱拙著《賽先生在中國：中國科學社研究》第 173～175 頁。

〔註105〕《傅斯年致翁文灝》（1939 年 11 月 15 日），《傅斯年遺札》第 2 卷，弟 1040～1043 頁。

而為葉企孫、吳有訓「諸賢所鄙」，完全以葉企孫、吳有訓「諸賢」的「看法」為「成見」。也表現出「門戶之見」，翁文灝所開地質學候選人中無李四光為所長的中研院地質所同仁，他其實隱隱指責翁文灝僅囑目地質調查所人才；相較於葉企孫所擬物理組名單，任鴻雋所擬化學組名單更為完備，但傅斯年卻因王璡一人而對任鴻雋大肆指責。更為重要的問題是，他對自己專業之內的「人文組」候選人無一置評，到底是他完全相信他的同行，還是因為專業相近而有利益衝突而避嫌？正如前面所說，他對李濟所開名單並無批評，只是以為李濟「避賢」沒有開列史語所內名單，他自行補充而已。社會科學組陶孟和僅推舉上屆評議員周鯁生、王世杰、何廉三人和陳達、蕭公權、林維英6人而已。與上屆候選人相比，政治學以蕭公權替代錢端升在一定意義上合情合理，但經濟學以時任南開大學經濟研究所研究員、名不見經傳的林維英替代馬寅初，似乎有些說不過去。這名單無論如何都比任鴻雋所擬化學組、周仁所擬工程組更不合格，更有可議之處，他卻「不置一詞」。可見，傅斯年一方面對科學技術同行幾乎完全「不放心」，因此深深地「跨界」介入；另一方面，卻對真正的同行卻幾乎「事不關己，高高掛起」。看來，「傅大炮」炮口所向是有選擇的。

因這封信牽涉各方面人物，「乃絕對秘密」，他請翁文灝「勿示人」，另寫一信提出了一些建設性意見：

（一）每一名字既經列入，即須細看其是否合於評議會條例第三條資格之一。此事斷不容苟且，若我輩提供參考者尚不合格，焉能責人乎？

（二）名單額數可以不拘，雖不能濫，但如一科確有多才，宜權衡全部使此名單有代表性，而非一人接觸之偶見，一派想像之世界也。

（三）去取之間，必須公正，一以學績為斷，不便阿其所好，而應使見此單者佩服，此中非無標準也，即如歷史，大體亦應有公是非，遑論先進之自然科學，如地質、物理等乎？

總之，作某一科之單者，應將其全部情形想一下，綜觀而分判其價值，比類而權衡其輕重，然後見此單者，有同情而無反感，方可達到上文所說「教育」之作用。〔註106〕

---

〔註106〕《傅斯年致翁文灝》（1939年11月15日），《傅斯年遺札》第2卷，第1044～1045頁。

　　傅斯年這裡提出每個候選人都必須注明其候選理由，其實首屆聘任評議員選舉時已實行，後來中研院首屆院士選舉中也得以繼承，傅斯年反覆強調，可見其重要性。〔註107〕更為重要的是，原來候選人以當選倍數為額度，即60人即可，傅斯年這裡提出「額數可以不拘」的意見，擴大候選人數額，把選擇的權利給大學教授們。應該說，這一意見對比較發達的學科如地質學、物理學和植物學、動物學來說，擴大了候選範圍，確實有利於選取年輕的新進。傅斯年一再強調，候選人的選取必須放下「派系之爭」與「熟人圈子」，完全以學術為標準，這樣才能使大學教授們「佩服」，「有同情而無反感」，真正達到「教育」的目的。他在指責數理組和生物組候選名單時，如何保證他自己熟悉的人文組名單的學術性與非「派系」、非「圈子」？他似乎跌入了自己設置的「陷阱」。

　　1939年11月26日，籌委會在重慶召開第三次會議，決議按照首屆評議會候選人提名經驗，改由中研院各所長擬定各學科候選人名單，已有各科名單作為各所長參考，原由所長擬定的，「仍發回修訂」。之所以如此改動，翁文灝12月6日致傅斯年函中曾提出兩個理由：

　　　　一、因現有名單未盡完善，若由籌委會全部予以修正，則籌委會人才不齊，難以顧及全部；若由籌委會任便指定一人推舉，又覺無甚標準，過於順便，不若交由各所重行慎重增訂後，再交本會審定，較易有成。

　　　　二、因以籌委會名義提出候選人名單，較易引起反感或誤會，似不若改由中研院各所長提出名單，由籌委會代為散發，較為合宜。〔註108〕

　　籌委會對原由11人推舉的候選人名單不滿意，但籌委會7人無論如何又沒有能力和精力對這個名單進行完善，於是將責任推給中研院各所長，這樣也不易引起「反感或誤會」。當時中研院各所長物理丁燮林、化學任鴻雋、工程周仁、地質李四光、天文余青松、氣象竺可楨、動植物王家楫、心理汪敬熙、社會科學陶孟和、歷史語言傅斯年，與原11人名單相比，僅丁燮林、李四光、王家楫取代葉企孫、翁文灝、林可勝，並增加了余青松對天文學的

---

〔註107〕評議員候選資格與首屆院士候選資格幾乎完全一樣，滿足兩個條件之一即可。
〔註108〕《翁文灝致傅斯年》（1939年12月6日），《翁文灝往來函電集》，第65頁。

提名，取消了李濟對語言考古人類學組的提名。林可勝的提名事務本來就改由王家楫承擔，李濟的提名也由傅斯年改定，因此真正變化只是丁燮林、李四光代替葉企孫、翁文灝，增加余青松而已。地質學方面，李四光相較翁文灝在學識與學術界交往上可能並無大多差別，況且翁文灝的提名本已請李四光提意見。物理學方面丁燮林與葉企孫完全不在一個數量級上。丁文江任總幹事時對丁燮林這位本家就很不滿，責備他自己不作研究，也不留心延攬人才，致使丁燮林萌生「求去之意」。〔註109〕吳大猷後來也說，丁燮林除教學外，未做研究工作，「從物理學的觀點來看，他並不是一位適當的物理所長，所中的研究領域，不是……物理學的主流」。〔註110〕以丁燮林代替葉企孫推舉候選人，自然成問題，所幸葉企孫的推舉名單可以作為參考。竺可楨所提天文學候選人張雲、張鈺哲，余青松可能也無異議。如此看來，籌委會的這一次提名人改動，從人員組成學術水平來看，並無實質性改善，但可以消解籌委會的責任壓力與負擔。

　　也許是對傅斯年不置一詞的陶孟和所開名單極為不滿，在這次籌委會上，無提名權的王世杰要求會議記載：「社會科學所包較廣，評議員候選人名單至少二十人。」〔註111〕對於由所長們開具名單，作為主持人的翁文灝還是心裏沒底，因「各推舉人仍自有其成見在也」，各所長推舉名單匯齊經籌委會審查、蔡元培核定後，如果「仍無法得一像樣之名單，則不提亦無不可」。看來，作為選舉主持人，翁文灝有最終放棄費心費力擬定的參考名單的心理底線。他以為名單「能否使人滿意」，關鍵在「各推舉人之認識是否正確，與成見之能否化除」，「欲達此目的，空舉原則收效不大，最好加以當面說明」。因此，他請傅斯年在昆明與各所長「詳為商談，藉獲一共同之瞭解或能得一較為滿意之結果」。〔註112〕

　　同樣，對於所長們開具的名單，傅斯年也以為不完全可靠。12月19日，他致函翁文灝，提出所長推舉的名單需要籌委會各委員分別審查，「每人供其

〔註109〕　李濟：《對於丁文江所提倡的科學研究幾段回憶》，歐陽哲生編《丁文江先生學行錄》，中華書局，2008年，第228頁。

〔註110〕　吳大猷：《吳大猷文選》第7冊，（臺北）遠流出版公司，1992年，第108~109頁。

〔註111〕　《翁文灝致傅斯年》（1939年11月29日），（臺北）中研院史語所傅斯年圖書館藏，傅斯年檔案-昆10-19。

〔註112〕　《翁文灝致傅斯年》（1939年12月6日），《翁文灝往來函電集》，第65頁。

意見，然後匯齊」。也就是在這封信中，傅斯年提供了葉企孫所開工程與化學兩科候選人名單，工程楊繼曾、葉渚沛、王守競、惲震、李承幹，化學薩本鐵、曾昭掄、高崇熙、楊石先。傅斯年在工程科附注「弟覺須愷亦可」。〔註113〕除將王守競由物理組移到工程組外，傅斯年極端看好的葉企孫也推舉了傅斯年非議的工程實務者如他點名的李承幹，他自己一再推銷的「須愷」葉企孫並不欣賞；化學科在薩本鐵與楊石先上有共同的認知。問題是，葉企孫作為物理學家去推舉化學與工程兩科也是「跨界」行為，所擬化學名單除有曾昭掄外遠不及任鴻雋名單。

12月23日，在昆明召開第四次籌委會（僅任鴻雋、陶孟和、葉企孫和傅斯年4人出席，丁燮林列席），會議同意了傅斯年的意見，所長所開名單在最後提請院長核定前，「分抄各籌委會委員」審議，辦法如下：

> 一、在各所長所開名單中，如某一科目之某一人，籌委會委員中有兩人或兩人以上認為資格欠合者，應請院長在決定時刪去之。

> 二、在各所長所開名單中，如某一科目之被推薦人，籌委會委員中有四人或四人以上認為尚有合格而被遺漏者，得開具所遺漏之人，請院長在決定時增入之。

傅斯年對此非常看好，致函翁文灝說「若付之實行，名單之價值必可增加」，因為「所長所聞，未必盡善」。因此，極力推薦實施。〔註114〕平心而論，此時中研院即使存在如傅斯年所擔心的丁燮林、任鴻雋、周仁這樣或在學術成就上或在人才認知上有缺陷的所長，但他們畢竟是相關學科出身，其對本學科的瞭解，至少比王世杰、朱家驊、陶孟和更全面。傅斯年提出經過兩輪推舉的候選人再由翁文灝、任鴻雋、王世杰、朱家驊、傅斯年、葉企孫、陶孟和這些籌委會委員審查，雖然有集思廣益的出發點，但無論如何，正如他認為大學教授們需要「教育」一樣，此辦法表達了他對名單開具者的不信任。翁文灝同意了傅斯年的意見，但籌委會審核過程中，所長們最後擬定的參考名單到底有哪些人被刪去，哪些人又被籌委會最後推舉，因資料原因不得而知。

對於所長們所開具體名單，傅斯年也進行了評說，認為「自較上次為有進

---

〔註113〕《傅斯年致翁文灝》（1939年12月19日），《傅斯年遺札》第2卷，第1052～1053頁。

〔註114〕《傅斯年致翁文灝》（1939年12月27日），《傅斯年遺札》第2卷，第1054～1055頁。至於院長的裁決，蔡元培以蟄居香港無人可諮詢為由，委託翁文灝全權處理。

步」，但工程一科，「非改擬不可」，其他各科也有不少需要改進的地方：

　　　　動、植物等，頗多容納少年新進，其中是否有可刪之處？

　　　　地質一科，如參以理、化、動、植等容納新進之用意，是否可

　　略增加如裴文中之類。

　　　　氣象之趙九章、涂長望，似年資較後，然不知其著作如何。

　　　　化學之王璡，應刪。（原件所謂有數論文之發表，弟知其是子虛。

　　此不可欺人者也。）

　　另外，對名單中候選理由的措辭也提出一些意見，諸如「恕不介紹」「恕不詳細介紹」改為「不詳述」，考古學董作賓「極大發明」改為「重大發明」等等，並再次強調「工程一項，非吾等重擬不可」，為此他會專門致函葉企孫和陶孟和商量。〔註115〕可見，傅斯年有些矛盾，他一面希望有年輕的後進入選，卻又對他們的才學很懷疑。以發現「北京人」而聲名鵲起的裴文中（1904～1982），1937年獲得巴黎大學博士學位回國，傅斯年希望他進入候選名單；而對竺可楨推舉的 1938 年獲柏林大學博士學位的趙九章（1907～1968）和 1934 年就已留學回國擔任中研院氣象所研究員的涂長望（1906～1962）不放心；以為動植物的「少年新進」有可商之處。當然，對於王璡還在名單中，實在詫異，一定要「刪去」。其實，作為中國近代化學奠基人之一的王璡，雖學術成就並不突出，主要以化學教育家角色名世，但他是中研院首任化學所所長、也曾任中國科學社社長與《科學》主編，對中國科學的推進作用有目共睹，在科學史和分析化學上也有所成就，發表論文十數篇，並不像傅斯年所說的那樣「子虛烏有」和「不堪」。〔註116〕從評議員候選的兩個條件來看，作為候選人似乎也無可厚非。

　　所長們所開名單匯齊後，翁文灝對工程組名單也不滿意，專門託任鴻雋赴昆明與周仁「再為面加商洽」。〔註117〕1940 年 1 月 3 日，翁文灝致函傅斯年說不知任鴻雋接洽結果如何，希望傅斯年催促一下，「早為商示」。傅斯年與葉企孫、陶孟和商量情況如何不得而知。1 月 25 日，翁文灝致電任鴻雋並轉傅斯年、陶孟和、葉企孫，上屆評議員、但無提名權的凌鴻勛提議胡庶華進入參

〔註115〕《傅斯年致翁文灝》（1940 年 1 月 4 日），《傅斯年遺札》第 2 卷，第 1060 頁。

〔註116〕中國科學技術協會編：《中國科學技術專家傳略‧理學編‧化學卷 1》，中國科學技術出版社，1993 年，第 50～61 頁。

〔註117〕《翁文灝致傅斯年》（1939 年 12 月 26 日），《翁文灝往來函電集》，第 66 頁。

考名單。次日，傅斯年致函任鴻雋，堅決反對胡庶華：

> 單子居然可告一段落，為慰。胡庶華之列入，弟仍絕對反對。
> 蓋其人之學問，固未曾聞之。而其人品下流，則弟知之甚審。教育
> 界如果只有一人，尤不當以之為代表也。〔註118〕

獲德國柏林工業大學冶金特許工程師的胡庶華，是當時教育界名人，曾任武漢大學代校長，同濟大學、湖南大學、重慶大學校長。此時正在西北大學校長任上，頗受時任教育部長陳立夫賞識，自然不入傅斯年法眼。同日，任鴻雋電覆翁文灝，說傅斯年反對胡庶華，葉企孫「無可否」，陶孟和與他以為若要增加一名工程教育家，胡庶華不如馬君武，「祈裁奪」。〔註119〕最終，翁文灝沒有「裁奪」，胡庶華進入名單。

幾經努力，籌委會最終形成了一個包括首屆聘任評議員30人在內共121人的名單作為大學教授們選舉的參考，下為除首屆聘任評議員外91位候選人分科名單及其候選理由：

（一）物理（包括數學，16人）

> 王守競：前國立北京大學物理教授、物理系主任，現任資源委
> 　　　　員會中央機器廠總經理。
>
> 吳有訓：前國立清華大學物理教授、物理系主任、理學院院長，
> 　　　　現任西南聯合大學理學院院長兼物理教授。
>
> 吳大猷：前國立北京大學物理教授，現任西南聯合大學物理教
> 　　　　授。
>
> 胡剛復：前國立東南大學中央大學物理教授、物理系主任，本
> 　　　　院物理研究所專任研究員，現任浙江大學理學院院長。
>
> 桂質庭：前私立華中大學物理教授、物理系主任，現任國立武
> 　　　　漢大學物理系主任。
>
> 趙忠堯：前清華大學物理教授，現任西南聯合大學物理教授。
>
> 薩本棟：前清華大學物理教授，現任廈門大學校長。

〔註118〕 歐陽哲生主編：《傅斯年文集》第7卷，湖南教育出版社，2003年，第211頁。整理者將「胡庶華」誤植為「胡廣華」。王汎森等編《傅斯年遺札》沒有收入該函。

〔註119〕 《翁文灝電任鴻雋並轉傅斯年陶孟和葉企孫》（1940年1月3日）、《任鴻雋電翁文灝》（1940年1月25日），（臺北）中研院史語所傅斯年圖書館藏，傅斯年檔案-昆10-43、昆10-44。

顏任光：前國立北京大學物理系主任，現任資源委員會專門委
　　　　員。

饒毓泰：前北京大學物理系主任，現任西南聯合大學物理系主
　　　　任。

嚴濟慈：前中央大學教授，本院物理研究所研究員，現任國立
　　　　北平研究院物理研究所所長。

江澤涵：前北京大學算學系主任，現任西南聯合大學算學教授。

孫　鎕：前清華大學算學教授，現任中央大學理學院院長。

陳建功：國立浙江大學算學教授。

華羅庚：西南聯合大學算學教授。

熊慶來：前清華大學算學系主任，現任國立雲南大學校長。

蘇步青：國立浙江大學算學系主任。

## （二）化學（8人）

薩本鐵：前清華大學教授，現任北平輔仁大學教授，研究有機
　　　　化學，有論文一百十餘篇發表（論文篇數皆就民國二
　　　　十年以後發表者而言，下仿此）。

曾昭掄：前中央大學化學教授、北京大學理學院院長化學系主
　　　　任，現任西南聯合大學教授，研究有機化學，有論文
　　　　七十餘篇發表。

莊長恭：前國立東北大學化學系主任、國立中央大學理學院院
　　　　長、國立中央研究院化學研究所所長，研究中國藥物
　　　　及女分泌素，有論文十餘篇發表。

孫學悟：黃海化學工業社社長，研究工業發酵各問題，有論文
　　　　數篇發表。

張洪沅：前南開大學教授，現任四川大學理學院院長，研究脂
　　　　肪及油類各問題，有論文數篇發表。

吳學周：中央研究院專任研究員，研究化合物之吸收光譜各性
　　　　質，有論文十餘篇發表。

高振【崇】熙：國立西南聯合大學教授，著有無機化學論文若
　　　　干篇。

陳克恢：現任美國伊來里利製藥公司研究部主任，有重要發明如麻黃精之效用等。

**（三）工程（12人）**

嚴恩棫：自日本帝國大學畢業後回國繼續研究鋼鐵之冶煉二十餘年未曾間斷，其後兩往德國及歐洲其他各國考察，尤多心得。現任國立中央研究院工程研究所專任研究員及資源委員會雲南鋼鐵廠籌備委員會委員。

李承幹：對於兵器之製造頗有研究，在兵工署各廠服務逾十年，對於新學理之援用尤有造詣獨到之處，現任軍政部兵工署第二十一工廠廠長。

沈　怡：資源委員會技術室主任。

杜殿英：資源委員會工業處處長。

惲　震：資源委員會電工器材廠總經理。

王寵佑：雲南鋼鐵廠籌備委員會主任委員。

任尚武：國立西北工學院教授。

楊繼曾：兵工署技術司司長。

葉渚沛：資源委員會重慶煉銅廠廠長。

胡庶華：國立西北工學院教授。

須　愷：導淮委員會總工程師。

錢昌祚：辦理航空機械事務多年。

**（四）動物（包括生理，8人）**

陳　楨：曾任國立東南大學生物學教授及國立清華大學生物系主任約十餘年，現任國立西南聯合大學生物學教授。對於金魚之遺傳及動物社會學有特殊之貢獻，其著作出版於 *Genetics Biologia Generalis*，科學社生物研究所之 *Contributions* 等雜誌。

劉崇樂：曾任國立東北大學國立清華大學等生物系主任兼教授，現任國立清華大學農業研究所教授，對於黃蜂科昆蟲之研究有相當貢獻，其著作發表於 *Bull. Peking Natur. Hist.*、*Chinese Jour. Zool.* 等雜誌。

蔡　堡：曾任私立復旦大學、國立中央大學及浙江大學動物學
　　　　教授、生物系主任、理學院院長等，現任中英庚款董
　　　　事會所設立之蠶桑研究所所長，對於實驗動物學有相
　　　　當貢獻，其著作曾發表於中央大學及浙江大學之
　　　　*Science Reports*，有四十餘篇發表於靜生生物調查所之
　　　　*Bulletin*、美國加省科學院之 *Bulletin* 等雜誌。

歐陽翥：現任國立中央大學生物系主任兼教授，對於獸類神經
　　　　及人腦各部之纖維組織有特殊之貢獻，其著作有十餘
　　　　篇發表於 *Revue. Neurol.*、*Jour. F. psychol. Neurol.*、*Jour.
　　　　Comp. Neurol* 等雜誌。

蔡　翹：曾任私立復旦大學、國立上海醫學院等生理學教授，
　　　　上海雷士德研究所研究員，現任國立中央大學醫學院
　　　　生理學主任教授，對於肝臟生理有特殊之貢獻，其著
　　　　作發表於 *Jour. Physiol.*、*Chinese Jour. Physiol.* 等雜誌。

張錫鈞：現任私立北平協和醫學院生理學主任教授，對於獸類
　　　　生理學有特殊之貢獻，其著作頗多，發表於 *American
　　　　Jour. Physiol.*、*Chinese Jour. Physiol.* 等雜誌。

孫宗彭：曾任國立中央大學生物學系主任，現任國立江蘇醫學
　　　　院生理學主任教授，對於內分泌有特殊之貢獻，其著
　　　　作發表於 *Anat. Recora. Jour.*、*Morphol. & Physiol.*、
　　　　*Physiological Zool.* 等雜誌。

馮德培：現任私立北平協和醫學院生理學副教授，對於肌肉神
　　　　經生理學有特殊之貢獻，其著作頗多，發表於 *Jour.
　　　　Physiol.*、*Chinese Jour. Physiol.* 等雜誌。

## （五）植物（包括農學，9人）

錢崇澍：曾任私立金陵大學、廈門大學，國立東南大學、清華
　　　　大學、四川大學等植物學教授生物系主任等職，現任
　　　　中國科學社生物研究所植物部主任已十餘年，對於種
　　　　子植物之分類有特殊之貢獻，著作約三十餘篇，發表
　　　　於 *Rhobora*、科學社生物研究所之 *Contributions* 等雜
　　　　誌，並有中國森林植物專刊一。

張景鉞：曾任國立中央大學生物系主任兼植物學教授多年，國立北京大學生物學系主任約六七年，國立北京大學理學院院長數年，現任國立西南聯合大學植物學教授，對於植物形態學有相當貢獻，其著作發表於 *Botanical Canette*、科學社生物研究所 *Contributions* 等雜誌。

戴芳瀾：曾任國立東南大學、私立金陵大學農學院植物病理學教授，現任國立清華大學農業研究所教授，對於菌類學及植物病理學之研究有特殊之貢獻，其著作頗多，發表於 *Mycologia Sinensia* 及科學社生物研究所 *Contributions* 等雜誌。

李繼侗：曾任國立清華大學植物學教授，現任西南聯合大學生物學系主任兼植物生理學教授，對於植物生長之研究有特殊之貢獻，其著作有數十篇，發表於 *New phytologist*、*Quar. Rev. Biology*、清華大學之 *Science Reports* 等雜誌。

秦仁昌：曾任國立中央研究院自然歷史博物館植物學技師，現任盧山森林植物園主任兼靜生生物調查所植物學技師，對於蕨類植物之研究有特殊之貢獻，曾著有專刊，此外著作有數十篇發表於 *Hookeris Icones Plantarum Sinensia*、靜生生物調查所之 *bulletin* 等雜誌。

湯佩松：曾任國立武漢大學生物學系教授及主任，現任國立清華大學農業研究所教授，對於植物生長溫度與呼吸及其他普通生理學有特殊之貢獻，其著作頗多，發表於 *General Physiol.*、*Cellular & Comp. Physiol.* 等雜誌。

沈宗瀚：曾任私立金陵大學農學院農藝系教授、實業部中央農業實驗所主任技師，現任經濟部中央農業實驗所副所長，對於小麥之研究有特殊之貢獻。

趙連芳：曾任國立中央大學農學院農藝系教授、實業部中央稻作改進所所長，現任四川省立農業改進所所長，對於水稻育種之研究有特殊之貢獻。

馮澤芳：曾任國立中央大學農學院農藝系教授、實業部中央棉
　　　　作改進所副所長，現任經濟部中央農業實驗所簡任技
　　　　正，對於植物育種及中棉美棉之雜交有特殊之貢獻。

## （六）地質（6人）

謝家榮：前兩廣地質調查所技正、北京大學地質系教授兼主任，
　　　　現任資源委員會江華錫礦局經理，著有《揚子江下游
　　　　鐵礦地質誌》及其他地質論文多種。

楊鍾健：曾任地質調查所技正兼北平分所所長及新生代研究室
　　　　主任，現任地質調查所技正。著有周口店等處脊椎化
　　　　石研究論文多篇，並曾在晉川等省發見極有科學意義
　　　　之爬蟲及哺乳動物化石。

朱　森：曾任中央研究院地質研究所研究員兼中央大學教授，
　　　　現任重慶大學地質系主任兼教授，著有關於蘇皖二省
　　　　地質構造論文及古生代無脊椎動物化石研究數種。

黃汲清：曾任地質調查所技正兼地質主任、副所長，現任地質
　　　　調查所所長，著有中國南部二疊紀地層秦嶺山脈地質
　　　　構造及古生代無脊椎動物研究論文數種。

孫雲鑄：前北京大學地質系教授，現任西南聯合大學地質系教
　　　　授兼主任，著有中國寒武紀及奧陶紀三葉蟲化石研究
　　　　論文數種。

尹贊勳：地質調查所技正、江西地質調查所所長，現任地質調
　　　　查所技正，著有雲南地質及化石論文多種。

## （七）天文（1人）

張鈺哲：中央大學天文學教授。

## （八）氣象（2人）

呂　炯：中央研究院氣象研究所專任研究員。

黃廈千：中央大學教授。

## （九）心理學（2人）

陸志韋：在美國芝加哥大學習心理學得博士學位，曾任東南大
　　　　學教授，現任燕京大學教授，《中國心理學雜誌》創辦
　　　　人之一，曾發表關於記憶視覺等問題之文章多篇。

唐　鉞：在美國康乃耳及哈佛大學習心理學，得哈佛大學之博
　　　　士學位，曾任北京大學及清華大學教授，國立中央研
　　　　究院心理研究所所長，現任該所研究員，曾發表《食
　　　　物對於白鼠學習之影響》《白鼠之平衡感覺機關》等問
　　　　題之文章多篇。

（十）社會科學（10 人）

蕭公權：清華大學教授，著有 *Political Pluralism* 等著作。

王寵惠：曾任國際法庭法官。

鄭天錫：現任國際法庭法官。

陳　達：清華大學國情普查研究所所長，著有 *Chinese Migrations*
　　　　等著作。

劉大鈞：國民經濟研究所所長，著有 *The Growth and Industrialization*
　　　　*of Shanghai* 等著作。

楊端六：武漢大學教授，著有《中國六十五年來的國際貿易》
　　　　〔註120〕等著作。

蕭　遽：清華大學教授，著有《東三省之經濟》等著作。

方顯廷：南開大學教授，著有《中國之棉紡織業》等著作。

馬寅初：立法院委員，著有《中國經濟改造》等著作。

陳　總：國立西南聯合大學教授。

（十一）歷史（6 人）

朱希祖：所著論文見各文史期刊中。

張爾田：其重要貢獻為《清后妃傳稿》等。

湯用彤：所著論文屬於宗教史及思想史範圍，見各文史期刊，
　　　　著所【有】《漢魏〔兩晉〕南北朝佛學【教】史》。

顧頡剛：在上古史籍研究上有重要貢獻，見《古史辨》前數冊。

金毓黻：所編刊之遼海叢書，每附有考訂，又著有《渤海長編》。

蔣廷黻：對於近代史頗有研究。

（十二）語言（4 人）

李方桂：著有《龍州泰語》等書及《廣西凌雲猺語》《切韻 ǎ 的

---

〔註120〕書名有誤，應為《六十五年來中國國際貿易統計》，1931 年作為「國立中央
　　　　研究院社會科學研究所專刊」出版，影響甚大。

來源》《東冬屋沃之上古音》《再論東冬屋沃之上古音》
等論文，均刊於歷史語言研究所集刊，此外有關於紅
印度語之論文數篇，刊於美國。

羅常培：著有《廈門音系》《唐五代西北方言》等書，零篇論文
如《切韻魚虞之音值及其所據方言考》《中原音韻聲類
考》《釋內外轉》等，均刊於歷史語言研究所集刊。

曾運乾：所著《喻母古讀考釋》《切韻五聲五十一紅【紐】考》
兩文，載入東北大學季刊。

沈兼士：著有《廣韻聲繫》《古文說在訓詁學上之推闡》等論著，
此外論文多刊於北大國學季刊及輔仁學誌中。

## （十三）考古學（6人）

董作賓：在安陽發掘十年，所著論文見安陽發掘報告、田野考
古報告、歷史語言研究所集刊外編，其貞人說及卜辭
斷時代說，為考古史及古學中之重大發明。

梁思永：歷在熱河、安陽、歷城、濬縣等處發掘，所著論文見
安陽發掘報告、田野考古報告、歷史語言研究所集刊
外編，並為《城子崖》一書之主編人。

郭沫若：著有《卜辭通釋》《金文通考》《兩周金文辭大系》等書。

梁思成：調查唐宋遼金元明清建築約十年，所著論文十餘篇，
均刊於中國營造學社季刊。

容　庚：研究中國金石學有年。

徐炳昶：國立北平研究院史學組主任。

## （十四）人類學（1人）

凌純聲：著有《赫哲族研究》一書，此外關於人類文化學之論
文見《人類學集刊》等期刊。〔註121〕

　　具體分析這個參考名單，加上首屆評議員李書華、葉企孫、姜立夫，物理
組共19位候選人，幾乎匯聚了當時國內數學、物理學精英，數學7人包括除
陳省身、許寶騄外首屆中研院院士正式候選人，並多時任中央大學教授的幾何
學家孫鏞（字光遠），年不及30歲的華羅庚也進入候選人行列；物理學12人，

---

〔註121〕《國立中央研究院第二屆評議員候選人參考名單》，中國第二歷史檔案館藏，
中央研究院檔案-393-2540。

首屆中研院院士正式候選人除周培源外都被候選，還有中國實驗物理學奠基人胡剛復、顏任光與曾在量子物理學研究前沿作出貢獻此時已脫離學術界的前北京大學物理系主任王守競。正如傅斯年所言，物理組「無問題」，若周培源進入就「完美」了。

加上首屆吳憲、侯德榜和趙承嘏，化學組共 11 人，除劉樹杞已去世外，首屆評議員候選人曾昭掄、薩本鐵都在名單中，首屆院士候選人朱汝華、紀育灃、黃子卿不在名單，與物理組相比似乎「遺漏」多了點，傅斯年看重也被葉企孫推薦的楊石先沒有被候選，不被看好的吳學周進入了名單，當然他極力反對的王璡也被刪去。傅斯年的意見雖有一定影響，但畢竟「鞭長莫及」。無論如何，這個名單囊括了首屆中研院院士，特別是還包括後以藥物學當選院士的陳克恢，說明名單還是具有相當的說服力，並不像傅斯年所言的那樣不堪。比較任鴻雋最初名單與葉企孫所開名單，這個名單僅多出張洪沅與陳克恢兩人。

讓傅斯年最不滿意的「工程組」，加上首屆淩鴻勳、唐炳源和茅以升三人共有候選人 15 名。首屆候選人王季同、郭承恩不在名單中，首屆院士正式候選人 11 人中汪胡楨、施嘉煬、程孝剛、蔡方蔭、羅忠忱等 5 人未進入名單，傅斯年反對的繆雲臺、莊前鼎出局，提出的須愷雖不被葉企孫看好也候選，他極端不滿意的胡庶華，不看好的嚴恩棫、李承幹還是進入名單，葉企孫提出的名單全部進入（王守競轉入物理組）。如此看來，工程組名單的確定傅斯年還是有相當的影響。值得注意的，除胡庶華、任尚武是大學教授外，候選人都是各實際工程部門人物，不知為何西南聯大、中央大學、浙江大學、武漢大學等工學院教授諸如施嘉煬、盧恩緒、吳馥初、邵逸周等都沒有進入候選名單，似乎說明傅斯年的不滿意有相當道理，當然他對周仁的批評似乎也沒有什麼效果。

加上秉志、胡經甫、林可勝，動物組候選人僅 11 人，動物 6 人、生理 5 人。首屆評議員候選人鄒樹文、經利彬不在名單，首屆院士動物組 10 位正式候選人中伍獻文、朱洗、貝時璋、陳世驤、童第周、劉承釗等 6 人未進入名單，生理組 5 位院士候選人中徐豐彥未列入，進入名單的蔡堡、歐陽翥、張錫鈞、孫宗彭等 4 人未能成為首屆院士正式候選人。可見，王家楫所舉名單存在相當問題，蔡堡、歐陽翥、孫宗彭與中央大學系統關係密切，歐陽翥、孫宗彭與王家楫都畢業於中央大學前身東南大學。

　　加上胡先驌、陳煥鏞、謝家聲，植物組共 12 人，植物 8 人、農學 4 人。首屆評議員候選人錢天鶴、鍾心煊不在名單，除陳煥鏞、謝家聲、李繼侗、沈宗瀚外，都成為首屆院士正式候選人。首屆院士植物和農學 16 位正式候選人中殷宏章、裴鑑、劉慎諤、羅宗洛、饒欽止、李先聞、俞大紱、鄧叔群等 8 人未被推舉。王家楫所開植物組名單與動物組一樣存在相當問題。

　　值得注意的是，以生理學候選院士的湯佩松在植物組，以農學候選院士的劉崇樂在動物組，可見學科分類在後來有一個發展過程。正如傅斯年所說，動植物組「頗多容納少年新進」，馮德培、湯佩松等為例證。他所言「門戶之見甚深」，可能與他「親密戰友」汪敬熙當年掀動的生物學「調查與實驗」之爭相關〔註 122〕。王家楫作為「調查」派人物，所開動植物兩組候選人除蔡翹、馮德培、湯佩松等外，確實沒有「實驗」派諸如羅宗洛、殷宏章、貝時璋、童第周等人，傅斯年的擔心不無道理。相較化學名單而言，動植物組問題更多，但相比對任鴻雋所擬化學科名單的激越抗議，傅斯年對王家楫所開列名單態度要平和得多。畢竟王家楫是當時學界「南北之爭」中南方代表，作為北方代表的傅斯年似乎有所「忌憚」。

　　地質組加上朱家驊、翁文灝、葉良輔共 9 人，除朱森（英年早逝）和葉良輔外，全部為首屆院士正式候選人，不僅沒有增添傅斯年看重的裴文中，也沒有一位中研院地質所候選人。可以說，翁文灝、李四光完全不為傅斯年所動，其意圖在地質學上毫無表現。地質學作為中國最早本土化的學科，自身學術評議已很發達，內部已經形成很好的機制，對地質學學術共同體外的質疑可以完全不予理會。

　　天文氣象兩學科首屆候選人，「北派」代表高魯與蔣丙然都未進入名單，此時高魯完全脫離學術界，蔣丙然陷於淪陷區。氣象學年輕的涂長望、趙九章被剔除，似乎與傅斯年「年資較後」看法有關。其實，數學的華羅庚、生理的馮德培「年資」並不比他們「高」，說明竺可楨未能堅持自己的學術標準。天文僅張雲、張鈺哲兩位候選人，氣象學也僅張其昀、呂炯、黃廈千三人，在在說明這兩門學科的發展窘境。

　　心理學陸志韋是首屆候選人，僅增加一個唐鉞，他是中研院心理所首任所長，相比物理組、動物組等大幅度增加新人，心理學似乎太追求穩定。雖然中研院心理所一直處於「一人所」的尷尬發展境地，但整個中國心理學的發展還

<hr>

〔註 122〕參閱拙著《賽先生在中國：中國科學社研究》第 422～427 頁。

是有目共睹。唐鉞未正式候選首屆院士，正式候選人臧玉淦不在名單中。

加上周鯁生、王世杰、何廉，社會科學僅 13 位候選人，離王世杰 20 人的要求相距甚遠。就當時法學、政治學、經濟學和社會學四門學科現狀而言，推舉出 20 位候選人應該不難。參考名單學科分布也嚴重失衡，13 位候選人中，法學 3 人、政治學 2 人、社會學 1 人，經濟學居然有 7 人之多，超過一半。法學的鄭天錫、經濟學的蕭遽未能正式候選首屆院士；首屆院士正式候選人法學 6 人中吳經熊、李浩培、郭雲觀、燕樹棠，政治學 5 人中張忠紱、張奚若、錢端升，經濟學 8 人中巫寶三、楊西孟，社會學 4 人中吳景超、潘光旦都未進入名單，遺漏也太多了。後來首屆院士選舉政治學周鯁生、錢端升、蕭公權 3 人當選，社會學陶孟和、陳達當選，經濟學僅馬寅初一人當選，說明自始至終由陶孟和主持的社會科學組候選人的提名存在嚴重問題。

歷史組在首屆候選人外增加了張爾田、湯用彤、金毓黻三人，張爾田 1945 年去世，金毓黻未能正式候選首屆院士。10 位首屆院士候選人中李劍農、柳詒徵、徐中舒、陳受頤 4 人未能進入傅斯年法眼，陳寅恪的「姚公」（姚從吾）也沒有被他看上，可見他的視野有相當偏限性。語言學首屆候選人林語堂未能進入名單，4 人全部新舉，曾運乾（1884～1945）、沈兼士（1887～1947）早逝，李方桂、羅常培正式候選首屆院士。考古學 6 人，除首屆評議員候選人徐炳昶外，首屆人類學候選人梁思永回歸考古學，另新增董作賓、梁思成、郭沫若和容庚。除容庚因政治原因未能候選院士外，其他人都正式候選（徐炳昶候選歷史學，梁思成候選藝術史），並且有 4 人當選，可見名單的權威性。人類學僅凌純聲，他後來以社會學候選首屆院士。相較而言，人文學科 4 個組，傅斯年負責的歷史組名單問題最多。

與 1935 年 60 位首屆聘任評議員候選人、1948 年首屆院士 150 位正式候選人相比，由中研院開具的這 121 人名單，工程、動物、植物、天文氣象、心理、社會科學和歷史組等 7 個學科組存在相當的問題，物理、化學、地質、語言考古人類學組 4 個學科組具有相當的合理性與權威性。工程、化學兩學科組是傅斯年極力批評的，可見他的批評有時也無力無效。對於首屆聘任評議員是否直接進入名單，籌委會曾有爭論。正如前面所言，傅斯年以為除張其昀、唐炳源外都可以進入；任鴻雋的最初名單中有趙承嘏、侯德榜，沒有吳憲。最終籌委會將 30 人全部放入，問題也因此出現，首屆評議員成為當然候選人，無論是從民主選舉制度還是學術發展進程來說，都有商榷的餘地。更為重要的

是，這就不能自動避免首屆評議員選舉的「失誤」，唐炳源、張其昀還是成為工程和氣象學候選人。工程組人數較多，剔除唐炳源概率較大，但氣象學一共僅三人，張其昀繼續當選可能性極大。

　　這個名單雖在年輕後進的推舉、推舉人視野範圍等方面存在相當的問題，但有物理組吳大猷、華羅庚，動物組馮德培，地質組黃汲清這些真才實學的青年才俊，總體而言還算差強人意。無論如何，這個名單在某種程度上受到了傅斯年的影響，王璡被刪去，年輕的趙九章、涂長望未能候選（非常可惜的是，這兩位才是氣象學最有成就者）；他欣賞的化學楊石先未能如願，最不看好的工程組，不滿意的嚴恩棫、李承幹、胡庶華候選，推舉的須愷也在。當然，傅斯年自己負責推舉的歷史學候選人問題很多。首屆候選人除當選的胡適、陳垣、陳寅恪外，剩下的朱希祖、蔣廷黻、顧頡剛繼續候選，似乎代表傅斯年的一貫性，但也可見他的偷懶，整整五年時光過去，還將朱希祖（1879～1944）這樣的老人候選，而且增加了一位更老的張爾田（1974～1945），新增的湯用彤（1897～1964）、金毓黻（1887～1972）年齡也不小。歷史學雖不像自然科學那樣代際更替快速，但也不至於無一新人湧現，更不能完全以這樣的老人去規劃與指導中國歷史學的發展。這期間即使沒有年輕的歷史學後起之秀，也有與傅斯年同輩後來候選首屆院士的徐中舒（1898～1991），陳寅恪提出的姚從吾（1894～1970）等。

　　無論如何，在一定程度上可以說，中研院花費不少心血與心思、歷時大半年所擬定的候選人參考名單雖不完美，但也有相當的合理性與權威性，學術水準相當高，李書華、葉企孫、姜立夫、吳有訓、吳大猷、趙忠堯、薩本棟、饒毓泰、嚴濟慈、華羅庚、蘇步青、吳憲、侯德榜、曾昭掄、莊長恭、吳學周、陳克恢、淩鴻勳、茅以升、秉志、林可勝、陳楨、蔡翹、馮德培、胡先驌、錢崇澍、張景鉞、戴芳瀾、湯佩松、朱家驊、翁文灝、謝家榮、楊鍾健、黃汲清、周鯁生、王世杰、蕭公權、王寵惠、陳達、馬寅初、胡適、陳垣、陳寅恪、湯用彤、顧頡剛、趙元任、李方桂、李濟、董作賓、梁思永、郭沫若、梁思成、吳定良等53人當選首屆中研院院士，特別是物理組、化學組、地質組、考古組，除少數當時還比較年輕未能入選外（如數學的陳省身、許寶騄），基本上都出自這個名單。當然，正如前面所言，其他未能進入這個候選名單的首屆院士與評議會的學科分布有關，如首屆院士生物組有 25 人之多，而第二屆評議會動物組和植物組僅有候選人 23 人，人文社會科學也

沒有哲學、中國文史學等學科。正因有如此合理性與權威性，翁文灝沒有放棄這個參考名單，而是提交給大學教授們。大學教授們對這個「教育」「規訓」他們的名單又如何看待？

1940 年 2 月 20 日開始，13 所國立大學和 8 所獨立學院的教授們依據評議員選舉規程進行初選。作為選舉主持人，翁文灝似乎很自信，相信制度能保障選舉成功。越兩日，他致函傅斯年說：

> 評議員選舉事可望大致順利進行……至初選結果之好壞，惟有待事實證明，但此次選舉似並未有特殊用意之組織，所投之票最大多數當出自選舉人自身意見，亦一佳事。至一般教授對於專門研究之成績，認識或有未盡清明之處，此刻非吾輩之力所能挽回，只好聽之制度驅使而已。〔註123〕

不想實際情況遠非如此。2 月 21 日，朱希祖接到中研院信，當日中午在中央大學選舉評議員，他「因不及赴選，放棄選舉權」。〔註124〕當天，朱希祖作為候選人，對放棄選舉權似乎毫不在意。可 2 月 29 日，當他接到國立中央圖書館籌備處主任蔣復璁 2 月 26 日來信後，實在忍不住，在日記中「火冒三丈」。原來蔣復璁同時致函同為候選人的朱希祖與金毓黻，為胡適、陳垣、傅斯年和陳寅恪拉票：

> 逷先、靜安先生大鑒：頃接昆明姚從吾先生來函，擬請先生等對於此次中央研究院改選評議員，關於史學方面仍請推舉胡適之、陳援庵、傅孟真、陳寅恪為評議員。並謂適之先生近雖任駐美大使，實係發於一時救國救民之不忍心，最近尚有長篇論文在北大紀念刊發表，固未變其治學初衷，尤望一致推選……

這使朱希祖在日記中借題發揮，道出了選舉中的一些隱秘的實情，並予以抨擊：

> 堂堂中央研究院學術機關之評議員乃出乎運動情面之選舉，其污辱學者可謂甚矣。上屆評議員已慼史學專家充為評議員，此次又謀連任大肆運動。各學校史學系皆接到運動書，且選舉時又有種種舞弊情形，如不給以選舉票，或給票而故遲寄，如下日投票而上日始將票封於信中寄至各選舉人家中，使彼不及選舉，而彼等乃將未

〔註123〕《翁文灝致傅斯年》（1940 年 2 月 23 日），《翁文灝往來函電集》，第 69 頁。
〔註124〕朱希祖：《朱希祖日記》（下冊），中華書局，2012 年，第 1155 頁。

投票者冒名代投。黑暗如此。中央大學史學系各教授此次皆未投票，

或不屑投票，或無票，或有票而未及投，結果無一人投票。〔註125〕

　　朱希祖對哲學出身的胡適當選首屆歷史學科評議員本已很不滿，這次還要謀求連任，實在是「忍無可忍」。不能確定朱希祖日記所言都是事實，如作為史語所所長傅斯年是當然評議員，根本不需要選舉；蔣復璁 2 月 26 日才致函他拉票，在時間上完全是「馬後炮」。當然，他自己的經歷及中央大學史學系的投票是實情。他投票當天才收到選舉票，與他同為候選人的金毓黻居然沒有選舉權〔註126〕，中央大學史學系無一人投票。全國如是多歷史學教授，僅 28 人投出有效票（中山大學 7 人，西南聯大和四川大學各 4 人，暨南大學、武漢大學和廈門大學各 3 人，西北大學 2 人，同濟大學、雲南大學各 1 人）〔註127〕，實在是有些匪夷所思，似乎也背離了選舉規程中設置教授初選的「初心」。

　　1940 年 2 月 23 日，浙大舉行評議員選舉，「依院中所開選舉人名單在四十人左右。其中或已離校，或則尚在途中，故在遵義者實不過十七人而已」。〔註128〕此時浙大正處於由廣西宜山向貴州遵義搬遷中，實際參加選舉者不到半數。此次選舉，中山大學最積極，有效投票 118 票，其他超過 20 票的有中央大學 51 票、西南聯大 47 票、西北工學院 39 票、武漢大學 34 票、四川大學 29 票、交通大學 28 票、湖南大學 26 票、同濟大學與西北大學各 21 票。中山大學與西北工學院投票之所以如此積極，據竺可楨日記記載，中山大學蕭冠英、西北工學院賴璉「有運動選舉嫌疑」，他們兩人無論是學術成就還是主持學術機關兩條候選資格都不滿足。〔註129〕結果 CC 系幹將、西北工學院院長賴璉以 38 票名列工程組第三名，長期擔任中山大學教務長兼工學院院長的蕭冠英也以 35 票名列工程組第六名。

　　初選結果物理組候選人 62 人，除中研院擬定 19 人之外，比較著名的數學

〔註125〕朱希祖：《朱希祖日記》（下冊），第 1157～1158 頁。

〔註126〕金毓黻 1940 年 3 月 6 日日記說，某君從中央大學辭職理由之一是不在中研院評議員選舉人名單之列，他以為這理由站不住腳，「評議員選舉人余亦不在內，未嘗因此發怒」。金毓黻《靜晤室日記》第 6 冊，遼瀋書社，1993 年，第 4495 頁。

〔註127〕郭金海：《院士制度在中國的創立與重建》第 69～74 頁。下面相關教授們初選結果的分析基礎除注明外都源於該書，不再一一注明。

〔註128〕樊洪業主編：《竺可楨全集》第 7 卷，第 302 頁。

〔註129〕樊洪業主編：《竺可楨全集》第 7 卷，第 316 頁。

還有何衍璿、劉俊賢、楊武之、朱公謹、魏嗣鑾、胡坤陞、李華宗、陳省身、吳大任、何魯等，物理有鄭衍芬、張貽惠、周培源、楊肇燫、謝玉銘等，但達到候選標準僅吳有訓、嚴濟慈、熊慶來、姜立夫、李書華、葉企孫、胡剛復7人。

化學組61人，除參考名單11人外，還有丁緒賢、湯騰漢、楊石先、周厚復、吳承洛、張江樹、范旭東、王星拱、袁翰青、黃子卿、張大煜、李麟玉、楊光弼、孫洪芬、王璡、王葆仁等。值得注意的是，中研院擬定名單中的高崇熙僅得2票，達到要求也僅曾昭掄、侯德榜、薩本鐵、吳學周、莊長恭、張洪沅、吳憲、陳克恢8人。當然，傅斯年千方百計排除在參考名單外的王璡還是獲教授們信任而得到一票，而不被他看好的吳學周排名高居第四。

工程組有135人之多，達到票數要求的僅胡庶華、茅以升與賴璉三人。被傅斯年極端看不上的胡庶華居然得票第一，也可能與賴璉一樣，是「運動」的結果。〔註130〕除參考名單候選人外，還有王之卓、李書田、劉仙洲、侯家源、顧毓琇、施嘉煬、邵逸周、張廷金、盧恩緒、薩福均、趙曾鈺、程孝剛、任之恭、汪胡楨、鄭肇經、支秉淵、趙祖康、羅忠忱、夏堅白等。值得注意的是，中研院擬定名單中的葉渚沛僅得到一票，傅斯年極端鄙視而被排除參考名單的莊前鼎得到5票。一大批被中研院名單忽略的大學工學院院長與教授們也紛紛被教授們推舉，彌補了中研院「視野」的侷限性。

動物組50人，除參考名單11人外，還有伍獻文、張璽、經利彬、朱洗、貝時璋、楊惟義、方炳文、李汝祺、馬文昭、徐豐彥、童第周等，達到要求有陳楨、秉志、胡經甫、蔡翹、林可勝、伍獻文、蔡堡、劉崇樂、歐陽翥9人。值得注意的是，伍獻文並不在參考名單中，而在參考名單中的馮德培僅得4票。植物組66人，參考名單12人中謝家聲一票未得，此外還有丁穎、董爽秋、張巨伯、陳嶸、羅宗洛、梁希、鄧植儀、金善寶、辛樹幟、劉慎諤、嚴楚江、鄭萬鈞、錢天鶴、鄧叔群、鄒樹文、俞大紱、蔡邦華、汪厥明等人，達到標準的僅有陳煥鏞、錢崇澍、戴芳瀾、胡先驌、丁穎、秦仁昌6人，其中丁穎不在參考名單。可見，教授們突破了「調查」與「實驗」的「門戶之爭」，將貝時璋、童第周、羅宗洛等「實驗」派學者舉出，也將農學的鄧叔群、俞大紱等推舉，彌補了王家楫所舉名單的遺漏與缺憾。

---

〔註130〕 參閱陳釗《「沒有群眾」：胡庶華與戰時西北大學校政》(《抗日戰爭研究》2017年第3期)、《教學與衛道：賴璉與西北工學院、西北大學的治理》(《抗日戰爭研究》2019年第2期)。

地質組 26 人，除參考名單 9 人之外，還有李學清、楊遵儀、袁復禮、馮景蘭、張席禔、王恒升、譚錫疇、章鴻釗等，傅斯年囑意的裴文中未被教授們舉出。謝家榮、黃汲清、孫雲鑄、翁文灝、朱家驊、葉良輔、楊鍾健、朱森 8 人達到要求，全在參考名單中，再一次證明地質學科內部已建立起較為完善的學術評議制度。

天文除參考名單的張雲、張鈺哲外，教授們沒有忘記高魯，張雲、張鈺哲達到要求。氣象學除參考名單三人外，被教授們舉出的還有黃逢昌、胡煥庸，胡也是地理學家，看來教授也是地理學、氣象學「分不清」，張其昀、呂炯達到要求。值得注意的是，深陷淪陷區的蔣丙然沒有被教授們舉出。心理學參考名單三人外，還有蕭孝嶸、沈有乾、孫國華、黃翼等人，僅參考名單 3 人達到要求。

社會科學有 100 人，是參考名單的七倍多。除參考名單 13 人外，還有孫本文、周炳琳、錢端升、潘序倫、吳景超、燕樹棠、皮宗石、黎照寰、陳序經、陳伯莊、張忠紱、潘光旦、吳經熊、李景漢、張奚若、柯象峰、徐益棠、陳啟修、周憲文、戴修瓚等，達到要求的僅馬寅初、王寵惠、劉大鈞、周鯁生、王世杰 5 人。值得注意的是，參考名單之外與中山大學關係密切的黃元彬得 26 票名列第 6 位，薛祀光得票 22、鄧孝慈得票 21 排名也靠前，可能與中山大學「運動」投票有關，參考名單中的蕭公權、楊端六、陳達、方顯廷、何廉得 20～25 票，陳岱孫、鄭天錫、蕭遽僅分別得到 12、9 和 6 票。

歷史組有 33 人，參考名單外還有朱謙之、吳宗慈、錢穆、徐中舒、李濟、向達、郭沫若、姚從吾、黃文弼、張星烺、容庚、徐炳昶、吳其昌、李劍農、董作賓、呂思勉、柳詒徵、蒙文通、何炳松等。相較中研院的參考名單，教授們不僅推舉了以通史、通識見長的呂思勉、錢穆、柳詒徵等人，更提出了徐中舒、李劍農等後來首屆院士正式候選人。「三個臭皮匠賽過諸葛亮」，教授們可能每個人都有「偏見」與「圈子」，但合起來就相互抵消了，他們的推舉是對中研院提名的極大補充。達到要求的有陳寅恪、胡適、陳垣、顧頡剛、湯用彤、朱希祖、蔣廷黻、金毓黻等 8 人，沒有投票的朱希祖與金毓黻都達到了標準，參考名單中張爾田未達標。此外，被中研院推舉為考古學參考名單的李濟、郭沫若、董作賓、容庚、徐炳昶等都被教授們提名為歷史學候選人，在一定程度上一方面說明教授們並不看重中研院擬定的參考名單，另一方面也表明教授

們將考古學歸入歷史學，並不認同考古學與歷史學並列。

語言學僅 7 人，參考名單外還有岑麒祥、王力、趙元任、羅常培、李方桂達到要求。考古學僅 5 人，參考名單中的容庚與徐炳昶都未被舉出，兩人都被歷史學教授推舉。人類學除參考名單兩人外，教授們舉出徐益棠、劉咸、裴文中、馮漢驥、楊成志等 5 人，而且徐益棠達到了票數要求。教授們以為裴文中屬於人類學而不是地質學，雖他長期任職於地質調查所，但「北京人」畢竟屬於人類學範疇。

可見，第一，大學教授們分 14 個學科共選出 569 位候選人，其中有 22 人在兩個學科獲得推舉，故共有 547 人獲得提名，是參考名單 121 人的四倍多。〔註131〕特別是將參考名單中因「成見」或「小圈子」等因素而遺漏的一些具有相當成就的學者舉出，彌補了參考名單的缺陷與侷限性。在相當意義上說明教授們有充分的「自由意志」，並不是「阿斗」，完全不需要傅斯年們的「教育」與「提醒」。第二，547 人中只有 72 人達到了章程規定的票數要求。參考名單中首屆評議員謝家聲居然一票未得，還有不少人得票非常低，如容庚、徐炳昶、高崇熙、唐炳源、葉渚沛、蕭遽等。與此相對應的是，不少沒在參考名單中者得票卻非常高，伍獻文、丁穎、徐益棠等還達到了成為候選人的票數標準（「運動」選舉的賴璉不算）。第三，中山大學與西北工學院的選票「運動」對選舉造成了相當的影響，致使中山大學、西北工學院不少教授得票奇高，CC 派主幹賴璉與老一輩水稻專家丁穎居然能突破重圍獲得成為候選人票數。

如此看來，翁文灝、傅斯年等人苦心孤詣、幾經困難制訂出來的參考名單其實並無多大參考價值，實在是有些「枉費心機」，只要有人再「運動」一下，結果可能更「糟」。從民主選舉的角度看，傅斯年等人動議擬定參考名單就具有「運動」選舉的嫌疑，中山大學、西北工學院的「運動」，還有蔣復璁等人的拉票行為，都可以看著是這場學術評議與選舉中的「學術政治」，都是非學術行為，背離了選舉的「真諦」，也與學術評議的初衷與理想相悖。

經過教授們初選，有 72 人達到了票選要求，總數超過了 60 人的倍選規定，但學科分布極不平衡，有些學科如物理、化學、動物、地質、歷史等人數較多，有些學科如工程、社會科學人數不夠，而且還有「運動」選票的弊害存

---

〔註131〕郭金海：《院士制度在中國的創立與重建》第 72 頁。郭著注釋①說有 21 人在兩個學科得到推舉，缺漏了在物理組和化學組得票的孫學悟，因此總候選人應為 547 人。

在，這就需要發揮首屆評議會的資格審查功能並最終確定 60 名正式候選人。

1940 年 3 月 14 日，首屆評議會第五次年會籌備會召開，發現賴璉、蕭冠英的「運動選舉嫌疑」。22 日舉行正式會議，到聘任評議員姜立夫、葉企孫、李書華、淩鴻勳、茅以升、秉志、林可勝、胡先驌、陳煥鏞、謝家聲、翁文灝、朱家驊、葉良輔、張雲、張其昀、郭任遠、王世杰、何廉、陳寅恪、李濟、吳定良等 21 人和當然評議員任鴻雋、余青松、竺可楨、周仁、王家楫、李四光、汪敬熙、陶孟和、傅斯年等 9 人共 30 人，以王世杰為主席。未能與會的聘任評議員包括化學組吳憲、侯德榜、趙承嘏三人和工程組唐炳源，動物組胡經甫，歷史組胡適、陳垣，社會科學組周鯁生和語言考古人類學組趙元任共 9 人。〔註 132〕當然評議員僅有剛去世的院長蔡元培和物理所所長丁燮林未與會。

次日，評議會分天地人三組先審查候選人資格，然後開會議決各學科候選人。物理組 7 人中葉企孫與胡剛復同為 19 票，評議會投票以 25 票對 3 票葉企孫勝出。化學組按照得票多少直接選取 6 人。工程僅有胡庶華、茅以升、賴璉票數合格，賴璉「以無著作，投票表決審查不合格」，被排除在外，投票淩鴻勳、沈怡、任尚武、王寵佑名列前四。〔註 133〕動物組伍獻文、蔡堡、劉崇樂同為 8 票名列第 6 名，投票伍獻文勝出。植物、地質、天文、氣象以票選多少圈定各學科人選。心理學郭任遠、陸志韋同票，選舉郭任遠勝出。社會科學補選何廉以 17 票勝出。歷史、語言、考古和人類學都以票選圈定。

值得注意的是，第一，工程組教授初選中得票比王寵佑多的蕭冠英、李承幹、劉均衡、程干雲、錢昌祚、崔龍光、惲震等都在評議會的選舉中名列王寵佑後。也就是說，工程組教授們投票僅確定了胡庶華、茅以升兩人，其他 4 人由評議會議決。第二，社會科學補選何廉勝出，而不是教授們投票高於他的蕭公權、楊端六、陳達、方顯廷等，而且造成 6 位候選人中經濟學 3 人、法學 2 人、政治學 1 人、社會學沒有代表的學科分布嚴重不平衡局面。這一情狀的出現，不知是否與何廉作為首屆評議員與會有關？相同疑問還有郭任遠和葉企

〔註 132〕　他們或滯留淪陷區如吳憲、趙承嘏、陳垣等，或在國外如胡適、周鯁生、趙元任等。值得專門提及的是，長期任職燕京大學的中國昆蟲學奠基人之一胡經甫，1941 年赴任美國明尼蘇達大學客座教授途中，因太平洋戰爭爆發而滯留菲律賓，遂求學於菲律賓大學醫學院轉而成為醫生。戰後回國任教燕京大學，還曾業餘開業行醫。

〔註 133〕　樊洪業主編：《竺可楨全集》第 7 卷，第 322 頁。

孫，他們都是首屆評議員並參會。也就是說，在評議會的審查投票確定正式候選人環節中，參會的首屆評議員在投票對決中都獲得了勝利，其間是否存在「圈子」？投票時他們自己是否迴避，需要進一步的史料查證。更值得指出的是，既然傅斯年等人已經認識到人文地理出身的張其昀當選氣象學科評議員的「荒謬性」，為什麼沒有在審查階段改變這一局面？難道與張其昀本人親自與會有關？另外，伍獻文的勝出是否與他是中研院動植物所研究員有關？整個選舉過程中雖然花費了大量的時間和精力擬定參考名單、確定投票教授資格、寄發選票與組織投票等等，但評議會在正式候選人的確定上，某些學科如工程和社會科學僅僅將歷經各種困難後教授們的投票結果作為參考而已，充分展現了評議會的權力與權威，之前的大量工作似乎也就「可有可無」了。當然，物理、化學、動植物、地質、氣象、歷史等學科還是完全以教授票選結果作為候選人選取標準，也在相當意義上表明了教授票選的權威性與合法性。評議會最終確定的第二屆聘任評議員 60 名候選人名單見表 4-2。

表 4-2　第二屆聘任評議員正式候選人名單（教授投票票數排序）及正式選舉票數及當選人（下劃線）

| 學　科 | 姓　　名 |
|---|---|
| 物理 | 吳有訓（19）、嚴濟慈（5）、熊慶來（4）、姜立夫（23）、李書華（16）、葉企孫（11） |
| 化學 | 曾昭掄（19）、侯德榜（23）、薩本鐵（11）、吳學周（10）、莊長恭（14）、張洪沅（1） |
| 工程 | 胡庶華（4）、茅以升（22）、凌鴻勳（24）、沈怡（8）、任尚武（6）、王寵佑（14） |
| 地質 | 謝家榮（13）、黃汲清（5）、孫雲鑄（5）、翁文灝（25）、朱家驊（21）、葉良輔（9） |
| 天文 | 張雲（17）、張鈺哲（8） |
| 氣象 | 張其昀（12）、呂炯（14） |
| 動物 | 陳楨（15）、秉志（23）、胡經甫（11）、蔡翹（4）、林可勝（20）、伍獻文（5） |
| 植物 | 陳煥鏞（21）、錢崇澍（11）、戴芳瀾（24）、胡先驌（16）、丁穎（2）、秦仁昌（4） |
| 心理學 | 唐鉞（17）、郭任遠（9） |
| 社會科學 | 馬寅初（9）、王寵惠（8）、劉大鈞（9）、周鯁生（13）、王世杰（19）、何廉（17） |

| 歷史 | 陳寅恪（22）、胡適（23）、陳垣（13）、顧頡剛（6）、湯用彤（9）、朱希祖（2） |
|---|---|
| 語言 | 趙元任（24）、羅常培（2） |
| 考古 | 李濟（23）、董作賓（3） |
| 人類 | 凌純聲（6）、吳定良（20） |

資料來源：《中央研究院首屆評議會第四次報告稿》，中國第二歷史檔案館藏，中央研究院檔案-393（2）-126。

　　與首屆 60 名正式候選人名單相比，物理組增加數學熊慶來，物理學饒毓泰出局；化學組大變臉，劉樹杞去世，首屆 6 人僅剩下曾昭掄、侯德榜、薩本鐵，吳憲因教授票選名列第七出局，趙承嘏更沒有達到票選標準；工程組李協去世，以茅以升替代，僅剩下淩鴻勳、茅以升兩人，王季同、唐炳源、郭承恩、嚴恩棫出局，變動最大；動物鄒樹文、經利彬被伍獻文、蔡翹取代；植物也僅剩下三人，戴芳瀾、丁穎、秦仁昌替代錢天鶴、謝家聲與鍾心煊；地質丁文江去世，楊鍾健出局，黃汲清、孫雲鑄替代他們；天文張鈺哲替代高魯，氣象呂炯取代蔣丙然，心理學唐鉞取代陸志韋。首屆候選人科學技術方面 42 人中已經有 19 人不在名單中，排除去世的三人，更替率達到 38%。人文社會科學方面，社會科學劉大鈞、王寵惠取代了陳達、錢端升；歷史湯用彤代替蔣廷黻；語言羅常培代替林語堂；考古董作賓代替徐炳昶；人類學凌純聲代替梁思永；18 人中有 6 人被替代，更替率也達到 33%。60 人有 25 人被替換，排除去世三人，達到 37%，雖有些更替可能並不合理，但還是看出 5 年間人才的成長與代際更替。被替代的 25 人（包括去世 3 人），僅有饒毓泰、吳憲、楊鍾健、陳達、梁思永 5 人當選首屆院士；取代他們的 25 人中有莊長恭、吳學周、茅以升、伍獻文、蔡翹、戴芳瀾、黃汲清、王寵惠、湯用彤、董作賓 10 人當選首屆院士，除社會科學組外，相當意義上代表了學術發展的方向。

　　這個名單中僅有伍獻文、丁穎不在中研院最初擬定的參考名單中，似乎說明了翁文灝、傅斯年等人所擬定名單的權威性。其實，如果考慮到參考名單有 121 人之多，居然沒有包括這兩人，不僅表明教授們有自我判斷能力，更顯出了參考名單的遺漏與缺陷。當然，丁穎是中山大學「運動」的直接受益者。同時，再次證明將首屆聘任評議員直接放入參考名單所引起的不良後果，氣象學僅有張其昀與呂炯兩人，呂炯此時代理氣象所所長，張其昀仍然以人文地理學候選氣象學聘任評議員，造成選舉中的「糾錯機制」失效。首屆聘任評議員未能進入正式候選名單只有化學的吳憲與趙承嘏、工程的唐炳源、植物的謝家聲

4 人而已（代替去世丁文江、李協的葉良輔、茅以升都候選），吳憲、趙承嘏在淪陷區，謝家聲不知為何得到如此「待遇」。相對候選人 60 人被替代 25 人，評議員 30 人中僅有 4 人被更替，替代比率僅 13%，遠低於候選人比率，可以看出首屆評議員整體學術水平在相當程度上得到公認。

對於聘任評議員的選舉，在年會召開的最後關頭，傅斯年還不忘為自己的同僚拉票。1940 年 2 月 18 日，他專門致函朱家驊說：「評議會人類學初選，弟意此門學問，吳定良絕對第一，兄如有同感，盼投其一票也。」〔註 134〕翌日，他致函李四光、汪敬熙繼續拉票：「評議會開會，盼二兄必到。子公有命共維此局，並可快談。考古、人類學初選，以績望論，仍以李、吳二君為適。尊意何如。」〔註 135〕

正式候選人名單確定後，評議員們投票選舉，最終選出 30 人如表 4-2。首屆聘任評議員中，吳憲、趙承嘏、唐炳源、謝家聲未能候選，另有葉企孫、胡經甫、葉良輔、張其昀、郭任遠 5 人未能繼續當選，分別為吳有訓、曾昭掄、莊長恭、王寵佑、陳楨、戴芳瀾、謝家榮、呂炯、唐鉞所取代。30 人有 9 人被改選，比例高達 30%，與候選人更替率 37% 相差不大。具體分析，被改選的 9 人全部來自科學技術方面，也就是說 21 人中 9 人被改選，比例達到 43%，高於科學技術方面候選人更替率。人文社會科學方面（即後來首屆院士選舉除人類學外的人文組）無一人更替，這自然不是正常現象，特別是人文代表傅斯年對科學技術方面的批評聲是如此之大。

評議員選舉並不以教授的票選為依據，教授票選第一的工程胡庶華、氣象張其昀、經濟馬寅初都沒有當選，排名靠前的嚴濟慈、熊慶來、薩本鐵、胡經甫、錢崇澍、黃汲清、孫雲鑄、王寵惠、劉大鈞等也都落選，特別是社會科學組當選的周鯁生、王世杰是教授票選合格最少二人，何廉是通過評議會補選才成為候選人的，工程組的王寵佑也一樣。似乎說明對教授們的選舉結果，評議會選舉時在合法程序外完全不參考。也就是說，教授們選舉時對中研院參考名單「一點不參考」，評議員們投票時也對教授們的選舉結果「不參考一點」。如果說評議會的最終選舉完全以學術為準繩，實在是有些說不過去。如已引起傅斯年等「嚴重關注」的人文地理學張其昀僅以 12 對 14 票的

〔註 134〕《傅斯年致朱家驊》（1940 年 2 月 18 日），《傅斯年遺札》第 2 卷，第 1066 頁。朱家驊在該函末批註「已選吳君」。
〔註 135〕《傅斯年致李四光、汪敬熙（電）》（1940 年 2 月 19 日），《傅斯年遺札》第 2 卷，第 1067 頁。

微弱差距敗給代理氣象學所長呂炯。可見，當日出席會議的評議員並不比當年選舉首屆評議員的國立大學校長與蔡元培更專業、更有學術鑑別力。作為專業人士的他們，似乎也承認張其昀的氣象學資格與學術水平，其間可能存有所謂的「小圈子」因素。

當選評議員中充斥不少官員，李書華是國立北平研究院的實際主持人，作為學官當選還無可厚非（相對而言，同機構的嚴濟慈學術水平更高）。地質學的翁文灝、朱家驊已經完全是官僚，翁文灝作為地質學靈魂可以保留，但朱家驊與黃汲清相比，實在是名不副實。唐鉞取代郭任遠也有疑問，郭任遠科研水平遠高於唐鉞，唐鉞難道因為此時是中研院心理所研究員當選？社會科學問題最大，王世杰此時是蔣介石身邊的紅人，雖然在法學上造詣很深，但畢竟離開學術界在政壇摸爬滾打多年；何廉早已離開南開大學進入政府已足足四年；周鯁生也已離開學術界，在美國擔任外交工作。相較而言，教授們票選第一的經濟學馬寅初和被評議員們摒除在正式候選人外的政治學蕭公權、社會學陳達可能更合適，他們後來都作為各學科代表榮膺首屆中研院院士，而代替他們的何廉卻名落孫山。以這樣完全脫離學術界的所謂「政界大佬」來指導學科發展，其後果可想而知。這在在反映了當時中研院發展的困境與中國學術發展的窘態，也從一個側面表徵了學術與政治的關係。

學術評議有其運行準則與標準，1993 年底，吳大猷辭去中研院院長，按照章程召開臨時評議會選舉院長候選人，有人提議候選人發表政見。吳大猷勃然大怒，「強調學術有其尊嚴」，學術機構領導人不可以像政治選舉一樣。〔註136〕相較於中國地質學會、中國科學社等學術團體的學術評議與獎勵僅僅侷限於本學科或著眼於青年人才的鼓勵與培養等，中研院評議員選舉是學術界最優人才選拔，具有全局性與全國性，是學術界極受關注的學術評議活動，其選舉能否真正建立起公正公開的學術公信力將對中國學術的發展產生極為重要的影響。在丁文江、翁文灝、傅斯年等人的勞心勞力之下，中研院評議員的選舉在當時曾獲得聲名，但也存在前述顯而易見的問題與弊病，其間一些本質性的舉措值得進一步商討。

首屆評議員選舉因時間倉促等原因，居然出現專業學科「牛頭不對馬嘴」

〔註136〕中央研究院八十年院史編纂委員會主編：《追求卓越：中央研究院八十年》卷一《任重道遠（全院篇）》（陳永發執筆），中央研究院近代史研究所，2008 年，第 252 頁。

的「驚天」失誤，背後反映的其實也是學術與政治的糾葛，使翁文灝、傅斯年等第二屆評議員選舉主持人，在按照章程規定的基礎上實施選舉的同時，苦心孤詣擬定一個可以「教育」教授的參考名單。無論他們如何辯解，這一舉措都有「操縱選舉」的嫌疑，屬於「政治選舉」模式對學術的侵襲，與學術評議的準則和民主原則相背離。孫中山將中國人分為「先知先覺」「後知後覺」與「不知不覺」三類，絕大多數國人是「不知不覺」的阿斗，需要諸葛亮這樣的「先知先覺」者予以教育和規訓。與此相應的是，中國的政治治理需要軍政、訓政兩個階段的訓練，最終達到民主的「憲政」階段。遴選是學術評議最基本的手段，其程序的公正、公開，是結果能否準確反映學術水平的最本質保障。為了「教育」大學教授，傅斯年等提出一個基本的參考名單，這一舉措的背後是否與孫中山理論有關，值得進一步探討。教授們的初選實踐表明他們都不是「扶不起的阿斗」，有獨立的自我意識與判斷，不需要翁文灝、傅斯年等「諸葛亮」的「啟蒙」與「教育」，自然是對政治操弄手段的回擊，宣告政治手段對學術評議無效。評議員們在具體的資格審查與選舉投票中，本諸自己的學術良知做出自己的選擇，但亦有「小圈子」與「偏見」摻雜期間，從而蒙蔽了他們的眼光與視野。還過多地考慮政治因素，純粹學人在與已棄學從政的前學人競爭中處於劣勢，評議會中充斥不少官員。教授們初選過程中出現的選舉「運動」，傅斯年、蔣復璁等人的拉票等等，與中研院提出「參考名單」行為一樣，都是這場選舉過程的「學術政治」。

無論如何，中研院第二屆評議會聘任評議員的選舉，是中研院評議會學術評議的重要實踐活動。這一實踐對評議會未來的運行特別是首屆中研院院士選舉無論是程序還是具體選舉活動，都產生了極為重要的關鍵性影響，諸如院士選舉中籌委會雖然也擬定有參考名單，但並沒有提交給院士提名組織作為參考；杜絕了評議員「小圈子」意識，不少評議員不僅未能當選院士，即使作為正式候選人也不可得（相關問題的進一步討論可參閱本書第七章）。對當時中研院來說，面臨的更大危機是院長蔡元培的去世、繼任院長的選舉及其隨之而來的一系列困難，這也是對首屆評議會的考驗，更是對中研院學術獨立與學術自由的考驗。

## 四、院長選舉的勝利與失敗

1940 年 3 月 5 日，一代教育巨擘、首任中研院院長蔡元培在香港逝世。

噩耗傳來，舉世皆驚，各大報紙等新聞媒體均表極大哀慟，刊發其傳記，譽為「國學宗師」「文化巨星」「空前之教育家」。〔註137〕時任國民政府軍事委員會參事室主任、國民黨中央宣傳部部長、國民參政會秘書長王世杰，在日記中說：「孑公貌似和易，實際上風骨凜然，為本黨第一，此為余所深知者。」〔註138〕同在美國的趙元任對胡適說，蔡元培「是代表咱們所 stand for 的一切的一切。現在一切的一切還沒有都上正軌，他老人家又死了，真是使人不免憂傷！」〔註139〕哲人已萎，選舉繼任院長成為當時學界萬眾矚目之事，也成為度量當日學術獨立於政治程度的試金石。〔註140〕

根據評議會條例，院長出缺時，由評議會選舉候選人三人，呈請國民政府遴選，選舉由評議會秘書具體負責。根據評議會選舉規程，評議會選舉院長候選人，以記名投票方式，得票過半數最多三人當選，「如第一次投票之結果，得票過半數之人數不足額時，應重行投票至足額時為止」。〔註141〕對候選人資格並無具體的規定，完全憑評議員們的學術良知來確定國家最高學術機構的領導人。蔡元培的突然逝世，選舉繼任院長候選人成為第五次年會重要任務之一。

中研院作為國家最高學術研究機構，院長雖是個沒有多少實權的職位，但在學界影響巨大，非一般人物所能擔當，蔡元培作為首任自然是眾望所歸，而蔡後的空位也成為各路豪傑競相追逐的目標。一時間，院長繼任人選成為熱門話題。蔡元培去世當日，時任浙江大學校長、中研院氣象所所長的竺可楨正在

〔註137〕 樊洪業主編：《竺可楨全集》第 7 卷，第 311 頁。
〔註138〕 王世杰著，林美莉編校：《王世杰日記》（上冊），第 256 頁。
〔註139〕 耿雲志主編：《胡適遺稿及秘藏書信》第 38 冊，黃山書社，1994 年，第 432 頁。
〔註140〕 學術界對 1940 年中研院院長選舉較為關注，主要研究成果先後有耿雲志《補選中央研究院院長引起的風波》（《團結報》1988 年第 22 期）、樊洪業《中央研究院院長的任命與選舉》（《中國科技史料》1990 年第 4 期）、拙文《1940年中研院院長選舉》（《檔案與史學》1999 年第 2 期）、李學通《一九四〇年中央研究院院長的選舉》（《萬象》2002 年第 4 期）、雷頤《民國中央研究院院長之爭》（《文史博覽》2007 年第 9 期）、王揚宗《中央研究院首屆評議會1940 年會與院長選舉》（《中國科技史雜誌》2008 年第 4 期）、陶英惠《中研院六院長》（文匯出版社，2009 年）等，關注點都集中在院長候選人的選舉，並未對其後院長的遴選及影響做出分析。黃麗安在其專著《朱家驊與中央研究院》（臺灣「國史館」，2010 年）中以朱家驊為中心，對此也有比較詳細與充分的敘述和分析。
〔註141〕 國立中央研究院文書處：《國立中央研究院首屆評議會第一次報告》，第 10～11、18 頁。

重慶公幹並準備與第二任妻子陳汲完婚，與翁文灝共進晚餐，談及院長繼任人選，「擬推適之、雪艇與詠霓三人」，即胡適、王世杰與翁文灝。〔註142〕《申報》據路透社消息說，熱門人選為駐美大使胡適、中研院史語所所長傅斯年和中研院秘書長（總幹事）任鴻雋。〔註143〕3月6日，史語所傅斯年、李濟、李方桂與西南聯大鄭天挺聚會，談及繼任院長問題，有人推蔣夢麟，鄭天挺以為蔣夢麟擔任院長將使北京大學校長成問題，「甚且影響於學校之存廢」，傅斯年也認同此說。蔣夢麟而外，胡適「最相宜」，「次則」翁文灝、朱家驊、王世杰，「但諸人均任中央要職，能否兼任亦一疑問。若中央以閒曹視之，畀其任於三數元老，則學術前途不堪問矣」。〔註144〕傅斯年後來也在致胡適函中說：「先是，蔡先生去世後，大家在悲哀中，前兩日未曾談到此事」，但是後來一談起就一發不可收，幾個人在昆明時就開始預測。〔註145〕既非評議員，在中研院也沒有任何職位、正陪妹妹到重慶與竺可楨完婚的陳源，事後於4月21日給胡適的信函中說：「本來是開會推選第二任評議員的，忽然最大的任務成為推選院長候選人。那時候許多朋友談論的題目，差不多離不了這一問題。在開會以前，大家已眾口一辭的認為最適當的是你、雪艇、騮先和詠霓。那時也有李石曾、佛菩薩等呼聲。佛菩薩誰也不願意招攬他。李呢，也許正好藉此將中央研究院與北平研究院合併，可是誰也不願意惹他。……吳先生也有人提……」〔註146〕信中的佛菩薩指任鴻雋，吳先生指吳稚暉。這樣，繼任人選有胡適、王世杰、翁文灝、朱家驊、任鴻雋、傅斯年、李石曾、吳稚暉等七八人之多，熱門人物為胡適、翁文灝、王世杰和朱家驊，並以胡適呼聲最高。傅斯年給胡適的信中還說，在昆明時大家交談，「不謀而合，都說，要選您一票，其餘則議論紛紛」。有說翁文灝好的，也有反對者。即使過去「素不管事」的陳寅恪也非常熱心，「矢言重慶之行」，只為投胡適一票。

　　作為評議會秘書的翁文灝，按照規定是院長候選人選舉的組織者。他曾致電傅斯年談及院長選舉之事，傅斯年回電說：「弟意此時只望政府依照評議會

〔註142〕 樊洪業主編：《竺可楨全集》第7卷，第310頁。
〔註143〕 《中央研究院院長候補人選》，《申報》1940年3月16日第3版。
〔註144〕 鄭天挺：《鄭天挺西南聯大日記》（上），中華書局，2018年，第251頁。值得注意的是，蔣夢麟後來沒有成為評議員們討論的人選。
〔註145〕 《傅斯年致胡適》（1940年8月14日），《傅斯年遺札》第2卷，第1097頁。
〔註146〕 中國社會科學院近代史研究所中華民國史組編：《胡適來往書信選》（中冊），中華書局，1979年，第464頁。

條例辦理。開會不遠，會前不可有所動作，會中推選三人，由政府圈定，則一切妥當矣。」〔註147〕翁文灝致傅斯年電具體內容不得而知，傅斯年回電具體時間亦不詳，但從傅斯年回電可以看出，翁文灝似乎告知傅斯年政府意欲有所行動。

　　確實如此，正當評議員們一廂情願地表達他們的意願之時，最高中樞另有看法。自從蔡元培與蔣介石政治關係漸行漸遠之後，蔣介石似乎對蔡元培也採取聽之任之的態度，但心中的不滿自然長期淤積。蔡元培去世後，與輿論界一致褒揚不一樣，蔣介石對蔡元培評論卻是這樣：「若蓋棺可以論定，其在中國文化上之影響如何，我不敢武斷；惟其在教育上與本黨主義上言之，功實不能掩其過也。」〔註148〕可見蔣介石對蔡元培所信奉與宣揚的自由主義，心存不滿，但有鑒於蔡元培在黨內與黨外的地位而有些「無可奈何」。蔣的這一態度自然也牽扯到蔡元培晚年用心用力、學術獨立與自由堡壘的中研院。1927～1937 年所謂黃金十年期間，蔣介石通過各種手段終於坐穩了他「天下第一」的交椅，也有注重知識分子的名聲，通過錢昌照等人的聯絡，在抗日的旗幟下網羅不少知識分子如翁文灝、蔣廷黻、何廉、張忠紱、浦薛鳳等進入政府。但對知識分子雲集的中研院，除在京滬院址以行政力量進行打壓外，似乎難以找到其他插手之處。〔註149〕蔡元培的突然去世，似乎給了他染指並掌控中研院的機會。因此，在給予蔡元培惡評之後，他有了他自己的想法。他的幕僚們不失時機地給他「獻計獻策」。

　　蔡元培去世僅僅兩天，3 月 7 日，王世杰與段錫朋、張群談繼任院長人選，「認顧孟余為適當，並擬向各方推薦」。〔註150〕這說明，提出顧孟余為中研院院長候選人的始作俑者是王世杰、段錫朋、張群等人。陶英慧以為，王世杰等人的提議雖非蔣介石的授意，但已顯然揣摸到蔣介石的心意。〔註151〕汪精衛逃奔河內發表艷電，震驚世界，作為汪系主幹的顧孟余卻站在蔣介石一邊，使蔣大為感動，要為顧尋找一個恰如其分的位置，中研院院長是一個非常合適的

〔註147〕《傅斯年致翁文灝電》（1940 年 3 月），《傅斯年遺札》第 2 卷，第 1077 頁。
〔註148〕蕭李居編輯：《蔣中正總統檔案·事略稿本》第 43 冊，國史館印行，2010 年，第 256 頁。
〔註149〕關於蔣介石與蔡元培在中研院院址之爭上的角力，參閱拙文《學術與政治：1930 年中央研究院院址之爭》，《學術月刊》2013 年第 4 期。楊銓被暗殺，是其他原因，與中研院並無直接關係。
〔註150〕王世杰著，林美莉編校：《王世杰日記》（上冊），第 256 頁。
〔註151〕陶英慧：《中研院六院長》，第 154～155 頁。

選擇。留學德國的顧孟余曾長時間任教北京大學，擔任過經濟系主任兼教務長。後長期在政界打拼，是所謂汪精衛「改組派」核心人物之一，歷任國民黨中央執行委員常務委員、宣傳部長、中央政治委員會秘書長，鐵道部長、交通部長等重要職位。〔註152〕

有所成議後，蔣介石的幕僚們開始行動，向評議員們推薦顧孟余。3月14日，翁文灝召集朱家驊、王世杰、傅斯年、周仁、竺可楨、汪敬熙等開評議會第五次年會籌備會。〔註153〕當天，王世杰與傅斯年、汪敬熙談，表明自己無意於院長，也不願為候選人，提出「院長席以專任為宜」，並說顧孟余「可供考慮」。〔註154〕這應該是顧孟余這個名字在蔣介石及其幕僚之外，第一次出現在評議員們之間。中研院章程中並沒有院長「專任為宜」這樣的規定，蔡元培擔任院長時也曾兼任監察院院長、國府委員等要職。王世杰提出院長「專任為宜」的條件，不僅有違中研院章程，而且有為顧孟余量身定制的意思。因為前述熱門候選人無論胡適、翁文灝，還是朱家驊、王世杰，當時都各有重任，翁文灝為資源委員會主任、經濟部部長，朱家驊任國民黨中央政治會議秘書長、組織部長。與這樣重任在身者相比，顧孟余正閒賦重慶。據傅斯年致胡適函中說，王世杰提出顧孟余後：

> 約我們去商量。我說，我個人覺得孟余不錯，但除非北大出身或任教者，教界多不識他，恐怕舉不出來。當時我謂緝齋說：「我可以舉他一票，你呢？」他說：「我決不投他票，他只是個politician！」我謂雪艇說：「你看。」後來書詒與朱詳細一算，只可有八票，連緝齋在內呢。此事，雪艇與書詒曾很熱心一下，只是覺得此事無法運動。這一般學者，實在沒法運動，如取運動法，必為所笑，於事無補。〔註155〕

可見，王世杰不僅向傅斯年、汪敬熙推薦顧孟余，段錫朋、朱家驊也曾在其間「熱心運動」。北京大學出身的 CC 骨幹段錫朋與中研院完全沒有關係，也積極介入其間。其時蔣介石還未明確表達其意見。16 日，陳布雷致函翁文

---

〔註152〕對於顧孟余這位改組派領袖人物之一，以往研究較為薄弱，近有黃克武著《顧孟余的清高：中國近代史的另一種可能》（香港中文大學出版社，2020年）對顧孟余的一生首次做了系統分析探討。

〔註153〕樊洪業主編：《竺可楨全集》第 7 卷，第 316 頁；李學通等整理《翁文灝日記》，中華書局，2010 年，第 440 頁。

〔註154〕王世杰著，林美莉編校：《王世杰日記》（上冊），第 257 頁。

〔註155〕《傅斯年致胡適》（1940 年 8 月 14 日），《傅斯年遺札》第 2 卷，第 1098 頁。

灝，傳達蔣介石希望選舉顧孟余的願望。〔註156〕致此，王世杰、段錫朋、張群等人的私下意見轉化為蔣介石的公開意願。

第二天，翁文灝往訪陳布雷，陳布雷說蔣介石對張群和他談及中研院應歸行政院管轄，院長不宜由評議會選舉，「但未言決即更改」。對院長人選，蔣介石曾提及吳稚暉、戴季陶、鈕永建等，「嗣又提及顧孟余」。〔註157〕可見，蔣介石對蔡元培後的中研院有自己的想法。第一，降低中研院等級，由直隸國民政府改為歸行政院管轄，本與行政院同級降為受行政院管轄，與各部同級；第二，既然已歸行政院管轄就直接進行首長任命，而不是由評議會自行選舉。蔣介石上述想法可能是對蔡元培時期中研院不滿的集中爆發，如果實現對中研院來說可能是釜底抽薪，對學術獨立來說可能是最重要的堡壘被完全攻破。

其實，對中研院高踞直屬國民政府的地位，行政院早有非議，多次欲將其降格。總幹事任鴻雋在1939年9月第四次國民參政會上提中研院工程試驗費一案，在政府輾轉多次到行政院，討論時，副院長孔祥熙「大發議論，牽涉許多」，「其中各人多謂中研院不應直屬國府，而應直隸於行政院」。1940年2月26日，傅斯年致函駐紮昆明的任鴻雋，請其到重慶疏通，特別是拜訪蔣廷黻、翁文灝、朱家驊、王世杰、張群等人，指出此事非同小可：「此事乞兄無以為小事，一經改隸之後，可有無限麻煩，或引起子師之辭職，至少其 moral effect 至大耳。」並談及為中研院爭取經費的困難：「至於弄錢，乃是大費工夫之事，決非一紙公文安坐可得者，小數已如此，大數更可知。當年杏佛在日，為經費煞費苦心。在君之時，委屈與政府各部敷衍。今日全院之局面，實與政府失卻聯絡。兄常住昆明，而在渝之辦事處，全無可以周旋政府者。」〔註158〕當年楊銓、丁文江常日周旋於部院之間才取得經費，任鴻雋現安居昆明，遙控重慶，中研院的困境可想而知。同日，傅斯年也致函朱家驊請其疏通，否則會逼迫蔡元培辭職。〔註159〕

在這一點上，蔣介石並沒有堅持立即實施，「未言決即更改」，畢竟這與中研院「組織法」完全相悖，勢必引起知識界的「大反動」，蔣介石不得不考慮

〔註156〕李學通等整理：《翁文灝日記》第441頁。
〔註157〕李學通等整理：《翁文灝日記》第441頁。
〔註158〕《傅斯年致任鴻雋》（1940年2月26日），《傅斯年遺札》，第2卷，第1071～1072頁。
〔註159〕《傅斯年致朱家驊》（1940年2月26日），《傅斯年遺札》，第2卷，第1072～1073頁。

他千辛萬苦建立起來的與知識分子的「關係」。但對院長人選似乎「志在必得」，以先抑後揚的順序，先後提及吳稚暉、戴季陶、鈕永建等，最後拋出真正目標顧孟余。吳、戴、鈕都是國民黨元老，從中研院院長職務的名譽性來看，似乎都有擔任的名望。但是中研院畢竟是國家最高學術研究機構，從學術成就與學術聲望來說，三人未必能完全勝任而不引起非議。非評議員的陳源就曾提議吳稚暉，他在致胡適函中說：

> 吳老先生也有人提，但是一則說他沒有這方面的興味，再則他的主張不盡相同，最重要的是說他年齡太高，近來身體也不太好，恐不久又得重選。我當時也獻些末議。……我的提議是現在推選吳老先生擔任。等到和平之後，吳老先生年事太高，無心再管，則美國方面也不一定非你在那裡不可了，那時再推你為院長，豈非面面顧到？可是人微言輕，沒有人理會我這話。〔註160〕

在陳源看來，中研院院長完全是名譽性職位。他不是評議員也摻和院長人選提議，還抱怨人微言輕，無人理會，實在是有些「不知自重」。對於蔣介石的意願，翁文灝似乎也沒有辦法，無奈之餘，只得向陳布雷說「盼能依法處理」，希望以中研院已有的「憲章」抵擋外來政治壓力的侵襲，以完成繼任院長候選人的選舉。

蔣介石意願的直接表露似乎刺激了學者們的神經，他們預感到中研院這個學術自由與獨立的堡壘有被政治攻破的危險，於是紛紛表達學術自由的姿態。翁文灝日記記載，他面見陳布雷那天，傅斯年對蔣介石指定顧孟余為院長，「認為於法不符，頗表憤慨，並怪王雪艇建議此意」；汪敬熙、李四光主張應有 academic freedom。〔註161〕17 日下午，翁文灝在中研院與傅斯年、任鴻雋、李四光、汪敬熙及王世杰談及院長選舉事，王世杰言「彼有二個 Conscience」。可見，王世杰夾在學界同人與蔣介石之間，不得不宣稱有兩個 Conscience。

對於評議員們的「憤慨」與學術自由的主張，蔣介石似乎並不以為意，於會議前兩天居然「下條子，舉顧孟余出來」，於是由他的走卒們暗中「運動」

---

〔註160〕 中國社會科學院近代史研究所中華民國史組編：《胡適來往書信選》（中冊），
　　　　　 第 464～465 頁。
〔註161〕 李學通等整理：《翁文灝日記》第 441 頁。對於此事王世杰記於 3 月 20 日：
　　　　　 「關於中央研究院長人選事，陳布雷受蔣先生之託向翁詠霓等接洽，希望評
　　　　　 議會選出顧孟余。傅孟真大怒，向友人指責，歸過於余。」（《王世杰日記》
　　　　　 （上冊），第 258 頁）

變成了光天化日行為，由「陰謀」變成了「陽謀」，由「協商」變成了「命令」，這無疑是對評議員們的民主和自由選舉權的侮辱與蔑視，其刺激效果可想而知。竺可楨3月21日會晤陳布雷，遇到張其昀，談起蔣的行為，認為評議會恐怕通不過。〔註162〕陳源說：「一般對於政治沒有興味的科學家卻不願以研究院為酬勳（沒有跟汪去也）的獎品。」傅斯年說，蔣介石這一下條子行動「自有不良影響」，「平情而論，孟余清風亮節，有可佩之處，其辦教育，有歐洲大陸之理想，不能說比朱、王差，然而如何選出來呢？……及介公一下條子，明知將其舉出，則三人等於一人，於是我輩友人更不肯，頗為激昂」。21日晚，評議會秘書翁文灝和總幹事任鴻雋宴請與會評議員，到茅以升、凌鴻勳、陳寅恪、姜立夫、郭任遠等30人，談及院長繼任人選。傅斯年事後向胡適報告當晚情形說：「寅恪發言，大發揮其 academic freedom 說，及院長必須在外國學界有聲望，如學院之外國會員等，其意在公，至為了然（彼私下並謂，我們總不能單舉幾個蔣先生的秘書，意指翁、朱、王也）。」任鴻雋發言，「大意謂在國外者，任要職者，皆不能來，可以不選」。按照任鴻雋的說法，胡適、翁文灝、朱家驊、王世杰等熱門人選都不能作為候選人，與王世杰前此「專任」條件相同，似乎也表達了他有問鼎的意願。正如上面所言，傅斯年對任鴻雋任總幹事居於昆明，而不赴重慶周旋於官場以求中研院的發展已很不滿，因此當即表示反對，「謂挑去一法，恐挑到後來，不存三四人，且若與政府太無關係，亦圈不上，辦不下去」。〔註163〕他的意思是像任鴻雋這樣與政府沒有多少關係的人物若當選，蔣介石自然不會圈選，中研院也就有辦不下去而消亡的危險。一幫人當即民意測驗，投票結果翁文灝21票、胡適20票、朱家驊19票、李四光6票，吳稚暉、秉志、傅斯年、馬君武及竺可楨各得一、二票不等。〔註164〕原來呼聲極高的王世杰居然只有一票，而顧孟余一票未得。已顯現了評議員們的意志，也昭示了即將選舉的結果。

3月23日，評議會在重慶兩路口嘉陵賓館選舉院長候選人，評議員30人與會，王世杰主席，放棄投票，共29人投票。按照竺可楨的說法，選舉結果翁文灝、朱家驊各24票，胡適20票，李四光6票，任鴻雋4票，竺可楨2

〔註162〕樊洪業主編：《竺可楨全集》第7卷，第321頁。

〔註163〕《傅斯年致胡適》（1940年8月14日），《傅斯年遺札》第2卷，第1098頁。

〔註164〕這是竺可楨日記說法（樊洪業主編《竺可楨全集》第7卷第321頁），傅斯年給胡適信中票數為翁文灝23、胡適21、朱家驊19，王世杰1票。因傅斯年是8月給胡適的信，這裡以竺可楨說法為準。

票，顧孟余 1 票。另據陳源、傅斯年的說法還有王世杰得 4 票。結果是翁文灝、朱家驊與胡適三人當選，上報國民政府，「請其遴選」。選舉結果顧孟余僅得一票，這也可能是意料中事，不知這一票是誰所投。看來即使是蔣介石的心腹幕僚們如翁文灝、朱家驊等也沒有完全聽命於蔣介石，投票給顧孟余。當初的熱門人選王世杰僅得 4 票，實在有些意外。傅斯年認為，這與王在教育部長任內惹惱了不少有大學背景的人有關，同時王不習自然科學，與評議員的多數「自然科學家」很是隔膜。至於王熱心運動顧孟余之事，彷彿對他無甚影響。其實，王的落敗，很可能與他運動顧孟余有關，傅斯年所謂運動顧一事僅他們三五人知道，在某種程度上是自欺欺人。

這是評議員選舉院長候選人的第一次實踐，他們頂住最高權力者蔣介石的壓力，以學術自由與獨立的原則，憑據自己的學術良心推選出他們心目中的學術領導人，無論如何都是中國學術發展史極其罕有之事，也是學術反抗政治侵擾的勝利，實在值得大書特書。傅斯年對胡適說，「此番經過，無組織，無運動」，「全憑各人之自由意志，而選出之結果如此，可見自有公道，學界尚可行 democracy！」〔註 165〕相較評議員選舉中西北工學院、中山大學教授們的輕易被「運動」，評議員們面對強權不為所動，更顯示出可貴性，也表明評議員們群體有不同於一般教授的風骨與精神特質。

學術界這民主的「表演」，在政治強力面前又怎樣呢？蔣介石似乎對學人們的奮力一擊並不在意。選舉次日，王世杰遇到蔣介石，將選舉結果陳明，蔣介石笑了一下。〔註 166〕翁文灝後來對胡適說，這次選舉，「中樞當局曾非正式盼望選舉某君為院長，惟各評議員以此項選舉應以評議員之自身意見為之，不宜有其他意見之影響，當局亦表示可予尊重」。〔註 167〕當評議員們還沉浸在勝利的喜悅中時，問題就出來了。按照傅斯年的說法，選舉第三天即 3 月 25 日，蔣介石對孔祥熙說：「他們既然要適之，就打電給他回來罷。」〔註 168〕

〔註 165〕 《傅斯年致胡適》（1940 年 8 月 14 日），《傅斯年遺札》第 2 卷，第 1099 頁。
〔註 166〕 《傅斯年致胡適》（1940 年 8 月 14 日），《傅斯年遺札》第 2 卷，第 1100 頁。
〔註 167〕 中國社會科學院近代史研究所中華民國史組編：《胡適來往書信選》（中冊），第 467 頁。
〔註 168〕 《傅斯年致胡適》（1940 年 8 月 14 日），《傅斯年遺札》第 2 卷，第 1100 頁。王世杰 3 月 23 日日記載稱：評議會昨今兩日均開會，余被推薦作主席。舉出翁詠霓、朱騮先、胡適之為候補人。據張岳軍言，蔣先生因聞評議會堅拒顧孟余，並推選胡、翁、朱等，有將適之調回任院長意。《王世杰日記》（上冊），第 259 頁。

　　無論是選舉前還是選舉後，評議員們一直以為，蔣介石一定會任命他身邊的「紅人」（即陳寅恪所謂的「秘書」）翁文灏、朱家驊（選舉前包括王世杰），不會在需要美援孔亟之時，撤去胡適的駐美大使，讓他回國擔任院長。他們之所以堅決選舉出胡適來，並不是真正想讓他回國，僅僅想表明胡適是蔡元培的當然繼承人而已，也作為學術界的一個「表演」。當初傅斯年還在昆明時，曾就選舉胡適與周炳琳有如下談話：

> 我說：「你想，把適之先生選出一票來，如何？」他說：「適之先生最適宜，但能回來麼？」我說：「他此時決不能回來，此票成廢票。」他說：「這個 demonstration 是不可少的。」我又說：「那麼，選舉出他一個來，有無妨害其在美之事？」他說：「政府決不至此，且有翁、朱、王等在內，自然輪不到他。」

周炳琳還說將胡適選出，胡適一定很高興，因中研院院長在國外是很高的榮譽，有這「honor 在國外也好」。〔註169〕

　　選舉結果出來後，傅斯年分析說：

> 舉先生者之心理，蓋大多數以為只是投一廢票，作一個 demonstration，從未料到政府要圈您也。我輩友人，以為蔡先生之繼承者，當然是我公，又以為從學院之身份上說，舉先生最適宜，無非表示表示學界之正氣、理想、不屈等義，從未想到政府會捨翁、朱而選您。我初到渝時，曾經與雪艇、書詒談過舉你一票事，他們都說：「要把孟余選出，適之也必須選出，給他們看看。」〔註170〕

陳源也說：

> 我認為中央研究院的院長，最適當的人選當然是你，但是你現在在美國的使命太重要，不能回來也是事實。……那天選舉時，有幾個人不願意你此時返國，使某些人快意，沒有推你，……我與一部分朋友至今仍認為你是蔡先生唯一的繼任人，但又不願意你在此時離開美國，所以不知道自己希望的是那一樣。〔註171〕

　　當初蔣介石任命胡適為駐美大使，看重的是胡適在美國的聲望。不願實際介入政治的胡適之所以願出任大使，正如其致電蔣介石所說：「現在國家是戰

---

〔註169〕《傅斯年致胡適》（1940 年 8 月 14 日），《傅斯年遺札》第 2 卷，第 1097 頁。
〔註170〕《傅斯年致胡適》（1940 年 8 月 14 日），《傅斯年遺札》第 2 卷，第 1099 頁。
〔註171〕中國社會科學院近代史研究所中華民國史組編：《胡適來往書信選》（中冊），第 465 頁。

時，戰時政府對我的徵調，我不敢推辭。」〔註172〕作為學人的胡適初入官場，自然與常常在官場中摸爬滾打者不相協。因此，自他 1938 年 10 月 5 日赴華盛頓代替王正廷正式就任大使後，關於他的進退問題，「便幾無日不在傳說著」。王世杰在胡適駐美大使撤換風波暫停後，曾致函胡適分析說：

> 兄一生是一個友多而敵亦不少的人。兄的敵人，有的是與兄見解不合的，這可以說是公敵。有的只是自己不行，受過兄的批評指斥，懷恨不已。這種小人也頗不少。兄的友人可以說都是本於公心公誼而樂為兄助的；也許有些是「知己」，卻沒有一個人是「感恩」。這是兄的長處，任何人所不及的。兄自抵華盛頓使署以後，所謂進退問題，便幾無日不在傳說著。有的傳說，出於「公敵」；有的傳說，出於「小人」；有的傳說，也不是完全無根。〔註173〕

這次借助於中研院院長一事，那些對胡適不滿者終於找到了撤換他的機會。蔣介石對孔祥熙表示之後，孔祥熙立即向蔣介石推薦了四個候選人，撤換胡適日漸演成一個風波。

政府有意撤換胡適的傳聞很快就到了美國。據王世杰日記，3 月 31 日在美協助胡適的周鯁生從美國來電，「詢問政府有無調回適之任中央研究院長事（美京盛傳此說）」。此後，撤換事宜似乎緊鑼密鼓進行。4 月 7 日，杭立武告王世杰，孔祥熙欲調胡適回國任中研院院長，擬以宋子文代替，但宋子文不願意。〔註174〕4 月 14 日，竺可楨與陳布雷見面，得知蔣介石曾於前幾日表示，候選三人中朱家驊「將另有使命，且不時可以調遣」，翁文灝在經濟部「近有三年計劃」，「均不能膺任」，只有胡適「尚可調遣」，「但不知其是否願就」。〔註175〕也就是說，在蔣介石看來，胡適駐美大使的職位並不比朱家驊、翁文灝的職位關鍵，因此可以撤換。胡適自己因為生病，似乎也願意擺脫駐美大使這個位置。4 月 30 日，蔣介石致電外交部長王寵惠：「胡適大使擬調任為中央研究院院長，其駐美大使遺缺以何人為宜，請與孔副院長切商。」〔註176〕由此，

〔註172〕胡頌平編著：《胡適之年譜長編初稿》（五），聯經出版公司，1984 年，第 1638 頁。

〔註173〕中國社會科學院近代史研究所中華民國史組編：《胡適來往書信選》（中冊），第 471 頁。

〔註174〕王世杰著，林美莉編校：《王世杰日記》（上冊），第 262 頁。

〔註175〕樊洪業主編：《竺可楨全集》第 7 卷，第 336 頁。

〔註176〕蕭李居編輯：《蔣中正總統檔案‧事略稿本》第 43 冊，第 436 頁。

5月3日，陳布雷從成都致電王世杰，「謂駐美使節問題已入嚴重階段」。王世杰立即致電蔣介石堅決反對調胡適回國任職，其指陳三點：

> （一）戰時外交人選，非有重大過失，不宜常換。（二）胡適之如被內調，彼或拒絕新職。（三）適之信望在顏、施諸人之上（近日顏託人為余言，彼甚願赴美任美使）〔註177〕。

5月22日，張慰慈致函胡適說：

> 關於我兄個人的事，我實在不明了為什麼國內的人總喜歡替你造出辭職的謠言。自從我兄做了大使以來，香港與上海兩方面不曉得有過了多少次數了。不過這次在重慶與香港聽見的，卻不是普通的謠言，而是很有相當地位的人說的。（一）在重慶，程滄波對我說：「適之快要回國了。」我就問他為什麼。他說：「攻擊他的人很多，尤其是顏大使與孔先生。因為他們攻擊的次數太多，蔣先生曾經說過，還是請他回來罷。」我想滄波的話總有相當根據的。（二）在香港，有一天在這飯店的飯廳看見顏大使，他同我閒談，就談到了你，他說：「適之兄快要回來了。」我問他：「你老先生這一句話總是根據什麼特別消息而來的。」他就說：「不是中央研究院已經選他為院長嗎？」並且據別人告訴我，這位顏大使已經對幾個人說過，他是快要去做美國大使了。〔註178〕

這位一心想替代胡適的顏惠慶，年初赴美出席太平洋會議之際，曾受蔣介石之命考察胡適。他既然有任駐美大使的意願，考察結果可想而知。這些私下傳遞的秘聞很快就成為公開的消息與新聞報導的素材。5月23日《中國日報》報導稱：

> 最近我駐美大使易人消息，此間又有所傳。事緣胡適博士駐美數年，頗著勞績，新近積勞成疾，患失眠病頗劇，有回國暫事休養之意。我中央方面，以目前歐戰擴大，遠東外交戰白熱化，我國對美蘇外交陣容，亟須加強，邵力子氏之出任駐蘇大使是此種刷新外交計劃第一步。如胡回國，當不能任此職虛懸，擬以顏惠慶繼任。顏為外交耆宿，最近以太平洋會議出席回國，正徵求顏同意中。胡

---

〔註177〕王世杰著，林美莉編校：《王世杰日記》（上冊），第267頁。

〔註178〕中國社會科學院近代史研究所中華民國史組編：《胡適往來書信選》（中冊），第468～469頁。

適本中央研究院長三候選人之一,其餘二人,一為經濟部長翁文灝,一為中央黨部秘書長朱家驊,所任均屬繁劇,不能分身。胡氏在國際學術界素著聲望,與研究院同人亦有淵源,出任院長較為適當。返國後中央擬以此職畀胡雲。〔註179〕

按照報導所言,面對國際新形勢,胡適因身體原因似乎不能勝任駐美大使之職,回國就任中研院院長僅僅是「退而求其次」而已。胡適對此報導自然非常在意,因此在25日日記中將此報導全文剪下黏貼。新聞報導使胡適離任美使逐漸成為輿論。外間傳聞也傳到江冬秀耳中。早在4月26日,她以女人的直覺致函胡適,要他離開官場的泥潭,去教書:

> 昨天看見孫先生,他開會回來,見我頭一句話替我恭喜,說你就要回來了。我莫明【名】其妙,他告訴我,命你回來做研究院長。我聽了狠【很】不好過。驊,……你要知道,萬一有此事出來,你千萬那【拿】定主意,不要耳朵軟,存棉花。千萬你的終止【宗旨】要那【拿】的定點,不要把一支腳到爛呢【泥】裏去了。再不要走錯了路,把你前半身【生】的苦功放到冰泡裏去了,把你的人格思想毀在這個年頭上。……我願意你出來教書,找飯吃好的多。〔註180〕

對於中研院院長與駐美大使兩個位置,胡適有自己的看法。他在日記中說:「以私人論,中研院長當然是我國學者最大的尊容;但為國事計,我實不想在此時拋了駐美的使事。」〔註181〕與傅斯年、王世杰等想法一致,在胡適看來,中研院院長雖是學人的崇高榮譽,但駐美大使是抗戰期間為國貢獻力量更為重要的使命。因此,6月22日,他致函江冬秀說:「上次信上,你談起中央研究院的事。此事外間有許多傳說,我無法過問,也無法推辭。我並不想做院長,但我此時若聲明不幹,那就好像我捨不得丟現在的官了。所以我此時一切不過問。你懂得我的意思嗎?」〔註182〕

對駐美大使覬覦已久的是外交官場的老油子,與孔祥熙、宋子文等關係較深的顏惠慶、施肇基、王正廷等人。在王世杰、傅斯年等人的影響下,蔣介石似乎不能下定立即撤換胡適的決心。6月,蔣介石派宋子文去美國做自己的私

〔註179〕曹伯言整理:《胡適日記全集》第8冊,第52頁。
〔註180〕耿雲志主編:《胡適遺稿及秘藏書信》第22冊,第494頁。孫先生為中基會幹事長孫洪芬,當時他代表中基會駐上海。
〔註181〕曹伯言整理:《胡適日記全集》第8冊,第53~54頁。
〔註182〕耿雲志主編:《胡適遺稿及秘藏書信》第21冊,第540頁。

人代表，代替陳光甫與美國談判借款事宜。7 月 12 日，致電宋子文瞭解「此時擬召回胡使回國，未知有否不便之處」。〔註183〕蔣介石這一安排有違外交體制，而且宋子文無論是外交理念，還是行事風格與胡適格格不入，自然造成許多矛盾。宋子文到美國不久，就屢次上書蔣介石，要求撤換胡適，改任施肇基，或任命自己為行政院副院長，居位於胡適之上以便宜行事。對於駐美大使的職責，宋子文曾明白地告知胡適：「你莫怪我直言。國內很有人說你演講太多，太不管事了。你還是多管管正事罷！」〔註184〕由此，撤換胡適似乎勢在必然。

《基督教科學箴言報》7 月 18 日報導稱，據重慶權威消息，胡適不日將離開華府，改任中央研究院院長，最可能接替他的人是前外交部長，曾任駐英、駐法大使的顧維鈞。〔註185〕7 月 29 日，胡適致函江冬秀：

> 前些日子，有許多報上謠言，說我要回去做中央研究院院長了。
> 這是同洪芬兄對你說的一樣。我當然盼望回去，但我不要做院長。
> 我的意見同你一樣，我若回去，還是到昆明北大教書。別的事一概
> 不做。〔註186〕

對於自 3 月選舉以來就滿天飛的這些傳聞，胡適實在是忍無可忍，乃於 7 月 22 日致函王世杰表達不滿。該信函具體內容不得而知〔註187〕，其日記如是記載說：

> 今天發憤寫航空信給王雪艇，說我若不做大使，決不就中央研
> 究院院長。因①我捨不得北大，要回去教書。②詠霓或朱騮先都比
> 我更適宜。③我要保存（或恢復）我自由獨立說話之權，故不願做
> 大官。④大使是「戰時徵調，我不敢辭避」。中研院長一類的官不是
> 「戰時徵調」可比。〔註188〕

很明顯，胡適以為駐美大使是「戰時徵調」，而中研院院長不是這類為抗戰做貢獻之類位置，他可以不接受「徵調」。他願意回北京大學（此時為西南

---

〔註183〕《蔣介石致宋子文密示借款事不必與胡適相商請兄逕自進行電》（1940 年 7 月 12 日），吳景平、郭岱君主編《宋子文駐美時期電報選》（1940～1943），復旦大學出版社，2008 年，第 41 頁。
〔註184〕曹伯言整理：《胡適日記全集》第 8 冊，第 57 頁。
〔註185〕曹伯言整理：《胡適日記全集》第 8 冊，第 57 頁。
〔註186〕耿雲志主編：《胡適遺稿及秘藏書信》第 21 冊，第 541 頁。
〔註187〕非常可惜的是，這封胡適與同僚直接交涉的重要信件不得而見，目前各種相關胡適的全集、書信集等及《胡適任駐美大使期間往來電稿》都未收有該信。
〔註188〕曹伯言整理：《胡適日記全集》第 8 冊，第 58 頁。

聯大）恢復自由之身。很快有英文報紙報導稱，7月23日外交部正式否認將胡適從華盛頓召回，並補充說「關於我駐外外交使節變動的謠言是毫無根據的」。〔註189〕雖然「闢謠」，但事情並未就此結束。王世杰日記記載，7月25日，他與陳光甫見面，陳很是欽佩胡適，當即商定由陳致函蔣介石申論美使不可易人。〔註190〕7月27日，王世杰致電胡適，稱「外傳調兄返國，均由中央研究院問題引起。政府覺美使職務重於中研院，迄無調兄返國決定」。〔註191〕胡適7月22日信，王世杰直到8月5日才收到。立馬送陳布雷閱讀，並請轉呈蔣介石。〔註192〕三天後王世杰專程面見蔣介石，向蔣建言在此期間「大使不宜更動」，蔣亦以為然。於是調胡適回國之議，「已暫時再度取消」。〔註193〕此後，因中研院院長任命而起撤換胡適駐美大使風波塵埃落定。當日（8月8日），王世杰長函胡適，其中稱：

> 關於外電所傳召兄返國事，日前弟曾致兄一電，想已遞到。兄函已分送布雷、詠霓看過，並已送請介公閱過。介公閱後，囑弟否認外電所傳。弟當告以此事現已過去多日，不必再發否認消息，不過外交部對於此類消息，此後以即時糾正為是。介公深以為然。布雷兄已將此意告亮疇，彼謂今後當照辦。此事只好就此結束。〔註194〕

此次撤換風波以胡適最終留任為結果，其間除王世杰有絕大作用外，傅斯年等也從多方面用力。傅斯年曾說自蔣介石放言召回胡適後，他即加入運動胡適留任的朋輩中。他還專門數次拜訪蔣介石的拜把兄弟張群，「並請萬不得已時，先設法發表一代理人，最好是翁，以便大使改任一事停頓著」。對於這次胡適駐美大使撤換風波，傅斯年事後分析說：

> 實則我們之選與不選，先生之就與不就，皆不相干，此一糾紛之故，乃在美使一任之時在議論中，而尤在孔之始終反對先生也。

〔註189〕曹伯言整理：《胡適日記全編》第7冊，安徽教育出版社，2001年，第399頁。

〔註190〕王世杰著，林美莉編校：《王世杰日記》（上冊），第284頁。

〔註191〕中國社會科學院近代史研究所中華民國史組編：《胡適任駐美大使期間往來電稿》（中華民國史資料叢稿·專題資料選輯第3輯），中華書局，1978年，第57頁。

〔註192〕王世杰著，林美莉編校：《王世杰日記》（上冊），第287頁。

〔註193〕王世杰著，林美莉編校：《王世杰日記》（上冊），第287頁。

〔註194〕中國社會科學院近代史研究所中華民國史組編：《胡適往來書信選》（中冊），第471～472頁。

孔自先生初任時，一至於今，不斷的說：「適之不如儒堂。」中間聞
有一段稍好些，但不久又變矣。（去年合眾社一電糾紛，他卻不□從
井下石。）故孔之反對先生，是一大動力，此外則各方之傳言也。
（王儒堂尤力，曾致介公大怒。）〔註195〕

　　當然，胡適駐美大使一職雖未因中研院院長繼任問題而去，終是許多人垂
涎之位。1942年9月，在宋子文等人一再「陰謀」「陽謀」下，蔣介石終於撤
換了這個學人大使，換上了宋子文系的魏道明，為胡適駐美大使這個「特任大
官」劃上了句號。對此，胡適北京大學的同事、學生們曾有不少的議論，鄭天
挺日記有不少的相關記載。鄭天挺自己如是評論：「抗戰以來，武人而外功最
大者莫逾於師，而師最忠且最易於現職。今忽召還而易以不學無術聲名狼藉之
魏道明，豈不將貽笑天下後世？」而蔣夢麟以為胡適「名聲太盛，遂為人忌
耳」：「今之主事者不願他人過之，故甲起則拔乙以敵之，乙起復拔甲、丙以敵
之，終不使一人獨擅盛名也。」〔註196〕無論是因中研院院長繼任演成胡適駐
美大使撤換風波，還是胡適最終被撤去駐美大使一職，都在在體現了當日學術
與政治糾葛中學術獨立的限度，也顯現了當日學人從政在職業政治人群中所
面臨的窘況與窘境。

　　自3月5日蔡元培去世，到8月初撤換胡適大使風波停息，中研院院長
空缺時間幾近半年。即使決定不召回胡適，中研院院長繼任問題還是未能解
決，這對中研院的運行造成了極大困難。8月12日，翁文灝致函胡適，談及
中研院面臨的困境，希望胡適出面邀集同道向政府建議：

　　　　中央研究院事有若干困難在前。……有一時，頗聞於被選三人
　　　中政府對兄特為重視，但近聞王君言，此說亦成過去。不過院長人
　　　選迄未決定。叔永為總幹事，實際上又並非代理院長。目前物價日
　　　高，院中主持無人，經費艱窮，極可憂慮。此事未知可否約集熱心
　　　院事者數人，同向政府建議。尊見如何，電示為盼。〔註197〕

　　9月2日，翁文灝偕同傅斯年、任鴻雋拜訪張群，請張呈請蔣介石早定院
長人選。〔註198〕直到9月18日，蔣介石才頒令朱家驊代理中研院院長。據

〔註195〕王汎森等主編：《傅斯年遺札》第2卷，第1100～1101頁。
〔註196〕鄭天挺：《鄭天挺西南聯大日記》，第601頁。
〔註197〕中國社會科學院近代史研究所中華民國史組編：《胡適往來書信選》（中冊），
　　　　　第473～474頁。
〔註198〕李學通等整理：《翁文灝日記》，第521頁。

說，張群呈請蔣介石指示，胡適之外，蔣屬意於翁文灝，最後乃改朱家驊暫代。傅斯年以為，此事蔣主要受王世杰影響：「王不欲適之離駐美大使任，但仍欲留此任以待之，故此時只有代理。王與驊先交誼並不佳，但此時則欲驊先暫代，因此驊先頗不悅」。〔註199〕

　　無論如何，自3月23日選舉候選三人，延宕半年之久，中研院終於迎來了第二位領導人，雖然只是代理。從候選三人的學術地位與聲望來說，胡適是院長最佳人選。作為五四新文化運動主將，一直是中國新文化的代表，自由主義「宗師」，學術界靈魂，自然是蔡元培的衣缽繼承人。胡適而外，翁文灝相比朱家驊更為合適。翁文灝留學回國後，在中國地質學界苦心苦力，與章鴻釗、丁文江一道奠基中國近代地質學，並使該學科在世界學術界產生巨大影響。他自己在學術上的成就遠超章鴻釗、丁文江，在國際上也有極高聲譽，1922年就當選為國際地質學會副會長。在學術機構的建設與管理上也超越丁文江，接續丁文江領導當日中國最為著名而且成就也最為卓著的科研機構地質調查所，並不斷擴展其研究範圍。作為典型的學者從政型人物，翁文灝當時是蔣介石最為倚重的技術官僚之一，在官場也集聚了相當的人脈關係。胡適曾認為中研院院長於翁文灝最為適宜。胡適對於蔡元培這位前輩，以為他「最能用人」，「付託得人之後，他真能無為而治」，但「早年訓練太壞，不能充分利用他的閑暇來做點學術著作」。在胡適看來，蔡元培的優點剛好是翁文灝的缺點，其缺點剛好是翁文灝的優點。他認為翁文灝「待人和平，而御下稍嫌過嚴，不免以中世修士之道律己而又律人」，因此不甚適宜於做中研院具體管理事務的總幹事，但厚養資望後，最適宜做中研院院長：「此非『親民』之官，不必常與各所所長直接接觸，既有餘閒可以從容整理平生要做的研究工作，又有餘閒可以為天下國家想想一些真正重要問題，為國家社會作一個指示者。」〔註200〕翁文灝本人也有出任院長的欲望〔註201〕，為解決中研院院長危機，傅斯

〔註199〕李學通等整理：《翁文灝日記》，第530～531頁。不曾想，幾多年後真正實現了王世杰的設想，朱家驊一直代理到1957年被蔣介石強令辭職，指令選舉胡適接替。

〔註200〕中國社會科學院近代史研究所中華民國史組編：《胡適來往書信選》（中冊），第357～360頁。

〔註201〕按照傅斯年、汪敬熙的說法，翁文灝「極思繼任中央研究院院長」（《王世杰日記》（上冊），第257頁）。翁文灝早就有跳出政治漩渦，重迴學術界的想法，僅因抗戰國家需要，未能堅持。因此，與熱門候選人朱家驊、王世杰一再表態婉拒推舉不同，翁文灝從未有此表示。被選為候選人後，也沒有辭謝的意思。

年也曾提出以翁文灝代理院長的建議。可見，無論是學術成就、學術聲望，還是學術界的共同認知、個人的意願，中研院院長一席胡適而外，翁文灝是最為恰當因而也是最為適宜的人選。

相較而言，朱家驊雖是德國柏林大學地質學博士，但回國後沒有從事一天地質學研究，一直在政治漩渦中沉浮，歷任中山大學副校長、中央大學校長、教育部長、交通部長、浙江省主席、軍事委員會參事室主任，時任國民黨中央政治委員會秘書長、組織部長，是戰時國民黨黨務核心人物，也是蔣介石的得力幹將。朱家驊雖在籌建兩廣地質調查所促進華南地質事業發展、創建同濟大學測量系規劃中國大地測量、利用中英庚款設立中國地理學研究所、中國心理生理研究所和蠶桑研究所，因而在地質、大地測量、地理等學科上有大貢獻，也曾任大學校長、教育部長，因善待學人而在學術界也有不錯的聲譽，但從中研院院長的學術性要求來說，他政客的身份實在不相匹配。朱家驊對院長一職心裏到底怎樣想不得而知，雖然他後來也有不願擔任的說辭：

> 本院評議會選舉繼任院長候補人。開會前夕，我預感有被選趨勢，曾敦勸大家不要選我，及選舉結果，胡適、翁文灝兩位先生與我三人膺選，當場我宣布不願接受，但不生效，乃請總辦事處將選舉結果，暫緩呈報。延至九月中旬，因預算關係，各所長甚為焦急，催總辦事處即為呈報圈定院長人選，並向國防最高委員會請願。當局考慮結果，因胡先生當時正任駐美大使，使命重大，不能脫身，翁與院中同仁意見不洽，遂發表我為代理院長。我獲知後，即一再懇辭，未蒙允准，遂於九月二十日正式接事。〔註202〕

這是朱家驊1958年的追述，似乎從一開始他就不願意擔任院長，因此有多次的推辭。他這一說辭可疑之處甚多。第一，按照他的說法，蔣介石未能及時圈定院長繼承人，是他請總辦事處將候選人緩報的結果，實際情況是總辦事處很快就正式呈報了。朱家驊當時僅任評議員，根本無法指揮命令中研院。第二，翁文灝在中研院僅是評議會秘書，並沒有如他一樣擔任過總幹事介入中研院的具體事務，何處來與中研院「同仁不洽」？這不應是翁文灝未能獲任的理由。由此可見，他上述不願擔任院長的說辭可信度極低，倒是正如前面傅斯年所言，僅僅代理使他很「不悅」。

〔註202〕朱家驊：《三十年來的中央研究院》（民國四十七年六月九日），王聿均等編《朱家驊先生言論集》，第109～110頁。

　　因此，無論是從那個角度來看，選擇翁文灝任院長都比朱家驊合理。蔣介石卻最終選擇了朱家驊而不是翁文灝，其間到底存在什麼樣的心理，自然難以窺測，政治操作上便於管理可能是一個可以推測的重要原因。蔣介石既然有控制中研院的想法與計劃，選擇一個惟命是從的純粹官僚可能比一個兼具學者身份者更容易得心應手。朱家驊畢竟是一個長期在官場上摸爬滾打的政治人物，翁文灝雖已從政，但骨子裏還是一個學者。作為一個政治領導者，是指揮一個隸屬於自己的純粹部下容易，還是指揮一個雖是部屬但在學術界有極高威望的學人順手，可想而知。另外，朱家驊僅僅是「代理」，而不是實任，是否也有這方面的考慮，不得而知。也就是說，蔣介石最終選擇朱家驊而不是翁文灝可能也有其政治方面的考量，而不是純粹從學術發展的角度出發，再次顯示了學術自由與獨立在政治強力面前的限度。

　　從三人與中研院關係而言，胡適雖除任評議員外，沒有其他實質性職務，但他對中研院發展的影響通過蔡元培、丁文江、傅斯年等人，甚為巨大。翁文灝除擔任評議員外，接任丁文江任評議會秘書，也是丁文江後總幹事人選之一，與中研院關係雖然不淺，但終究並未介入日常具體事務。與胡適、翁文灝兩位真正在學術上取得重大成就，學術聲譽極高不同，純粹的職業官僚朱家驊是三人中與中研院關係最為緊密的。他除擔任評議員外，還曾接任丁文江擔任總幹事，實際主持中研院院務。因此，蔣介石最終選定朱家驊代理院長，而不是從學術聲望來講更有資格的翁文灝，與中研院關係緊密程度可能也是一個考量因子。

　　正如前面所言，蔡元培擔任院長屬於兼任，沒有專任，朱家驊接任也一樣。因此，如果胡適以駐美大使的身份兼任中研院院長，也完全可以，並無真正的障礙。考慮全民抗戰爆發後，蔡元培未隨國民政府內遷重慶，而是以老弱病殘之軀孤身前往香港，對中研院的管理屬於「遙領」性質，雖在具體的管理與運行方面對中研院事務造成一定的困難與影響，但也開了「遙領」的先河。因此，陳源也有胡適「能暫時遙領則太好了」的想法。也就是說，如果國民政府真正屬意於胡適，完全可以讓他以駐美大使的身份兼任中研院院長，「遙領」中研院事務。可以說，蔣介石未選擇胡適「遙領」，也不讓翁文灝實任，僅僅讓朱家驊「代理」，考慮到前面所述各節，他自己全面控制中研院的計劃與想法可謂昭然若揭。

　　據陶英慧研究，中研院院長人選除首任蔡元培和接任胡適的第四任王世杰外，都曾受到最高當局即蔣介石的關切。1957 年，蔣介石強令朱家驊去職

後，示意選舉胡適接任。梅貽琦便心生不滿：「胡先生如能當選，自會選出，我們並不奉他人的意見而選舉。」後錢思亮接任王世杰，吳大猷接任錢思亮，「其運作過程並無不同」。〔註203〕

早在1930年中研院院址建設之爭時，胡適曾一針見血地指出中研院在組織架構上爭取獨立地位先天不足：

> 歐洲各大學在中古時皆有特殊保障，略似一種治外法權，故能不受宗教勢力與政治勢力的壓迫。此種保障雖不完全有效，然究竟保全不少。其最重要者為每一學術機關皆有一種「憲章」（Charter），在此憲章頒與之後，一切憲章範圍以內的事，皆不受外力的干涉。……今研究院的組織法第一條說，「國立中央研究院直隸於國民政府」；第三條云，「院長一人，特任」；經費來源又每月由財政部頒給。其中全無一點保障可以使政治勢力不來干涉。故甚不易爭得獨立的地位。〔註204〕

「直隸於國民政府」就要受國民政府管轄，「特任大官」院長由國民政府最終任命，當然也要受國民政府牽制。更重要的是，經費不能獨立，需要財政部按月撥付。胡適這裡以歐洲大學學術獨立為榜樣的訴求可能有些理想化，在科學發展步入大科學時代，學術研究已經完全不同於早期以個人愛好為特徵的時代，特別是隨著國家科學政策的出現，政府與政府資助在學術發展上作用與地位越來越重要。問題是，在大科學時代如何保證學術獨立，特別是由政府出資創辦的國立科研機構的學術自由與學術獨立，是所有的學術管理者與學術中人需要深切關注的問題。

中研院無論是院長還是總幹事人選，都必須與政府有密切關係，否則向各方接洽包括經費獲取都可能成問題。抗戰爆發後，蔡元培一再挽留政務纏身的朱家驊留任總幹事是如此，考慮朱家驊的總幹事繼任人選時還是如此。竺可楨日記記載說：

> 據仲揆云，驊先決辭職，傅孟真知為各所所長所不喜，遂薦三人於蔡先生，即吳政之（有訓）、丁巽甫及任叔永。余謂三人均佳，但吳、丁二人素與政府無往來，將來取款不免困難耳。〔註205〕

〔註203〕陶英慧：《中研院六院長》第158～159頁。
〔註204〕曹伯言整理：《胡適日記全集》第6冊，第54～55頁。
〔註205〕樊洪業主編：《竺可楨全集》第6卷，上海科技教育出版社，2005年，第584頁。

　　竺可楨認為吳有訓、丁燮林與政府沒有關係，不適於任總幹事，最終由任鴻雋接任。出生於 1886 年的辛亥革命元勳任鴻雋與蔡元培一代相親善，但與出生 1890 年代的朱家驊、傅斯年一輩有不小的隔閡。朱家驊代理院長後，任鴻雋立意辭去總幹事。接替任鴻雋擔任化學所所長的吳學周當時與任鴻雋過從甚密，其日記記載說：

> 總幹事一職，與秘書長無異，院長既已換人，總幹事照例必辭。
> 而且任之擔任總幹事，全因蔡先生關係，蓋渠以蔡先生乃吾國最難得之真正領袖，對大事既有堅決不移之主張，對小事能予辦事者以全權決定之自由，故為蔡之總幹事者，尚能有辦一番事業之機會。〔註206〕

　　蔡元培辦理中研院給予總幹事以極大的權力，總幹事有幹一番事業的機會。朱家驊擔任院長後，情況就完全不一樣。時任北平研究院副院長的李書華（後接受邀請擔任總幹事），為婉拒傅斯年邀請他出任中研院總幹事，1943 年 9 月致函傅斯年說：

> 蔡先生乃黨國元老，且年事已高。蔡先生任中央研究院院長，需要一位總幹事如楊杏佛、丁在君、任叔永一類的人為院奔走及照料一切。騮先正年富力強，且任黨政要職，各方面均極接頭，與蔡先生情形完全不同。騮先任代理院長，不需要一個總幹事，只需要一位秘書，助其辦理例行事件即可。〔註207〕

也就是說，朱家驊長期混跡官場，與各方接洽都非常容易，他的總幹事不需要奔走照料中研院一切，僅等同於「等因奉此」的秘書而已。從一個側面看出學術發展如何受制於政治運作。

　　朱家驊雖與學界保持較好的關係，並在學界與政府之間起到了良好的橋樑溝通作用，也為當日中國學術的發展貢獻了極大的力量，但畢竟不是真正的學人，似乎也沒有得到學界的真正認同，因此有人認為他擔任院長是政治對學術的侵奪。1944 年 12 月 5 日，與政府有密切關係的張其昀拜訪胡適，請求被撤去駐美大使後長期滯留美國的胡適回國擔任中研院院長：「他和吳景超閒談，他主張要把中央研究院脫離政治，恢復學術獨立；他們主張要我回去做院長。」在張其昀、吳景超看來，朱家驊代理中研院院長標誌著中研院的政治「陷

〔註206〕 王慶祥、園欣、李秀芬選編、整理、注釋：《吳學周日記》，《長春文史資料》1997 年第 3～4 輯，1997 年，第 93 頁。
〔註207〕 李書華：《李書華自述》，第 126 頁。

落」，要胡適擔任院長，使中研院脫離政治，回復蔡元培時代的「學術獨立」。胡適雖然以其高遠的學術理想回絕擔任院長的欲求：「我決不要幹此事。我是一個有病的人，只希望能留此餘生，做完幾件未了的學術工作。我不能做應付人、應付事的事業了。」但其實他也有現實的考慮，美國 OSRD（科學研究發展總局）1943 年經費是 2.35 億美元，而中研院經費只夠各所人員喝稀飯，「此時雖有能手，亦無法改善」。〔註 208〕胡適道出的還是一個國立科研機構所面臨的經濟與學術獨立窘境。

更為重要的是，朱家驊就任代理院長之時，國內學術與政治的關係更為嚴峻。1938 年 3 月接替王世傑出任教育部長的陳立夫，借「教育為抗戰建國」服務的崇高目標再次推行其教育統制計劃，其中課程統一是最基本的步驟，結果遭到西南聯大師生的反對。1940 年 6 月，聯大公函反駁，其中稱：

> 部中重視高等教育，故指示不厭其詳，但準此以往則大學將直等於教育部高等司中一科，同人不敏，竊有未喻。夫大學為最高學府，包羅萬象，要當同歸而殊途，一致而百慮，豈可以刻板文章，勒令從同。世界各著名大學之課程表，未有千篇一律者，即同一課程，各大學所授之內容亦未有一成不變者。惟其如是，所以能推陳出新，而學術乃可日臻進步也。如牛津、劍橋即在同一大學之中，其各學院之內容亦大不相同，彼豈不能令其整齊劃一，知其不可亦不必也……教育部為政府機關，當局時有進退，大學百年樹人，政策設施宜常不宜變。若大學內部甚至一課程之興廢亦須聽命於教部，則必將受部中當局進退之影響，朝令夕改，其何以策研究之進行，肅學生之視聽，而堅其心志……師嚴而後道尊，亦也謂道尊而後師嚴。今教授所授之課程，必經教部之指定，其課程之內容亦須經教部之核准，使教授在學生心目中為教育部一科員之不若，在教授固已不能自展其才，在學生尤啟輕視教授之念……教部今日之司員多為昨日之教授，在學校則一籌不准其自展，在部中則忽然智周於萬物。人非至聖，何能如此？〔註209〕

---

〔註 208〕曹伯言整理：《胡適日記全集》第 8 冊，第 202 頁。
〔註 209〕《西南聯合大學教務會議就教育部課程設置諸問題呈常委會函》，王學珍等
　　　　主編《國立西南聯合大學史料》第 1 卷，雲南教育出版社，1998 年，第 17～
　　　　18 頁。

平心而論，正如西南聯大的公函所言，教育部的統一課程與教材等，「或係專為比較落後之大學而發，欲為之樹立一標準，以便策其上進」，真是「別有苦心，亦可共諒」。但之所以有不同程度與不同類別的大學存在，其目的就是為了展現學術的不同樣態，如果所有大學的課程與教材都趨同，那麼不同特色大學的存在似乎也就沒有必要了。更為重要的是，西南聯大的公函對教育部官員的「不屑」與輕蔑更表現了他們追求學術獨立的態度與精神。當然，陳立夫的這些舉措並不完全都是為了教育大業與學術發展，他由此控制教育界進而實行思想統一的目的昭然若揭，並引起時人的憂懼。同年 9 月 17 日，時任中研院心理所所長汪敬熙致函駐美大使胡適，談及國內政治日益壓制學術的現狀，目標直指教育部：

> 教育當局是專提倡「實用」和專計劃「統制」……處處是提倡「實用」，然而造就出來的人大多數是「無用」。「統制」是日甚一日。大部一個密令，學校就不得聘某某為教授。將來有學術界的人不得透一口氣的日子。思想豈是可以統一的，豈是可以壓制的！熙以為最好部裡製成多套的有聲電影發給各大學，那樣學生課課有電影看，而部裡也可以收統制齊一的效果。〔註210〕

以北京大學、清華大學和南開大學組成的西南聯大，有學術自由與獨立的傳統，可以反抗教育部的學術統制，以維持學術自由和獨立，但在政治不斷擠壓學術自由與獨立的大環境下，這種反抗的聲音會日漸微弱。面臨這種局面，中研院的發展可想而知。1941 年 3 月 13 日，中研院第二屆評議會舉行首次年會，王世杰認為朱家驊兼任院長「究不相宜」。1942 年 1 月 21 日，王世杰、翁文灝等在朱家驊家裏商討中研院問題，因為蔣介石及教育部「均欲取消該院之獨立，劃歸教部或考試院管轄」，王世杰「極認為現時組織不宜變更。在座者亦無異議」。〔註211〕此時，蔣介石還是不忘當初降低中研院等級的欲望。更令人沮喪的是，蔣介石當初的欲求將中研院降格為行政院下的部，這次卻是隸屬教育部，或毫無行政權力的閒置機構考試院。

蔣介石有此意願，自然有人從法理上予以支持，在國民黨中央全會上提出提案。1942 年 3 月 9 日，開中研院評議會談話會，朱家驊胃痛，仍勉強主持

---

〔註210〕 中國社會科學院近代史研究所中華民國史組編：《胡適往來書信選》（中冊），第 486 頁。

〔註211〕 王世杰著，林美莉編校：《王世杰日記》（上冊），第 334、407 頁。

會議，報告國民黨九中全會前有人提議研究院合併於教育部或考試院，經疏通後打消。議決第二次評議會 1943 年 1 月 11 日蔡元培生日召開。〔註212〕但計劃中的評議會並沒有召開，中研院地位已相當尷尬。當時，內遷各學術研究機構和大學度過戰時初期的慌亂之後，已積極開展學術活動，科研成果也日益顯現，中研院科研工作成就相比大學而言，似乎也無特出之處，與其最高學術研究機構的定位並不相稱，自身更有被撤並的危險。

　　《國立中央研究院組織法》是中研院「憲法」，明確規定中研院直屬國民政府。但中國並不是一個法制社會，政治權力高於一切，政治領導人的個人意願有時可以凌駕於法律之上，突破制度的規定，甚至完全無視法律的規定，或者根據個人需要隨時肆意修改法律規定，完全視法律於無物。國民政府高官無論是第一人蔣介石，還是他的親信孔祥熙、陳立夫等，都曾三番五次想改變中研院的地位。中國又是一個「溫情脈脈」的人情社會，通過人與人之間的私人關係網絡往往能繞過法律條文的規定取得意想不到的結果。因此，無論是中研院繼任院長的任命，還是朱家驊就任之後遭遇各種糾葛時，關係網絡中的王世杰、翁文灝、傅斯年、朱家驊等就會借助他們與張群、吳稚暉、陳布雷等的關係設法與蔣介石溝通，往往也能達到目的。問題是，本來應該規劃與促進中研院正常而有序發展的聰明才智與時間，就這樣被無端地耗費到各種關係的維持、關說與溝通中，大大地浪費了精力與體力，對中研院的發展也造成了不必要的損失。蔡元培後的中研院作為一個純粹學術機構，在沒有學術獨立傳統的中國，就只能這樣在政治的狹縫中尋求生存與發展，並保存著學人們的些許學術獨立與自由的良知，以求中國學術的發展與獨立。

　　研究表明，中研院改隸風波有蔣介石調整行政機構以提高行政效率的背景，更直接和更深層次的原因是朱家驊與陳立夫之間的派系鬥爭。〔註213〕正當蔡元培後的中研院處於風雨飄搖時，陳立夫的教育部攫奪中研院的學術評議與獎勵職能，以學術審議會為中心開啟了以政府為中心的學術評議與獎勵大幕，並形成了極大的社會反響，對民國學術發展也有不可忽略的影響，致使中研院不斷向教育部要求收回此項職能與權能。

---

〔註212〕樊洪業主編：《竺可楨全集》第 8 冊，第 306 頁。
〔註213〕周雷鳴：《中央研究院改隸風波探析》，《民國檔案》2015 年第 2 期。